高等学校理工类规划教材
赣南师范大学教材建设基金资助项目

物理微格教学技能训练教程

主　编　刘剑锋　余华军　钟握军
副主编　范　霞　郭云华　罗福生

北京邮电大学出版社
·北京·

内 容 简 介

本书结合物理学科特点，基于有效教学要求，将物理教学技能分解为十一项，即语言技能、板书技能、讲解技能、变化技能、演示技能、提问技能、导入技能、强化技能、组织技能、结束技能和说课技能。其中语言技能包括体态语言技能，板书技能包括多媒体运用技能，由于说课主要是说教学设计，因此说课技能包括教学设计技能。在编写时，针对每项教学技能都提供了大量的一线教学案例加以说明，这不但有助于读者理解，也可供读者借鉴。

图书在版编目（CIP）数据

物理微格教学技能训练教程 / 刘剑锋，余华军，钟握军主编. —北京：北京邮电大学出版社，2023.12
ISBN 978-7-5635-7136-9

Ⅰ.①物… Ⅱ.①刘… ②余… ③钟… Ⅲ.①中学物理课—教学法—高等师范院校—教学参考资料 Ⅳ.①G633.72

中国国家版本馆 CIP 数据核字（2023）第 249557 号

策划编辑：苏英杰　　**责任编辑**：康启明　　**封面设计**：赫健

出版发行：北京邮电大学出版社
社　　址：北京市海淀区西土城路 10 号（100876）
电话传真：010-82333010　62282185（发行部）　010-82333009　62283578（传真）
网　　址：www.buptpress3.com
电子邮箱：buptpress3@163.com
经　　销：各地新华书店
印　　刷：北京厚诚则铭印刷科技有限公司
开　　本：787 mm×1 092 mm　1/16
印　　张：15
字　　数：382 千字
版　　次：2023 年 12 月第 1 版
印　　次：2023 年 12 月第 1 次印刷

ISBN 978-7-5635-7136-9　　定价：49.00 元

前　言

随着时代的发展，来自一线的学校用户对物理师范毕业生的实际物理教学能力提出了更高的要求。这反映在对物理师范生的培养上，要求高师院校对教师教育课程进行调整，以适应对师范生教学技能培养的新要求。为顺应这一要求，2011 年教育部颁布了《教师教育课程标准（试行）》，明确提出教师教育课程要强化实践意识，发展师范生的实践能力，从而形成个人的教学风格与实践智慧。在现实中，师范生的实践教学技能培养不尽如人意，其原因是多方面的，比如，师范生培养往往还是重理论、轻实践。但不可否认的是，新课程理念下相应的教师教育课程资源缺乏也是一个重要方面。本书意图为提高物理教师及物理师范生的实践教学技能尽一份微薄的力量，使物理师范生在大学阶段就能掌握扎实的教学基本技能，从而为他们工作后形成自身独特的教学艺术提供保障。

本书是编者在中学物理教学和高师物理课程与教学论教学的实践与研究的基础上研究得出的产物。本书编者既有十余年中学物理教学的工作经验，又有高师物理课程与教学论教学的经验，对中学一线教师及物理师范生的情况非常熟悉。所以本书贴近物理师范生实际，语言通俗易懂，同时更加关注教学现场，提供了大量鲜活的案例来帮助师范生掌握相应的教学技能。

本书主要涉及语言技能、板书技能、讲解技能、变化技能、演示技能、提问技能、导入技能、强化技能、组织技能、结束技能和说课技能。其中语言技能包括体态语言技能，板书技能包括传统板书技能及多媒体运用的相关技能。由于“说课”能在较短时间内综合考查一位物理教师的教学技能水平，所以“说课”越来越成为物理教师的一项重要技能，特别对于物理师范毕业生而言，在参加校园招聘或工作后都可能要进行“说课”，因而“说课”对其具有重要意义，故本书特意增加了说课技能的相关内容。尽管教学设计能力是教师教学技能中的一项重要技能，但考虑到教学设计是教育技术学的主要内容，多数学校均已开设“教育技术学”课程，而“说课”的主要内容就是说教学设计，所以本书没有将教学设计单独作为一章进行介绍，而是和说课技能融合在一起。

本书是集体智慧的结晶。刘剑锋负责全书的框架编写，余华军和钟握军负责统稿。具体编写分工如下：绪论由郭云华编写，第一、五、九、十一章由刘剑锋编写，第二章由钟握军编写，第三章由曾园红编写，第四章由陈银花编写，第六章由刘剑锋、余程芳共同编写，第七章由余华军编写，第八章由范霞编写，第十章由曾园红、刘剑锋共同编写。另外，罗福生为本书提供了大量教学案例。

本书的编写工作是在赣南师范大学的大力支持下完成的，在编写过程中还参考了众多专家及同行的著作与论文，虽尽量列出了参考文献，但仍可能有疏漏，在此一并表示感谢。

由于编者水平有限，本书不足之处在所难免，恳请读者批评指正。

编　者

2023 年 9 月 15 日

目　　录

第〇章
绪论

第一节　物理教学技能概述

一、教学技能的内涵

《教育大辞典》认为技能是主体在已有的知识和经验基础上，通过练习形成的执行某种任务的活动方式。而在教育心理学中则将技能定义为顺利完成某种任务的一种活动方式或心智活动方式，它是通过练习获得的[1]。技能按其熟练程度可分为初级技能和技巧性技能。初级技能只表示“会做”某件事，而未达到熟练的程度。初级技能如果通过有目的、有组织的反复练习，动作就会趋向自动化，从而达到技巧性技能阶段。

教师总是为实现一定的教育目的、完成一定的教学任务而执行一系列的教学行为。虽然教学行为方式可能因教学任务、内容、对象和教师自身的知识水平、专业能力、个人习惯以及各种客观条件不同而表现为多样性，但在人们的长期教学实践过程中已经形成了一些基本的操作规范和方法要领。教师在课堂教学过程之中运用这些基本操作规范和方法要领就形成了一定的教学技能[2]。

教学技能是教师素质结构中最重要的组成部分。教学技能的培养对避免教育理论与教育实践脱节有积极作用，只有通过教学技能，教师才能真正把教育教学理论转化为自身的学科教学知识，才能形成运用自如的教学行为能力。

关于教学技能，目前还没有一个公认的定义。不同的学者在不同的教育思想和教学观念指导下，从不同的视角和范畴对教学技能的概念进行了阐释[3]。

（1）活动方式说。基于教学心理学对技能的定义，教学技能被视为一种活动方式或动作方式，即“为了达到教学上规定的某些目标所采取的一种极为常用的、一般认为是有效果的教学活动方式”。

（2）行为说。以行为主义为理论依据，将教学技能归结为行为。如张学敏、李跃文主编的《课堂教学技能》一书中认为，“课堂教学技能是教师为了完成教学任务，促进学生身心发展，掌握教学技术并应用于以课堂为核心的教学过程，形成教学能力的教学行为方式”。

1　潘菽．教育心理学［M］．北京：人民教育出版社，1983.

2　张学敏，李跃文．课堂教学技能［M］．重庆：西南师范大学出版社，2009：9.

3　荀渊．教师教学技能研究［J］．上海教育科研，2004（8）：18-20.

胡淑珍等[1]综合各种观点，提出教学技能是指教师运用已有的教学理论知识，通过练习而形成的稳固的、复杂的教学动作系统。它既包括在教学理论基础上，按照一定方式进行反复练习或因模仿而形成的初级教学技能，也包括在教学理论基础上按一定方式经多次练习，使教学活动方式的基本成分达到自动化水平的高级教学技能，即教学技巧[2]。

（3）结构说。由于对教师教学技能本质的认识已经从单纯强调可观察的教师外显行为转向了注重外显行为与认知因素的结合，教学技能被看作是教师的教学行为与认知活动结合而成的相互影响的序列。

（4）知识说。当代认知心理学把知识分为陈述性知识和程序性知识，教学技能被归为程序性知识范畴。因而把教学技能定义为“用于具体情境（教学情境）的一系列操作步骤（程序性知识），包括教师在教学中表现出来的动作技能、智慧技能、认知策略等”[3]。

由以上定义可看出，教学技能应该至少涵盖两个方面内容：一方面，教师的教学技能总是由可观察的、可操作的、可测量的各种外显性的行为表现构成；另一方面，教师教学技能是由教师既有的认知结构对知识的理解、对教学情境的把握、对教学行为的选择等认知活动构成的一个复杂的心理过程[4]。简单地说，就是要完成课堂教学任务，既要有动作，又要有心智活动。由此可以认为：教学技能首先是与教师为完成某项课堂教学任务相联系的；其次，它还是一种行为方式，是可以表现出来并被观察记录到的；最后，教师在教学中所表现出来的教学技能水平是有差异的，但通过恰当的练习训练是可以得到提高的[5]。

为了准确把握教学技能的概念，我们应该厘清教学技能与教学知识、教学艺术的关系。物理教师应掌握的物理专业教学知识不仅包括物理专业知识，还包括教育学、教育心理学以及科学教育特有的一些理论知识（如科学素养与物理核心素养理论、对科学本质的认识、对科学技术与社会关系的认识等）。但有了这些教学知识并不等于就有了很高的教学技能水平，常说的“茶壶里煮饺子——有货倒不出”就是指有教学知识但教学技能水平不高。只有通过不断地练习、训练和积累，才能有效提高教学技能水平。从掌握知识到形成技能有一个转化和迁移的过程。随着时间的推移，教师不仅能够熟练掌握一般教学技能，还可以在此基础上进一步总结和积累教学经验，提升综合素质和教育修养，达到集创造性与艺术性于一体的教学技能水平，从而形成独特的个人教学风格。这是教学技能的最高境界，是每位教师应该追求的目标，我们称之为教学艺术[6]。

二、教学技能的分类[7]

对教学技能的分类方法有很多，从不同的角度可以有不同的分类方法。

（一）从要素研究的视角分类

美国斯坦福大学艾伦和瑞安从构成教学技能的要素中抽出 14 种因素，将其设定为普通

1 胡淑珍，胡清薇．教学技能观的辨析与思考［J］．课程．教材．教法，2002（2）：21-25.
2 乔晖．近十年教学技能研究综述［J］．盐城师范学院学报（人文社会科学版），2004（1）：112-117.
3 严先元．教师的教学技能［M］．北京：中国轻工业出版社，2007.
4 荀渊．教师教学技能研究［J］．上海教育科研，2004（8）：18-20.
5 荣静娴，钱舍．微格教学与微格教研［M］．上海：华东师范大学出版社，2000：32.
6 同上。
7 荀渊．教师教学技能研究［J］．上海教育科研，2004（8）：18-20.

教学技能，它们分别是：①刺激多样化；②导入；③总结；④非语言性启发；⑤强调学生参与；⑥流畅提问；⑦探索性提问；⑧高水平提问；⑨分散性提问；⑩确认、辨析专注行为；⑪ 图解的范例应用；⑫运用材料；⑬有计划的重复；⑭交流的完整性。

（二）从教学行为研究的视角分类

英国微格教学工作者罗特依据可观察的、能够量化分析的教学行为设定 6 种教学技能，它们分别是：①变化的技能；②导入的技能；③强化的技能；④提问的技能；⑤例证的技能；⑥说明的技能。

（三）从教学能力研究的视角分类

美国佛罗里达州在 20 世纪 70 年代曾经提出教师能力表现的 1276 项指标，主要包括：①量度及评价学生行为的能力；②进行教学设计的能力；③教学演作的能力（指教学实施的能力）；④承担行政职责的能力；⑤沟通能力；⑥提升个人技巧和使学生自我发展的能力。显然，其中的教学设计、教学演作、个人技巧都可以归纳为教师的教学技能。

美国芝加哥州立大学对 30 名具有影响力的教师进行调查，提出了好教师的基本特征，主要包括：①精心组织与规划课程，课程按照导入、小结和紧凑的逻辑循序展开；②对学生表达态度，注重与学生沟通；③通过提问鼓励学生积极参与课堂活动，观察学生对教学活动的参与情况；④通过评论试卷或论文，为学生提供经常性的反馈信息。

（四）从教学技巧研究的视角分类

从教学技能与教学技巧的概念来看，教学技巧实际上包含了对教师教学基本功的要求，因此在澳大利亚学者特尼等人提出的教学技巧分类中，教学技巧的内涵很丰富，主要包括：①动力技巧，包括加强学生的行为（如通过一些技巧加强学生回答问题的行为），鼓励学生参与，接受并支持学生的接受等；②讲授及交流技巧，包括解释、戏剧化、阅读，使用视听教学辅助器具，鼓励学生反馈等；③提问的技巧，包括反复集中（聚焦问题）与指导、引导等；④小组个人辅导技巧；⑤培养学生思考的技巧，包括鼓励探索性学习，培养学生解决问题的能力等；⑥评估技巧，包括认识与评价学生的进步，确定学习困难与提出补救措施，鼓励自我评估及组织评估讨论；⑦课堂管理与纪律。

教育部师范教育司组织编写的《教师专业化的理论与实践》将教师的教学技能分为教师的教学技巧与教学能力两个方面，将教师经常需要的教学技巧归纳为九个方面，主要有：①导入的技巧；②强化的技巧；③变化刺激的技巧；④发问的技巧；⑤分组活动的技巧；⑥教学媒体运用的技巧；⑦沟通与表达的技巧；⑧结束的技巧；⑨补救的技巧。同时将教学能力划分为教学设计能力、教学实施能力、学业检查与评价能力三个方面。

（五）从教学技能研究的视角分类

孟宪恺主编的《微格教学基本教程》中对教师教学技能的研究，侧重于教学过程中师生的交流，以交流的意图、方法作为教学技能分类的依据，把交流过程中的各要素设定为不同的教学技能，包括：①导入技能；②教学语言技能；③板书技能；④变化技能；⑤教学演示技能；⑥讲解技能；⑦提问技能；⑧反馈强化技能；⑨结束技能；⑩组织教学技能。

1994 年国家教委下发的《高等师范学校学生的教师职业技能训练大纲（试行）》中，

把教学工作技能分为五类：①教学设计技能；②使用教学媒体技能；③课堂教学技能；④指导课外活动技能；⑤教学研究技能。其中课堂教学技能中又提出了导入、板书、演示、讲解、提问、反馈和强化、结束、组织教学、变化等 9 项教学基本技能。

随着新课程改革的发展，对物理教师的教学技能也提出了新的挑战和要求。如，随着现代信息技术的发展，使用教学媒体技能发展为不仅要了解和掌握传统教学媒体的使用技能，更要掌握现代信息技术条件下的媒体使用技能。又如，课程标准[1]将科学探究放在核心地位，它既是学生的学习内容，也是学生的学习方式，因此，探究教学能力逐渐成为物理教师的核心教学能力，而要培养和提高自己的探究教学能力，物理教师就必须努力提高指导学生合作探究的技能、利用各种媒体寻找探究教学资源的技能以及开发探究资源的技能等。

第二节　物理教学技能训练

一、物理教学技能训练概述

虽然教师教学技能与个人的先天条件有一定关系，但更多是通过后天学习及教学实践获得。在我国，师范院校培养物理师范生教学技能的基本流程如图 0-1 所示[2]。

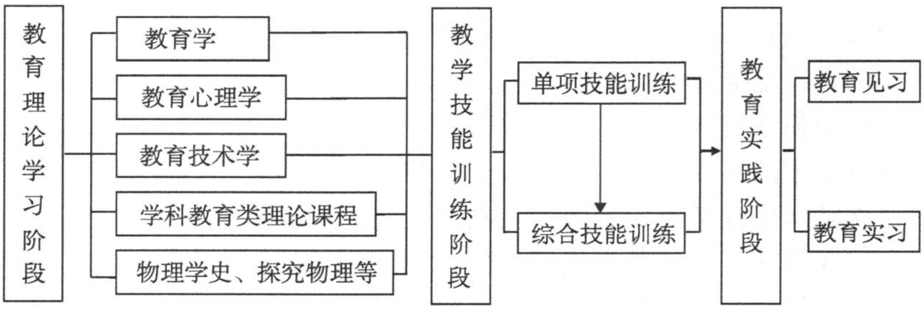

图 0-1　师范院校培养物理师范生教学技能基本流程

一般来说，物理师范生在大学二年级开始进行教育学、教育心理学、教育技术学以及学科教育类理论课程（包括中学物理实验教学研究、课程标准与教材分析、中高考命题研究等）等理论课程的学习，在理论学习过程中通过教育见习对学校教学有一定的感性认识。为了提高物理师范生的科学探究能力并加深对科学本质的认识，往往还会开设物理学史、探究物理、科学技术与社会等课程。到了大学三年级上学期，则以教学技能训练为主，大学三年级下学期或四年级上学期则进行教育实习，通过直接对中学生进行实际课堂教学培养和锻炼物理师范生的教学技能以及其他教育能力。

1　本书中“课程标准”指《普通高中物理课程标准（2017 年版 2022 年修订）》和/或《义务教育物理课程标准（2022 年版）》。

2　张桂荣，朱玉莲，韩振华，等．师范生教学技能培养的实践与探索［J］．河北科技师范学院学报（社会科学版），2008（2）：64-66，84.

师范生在学校学习过程中可以通过多种方式获得教学技能，如观摩优秀教师的课堂教学、分析优秀的教学案例、小组相互听课并交流讨论、进行教学技能比赛以及微格教学。在以前，要观摩优秀教师的课堂教学比较困难，但随着现代信息技术的发展，可以从网络上获取大量的优秀教师的课堂教学实录，这无疑非常有助于师范生教学技能的提高。

对师范院校的学生而言，通过微格教学提高教学技能是最有效、最直接的途径。而且，随着 AI 技术的发展，已经可以将训练视频导入相关软件，利用 AI 技术指出师范生教学技能的缺点与不足。这不但能弥补微格教学的不足，还能有针对性地帮助师范生提高教学技能。

二、微格教学

(一) 什么是微格教学

微格教学（microteaching）又被称为“微型教学”“微观教学”“小型教学”等，它是一种利用现代教学技术手段培训师范生和在职教师教学技能的系统方法。微格教学是在 1963 年由美国斯坦福大学的爱伦（Dwight. W. Allen）和他的同事伊夫（Eve）共同开发建立的。20 世纪 60 年代末，微格教学迅速传入英国、德国等欧洲各国，70 年代又传入日本、澳大利亚、新加坡等国家和我国的香港地区，80 年代开始传入印度、泰国、印度尼西亚以及部分非洲国家。同样在 80 年代，微格教学开始传入我国内地，最初是由北京教育学院于 80 年代中期从英国引入，后来迅速在全国各地推广开来。

微格教学是一种通过压缩教学过程，使各种教学现象集中，让被训练者在典型的教学实践中开展真实的教学活动，从而掌握教学技能的方法。微格教学创始人爱伦将它定义为：“它是一种缩小了的可控制的教学环境，使准备成为或已经成为教师的人有可能集中掌握某一特定的教学技能和教学内容。”[1] 最早将微格教学引入我国的北京教育学院认为：“微格教学是一个有控制的教学实践系统，它使师范生和教师有可能集中完成某一类特定的教学行为，并在有控制的条件下进行学习和训练；它是建筑在教育教学理论、科学方法论、视听理论和技术的基础上，系统训练教师课堂教学技能的一种理论和方法。”[2]

(二) 微格教学特点

从微格教学的定义可看出，微格教学是将复杂的教学过程分解为一个个特定的教学技能，然后利用现代化的视听技术，对各个教学技能进行逐项训练，通过师生、生生间的相互评价指出优缺点，从而提高师范生和在职教师的教学技能和教学能力的一种方法。具体来看，微格教学有以下特点[3]。

第一，训练技能目标单一、明确易控。微格教学将复杂的教学过程细分为单项教学技能，如第一节提到的导入技能、讲解技能、演示技能、板书技能、组织技能等，研究每项教学技能，使它们都成为可观察、描述的。在微格教学训练中，每次往往主要针对某一种教学

1 刘宗南．微格教学概论［M］．天津：天津大学出版社，2011：8.
2 刘宗南．微格教学概论［M］．天津：天津大学出版社，2011：9.
3 林钦．物理微格教学［M］．福建：厦门大学出版社，2008：7.

技能进行训练，因而目标明确、具体，易于控制。

第二，训练人数少，时间短。一般以小组为单位进行训练，每组 8 人，师范生既需要进行教学技能的训练，又需要充当学生角色，配合授课师范生进行教学，这样便于进行深入讨论与评价。另外，每位学生每次只进行一项技能训练，训练时间不需要很长，通常只需要 5～10 分钟。

第三，反馈评价及时、合理。学生在模拟教学结束后会立即进行自评、互评和指导教师点评，由于是刚刚发生的事，无论训练主体还是评价者都对教学内容记忆犹新。而且现代视听设备可以把学生的模拟教学真实、准确地记录下来，并进行现场播放，模拟训练的学生能直观地认识到自己在授课中出现的问题，这无疑更有利于提升学生的教学技能。

第四，角色多元转换，理论与实践紧密结合。在微格教学过程中既有教师的理论指导，又有观察、示范、实践、反馈、评议等内容。因此，每个参与者都要在学习者、执教者以及评议者这三个角色中不断转换，不断地从理论到实践，再从实践到理论，最后达到理论与实践的完美结合。这样的学习真正做到了以学生为主体，让学生真正把理论与实践结合起来，从而自主构建自身的教学技能体系。

（三）微格教学过程的组织实施

微格教学过程主要由理论学习、示范观摩、教案编写、角色扮演、反馈评价等组成，具体流程如图 0-2 所示。微格教学是一项非常细致的工作，要有效提高教学技能，就要把握好教学过程中的每一个环节。一般来说，在理论学习和示范观摩阶段，学生可以以班级为单位进行集中学习，但此后必须将其按 5～8 人进行分组，并相应地配备一名指导教师。

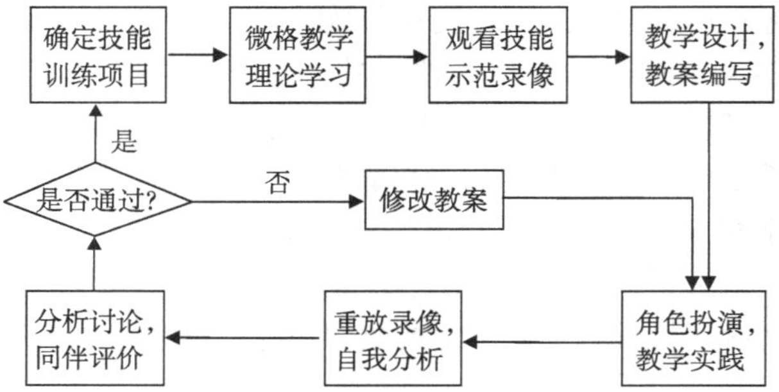

图 0-2　微格教学实施过程

1. 理论学习

在微格教学中，理论学习的内容包括微格教学的概念、作用，各项教学技能理论及分析，在分析讨论阶段还会涉及教育学、教育心理学以及学科教育类理论课程的学习。一般理论学习以班级为单位进行，小组训练时则主要针对训练中出现的情况进行理论分析和介绍，增强理论的指导功能，从而更好地把理论与教学实践相结合，易于学生理解。

2. 示范观摩

在示范观摩环节，教师要针对相关教学技能，提供相应的课堂教学实录片段，组织学生进行观看，获取初步的感性认识。由于教学片段起着示范作用，因此教学片段的教学水平要高。另外，因为微格教学每次只针对一种教学技能进行训练，所以选择的教学片段还要有针对性，也就是教学片段要能呈现出相应教学技能的一些典型特征。在观看录像片段时指导教师要提出明确的观摩要求，看完后组织学生进行讨论，谈谈有哪些方面值得学习，自己的教学还有哪些差距等。指导教师还可以有针对性地进行正、反两方面的示范，以突出重点。

3. 教案编写

教案编写是微格教学中的重要工作。编写教案前首先要根据教学设计理论进行教材分析、学情分析，然后根据所要训练的教学技能编写教案。对于师范生而言，指导教师最好针对教材进行一些适当的分析，以帮助他们正确理解教材，做好教学设计，从而让他们有更多的精力去考虑教学技能方面的设计。微格教学教案的主要内容如表 0-1 所示。

表 0-1 微格教学教案

班级：______ 姓名：______ 学号：______ 指教教师：______ 课题名称：______ 技能名称：______ 训练时间：______				
教学技能目标				
时间分配	教师行为	教学技能	学生行为	教学媒体

4. 角色扮演

师范生编写好教案后就进入教学技能实践训练阶段，也就是角色扮演阶段，教师、学生的角色由小组成员轮流扮演。在角色扮演中，要求教师扮演者按自己的教案进行教学，而学生扮演者要充分模仿教案所对应年龄层次学生的知识水平和特点，自觉配合教师扮演者，以使教师扮演者的教学能顺利进行。当然，学生扮演者在教学过程中也应该表现出教学中常见的现象（如答错题、提出疑问等），以培养教师扮演者的应变能力。

一般来说，试教时间控制在 5～10 min，为便于后续的反馈评价，在试教前指导教师应说明有关角色扮演的规定，如试教时间、小组成员试教顺序、对扮演学生角色的要求等。在试教过程中，应有相关人员对执教全程进行录像。

5. 反馈评价

在反馈评价阶段，首先应该播放执教者的教学录像，再由执教者进行说课，介绍自己的教学目标、教学过程设计及其理由等，并针对录像进行进一步自我剖析，找出亮点与不足。在此基础上，由小组成员进行讨论分析，进行集体评议，给出建设性意见。另外，通过大量研究，各项教学技能都有针对性的量化评价表，因此，在定性分析的同时应根据量化评价表给出成绩，进行量化评价。最后，指导教师根据执教者自评以及小组其他成员的评价，再有针对性地进行补充评价。指导教师的评价对学习者教学技能的提高有重要的作用，所以在评价时要做到客观、全面、准确，有针对性地进行理论分析和介绍，成绩和优点要讲足，缺点要分析到位，并提出切实可行的改进意见。指导教师要特别注意保护学生的积极性和自尊心，语气要和缓，态度要诚恳。

6. 修改教案

如果教学效果好，师范生基本掌握教学技能，则进入下一步教学技能训练。如果还有较大差距，则执教者要修改自己的教案，并重新进行角色扮演，进行教学实践。

（四）微格教学专用教室

为了顺利完成微格教学任务，必须要有相应的教室。微格教学专用教室应能模拟真实的课堂教学情境，因此应配备有常规的教学设备，如黑板、讲台、学生桌椅、多媒体设备（如电子白板、电脑、投影仪、音响等）。

另外，为便于录像和录音，还需要安装摄录设备、拾音器和照明光源。摄录设备可采用摄像机或安装固定的摄像头。拾音器要求失真度小、灵敏度高、指向性强，一般固定在天花板或黑板上方墙壁上，供师生共用。照明光源如果要求不高，可采用日光灯照明；如果要求较高，则应采用专业照明设备。

除了微格教学专用教室外，还需要控制室和管理平台，便于摄录人员在控制室里操控摄录设备，指导教师也能在控制室的管理平台上观察各间微格教学专用教室的训练情况，并及时进行指导和评价。

第一章 物理教学语言技能

第一节　物理教学语言技能概述

无论是何种学习方式，教师与学生、学生与学生之间，都需要通过语言进行沟通交流，其中教师语言又起着决定性作用。教师的表达能力至关重要，正如苏霍姆林斯基所说："教师的语言修养在极大的程度上决定着学生在课堂上脑力劳动的效率。"[1] 所以要想做一名出色的教师，就要锤炼自己的语言，力求生动幽默，以激发学生的兴趣和思维。

一、物理教学语言技能的内涵

教学语言技能是指在课堂教学中，教师运用语言传递知识信息、指导学生学习的行为方式。它是教师传递教学信息的媒介，是一种专门行业的工作用语[2]。具体到物理学科，可以认为物理教学语言技能是物理教师按照学生的认知规律对教材内容加以组织、润色，并且用准确、生动、富于启发性的口头语言以及各种辅助性的书面语言和身体语言对学生进行科学素养教育的行为方式，它既包括对学生进行物理知识、技能的传授和讲解，也包括对学生传递科学思想、方法及科学态度等。

课堂教学中的语言形式主要有三种：口头语言、书面语言和用示范性或示意性动作来表达思想的体态语言。口头语言是教师讲课时说的话，书面语言主要是指板书（传统黑板板书和现代电子板书），将在第二章介绍，本章主要介绍体态语言技能。

二、物理教学语言技能的作用

声情并茂、简练动听、逻辑性强的语言很容易将学生带进教师设置的教学情景之中，而风趣幽默的妙语在引得学生会心一笑时，也更容易让学生理解教学内容，从而提高学生学习效率。具体而言，教学语言技能有以下几方面作用。

1. 准确、清晰地传递教学信息，提高教学效果

语言是教师传递教学信息最主要的教学手段，语言表达不同，学生的学习效果也不同。

1　苏霍姆林斯基．苏霍姆林斯基选集［M］．北京：教育科学出版社，2001.

2　卫建国，张海珠．课堂教学技能理论与实践［M］．北京：北京师范大学出版社，2008：40.

苏联教育家马卡连柯曾说："同样的教学方法，因为语言不同，结果就可能相差 20 倍。"[1] 由此可见语言表达的重要性。从我们的亲身体验也不难知道，如果一位教师的语言技能高，那么其课堂教学往往形象生动，易于学生理解、接受，从而具有很好的教学效果。

2. 师生关系融洽，创造和谐的学习环境

古人云："亲其师，信其道。"师生关系直接影响学习环境，进而影响学习效率。而师生关系主要通过语言交流培养，教师可以通过语调、语气及节奏的变化有效地表达各种感情，实现交流感情的目的。在教学中，如果教师言语谦虚、语气和缓，就容易建立良好的师生关系，语言尖刻则易造成师生关系紧张。所以教师应注意培养自己的教学语言技能，以便形成一个良好的师生关系，从而为学生创造和谐的学习环境。

3. 启迪学生思维，培养学生能力

通过教师高超的教学语言技能，学生可以了解教师的思维过程，捕捉到思维过程中闪现的火花，从而激发提高自身思维能力的动力。一般来说，生动形象的教学语言会影响学生的形象思维，理性概括的教学语言会影响学生的抽象逻辑思维。教师语言的机智会影响学生思维的敏捷性和灵活性，教师语言的观点会影响学生思维的独立性和批判性，教师语言的材料会影响学生思维的广阔性和深刻性[2]。

4. 进行美的教育[3]

教学语言技能还具有语言美感的示范作用。教学中声调的高低、语速的快慢，富有节奏感的有声语言与无声的表情、手势等体态语言恰当地配合起来，使学生在获得知识的同时得到美的熏陶和享受。这些能够对学生产生潜移默化的影响，提高学生的语言表达能力和语言美感。

此外，对教师自身而言，不断提高教学语言技能，还可以促进教师个人思维的发展和能力的提高。

第二节　物理教学语言的类型

一、依据教学语言的功能与性质分类

1. 系统讲授语言

系统讲授语言主要是指教师在课堂教学中以全班学生为对象，系统讲解和传授科学文化知识的教学语言，是教师在教学中使用最广泛的语言类型。这类教学语言能够充分体现教师在教学过程中的主导地位，易于形成教师独特鲜明的教学语言艺术风格。

2. 个别辅导语言

个别辅导语言主要是指教师在课内外教学中以个别学生为对象辅导其学习的教学语言。

1　吴式颖．马卡连柯教育文集［M］．北京：人民教育出版社，1985.

2　刘衍玲，吴明霞．接受学习与课堂教学［M］．北京：人民教育出版社，2007.

3　林钦．物理微格教学［M］．福建：厦门大学出版社，2008：110.

这类语言应该高度尊重学生的主体地位，充分调动学生的学习积极性，关注学生的个体差异和个性特点。

3. 组织协调语言

组织协调语言主要是指教师在教学中组织教学活动、协调教学关系、控制教学进程的语言。组织协调语言又可分为下列四种语言。

（1）指令语言。如“请翻开课本至第 20 页”“请看黑板”“ ××同学，请回答”“请各小组先进行讨论”等。指令语言应当明确具体、简短精练。

（2）商讨语言。如“你们希望老师讲什么呢?”“下面我们就做练习吧?”等。商讨语言应当体现民主的精神，尊重学生的选择，培养学生的参与意识，使教学真正成为双边活动。

（3）衔接语言，或称过渡语言。教学各环节的衔接、教学活动的转换，都需要有衔接语言，这样才不会使教学活动的转换突兀。衔接语言应当前后呼应、起承有序、转合有度。

（4）调节语言。通过恰当的褒贬评价，强化或改变学生的学习活动，以调节控制教学进程。调节语言应当实事求是、程度适中，方法因人而异，形式多样。

二、依据教学语言的信息流向分类

1. 单向传输语言

单向传输语言，又称独白性语言，是指教师在教学中向学生进行单向输出的语言。此类教学语言的特点是信息密集、信道流畅，能较好地体现教师的教学意图。

2. 双向对话语言

双向对话语言是指教师和学生以平等的身份，在民主、融洽的氛围下进行生动活泼的双向对话的语言。此类教学语言的情境性强，要求教师具备灵活机智的语言应变能力。双向对话语言常用于课堂问答、个别辅导、交换意见、了解情况等教学活动，在运用时要注意语言的对象特点，对话双方要互相尊重、默契配合。

3. 多向交流语言

多向交流语言是指教师在教学中有目的地组织学生进行座谈、讨论、辩论的语言。此时教师的语言应具有鲜明的主导性和组织功能。多向交流语言的运用要求教师具有较高的语言控制调节能力，使多向交流语言“形散而神不散”，通过激发学生兴趣、点拨学生思维、引导学生思路来达到预期目标。

三、依据教学语言的表达方式分类

1. 说明式语言

说明式语言是指教师在教学中给学生解说事物、剖明事理的语言。教师运用说明式语言对事物的形态、性质、构造、成因、种类、功能或事理的概念、特点、来源、关系、演变等做清晰准确、通俗易懂的解说剖析，以帮助学生加深理解、形成概念。说明可以分为定义说明、诠释说明、比较说明、分类说明、比喻说明、举例说明、图解说明等具体方法。图解说明将在第二章“物理教学板书技能”中介绍，此处不再赘述。

（1）定义说明。它是指用简练概括的语言给事理下一个明确的定义，以揭示其本质内涵。如“力是物体与物体的相互作用”。

（2）诠释说明，或称解释说明。它不同于定义说明，定义说明是对事物本质属性的简明而抽象的揭示，而诠释说明是对事物的各方面特征做详细的解说。比如，在教师进行实验演示或对实物、图表等进行说明时就是诠释说明。物理教学中，在给出物理规律（如定理、定律、原理）的内容后，教师对其关键词、规律的适用条件进行说明的语言也是诠释说明式语言。对物理概念的定义式的解释，应该突出其物理意义，例如对密度公式不能按照数学习惯解释，认为密度与质量成正比，与体积成反比，这是错误的。

（3）比较说明。它是把两个及两个以上的、彼此存在一定联系和相同点的事理放在一起，从对照、比较中说明它们各自的特点和区别。如物理教学中常把“平衡力”与“作用力与反作用力”，“磁通量、磁通量的变化和变化率”与“速度、速度的变化和加速度”进行比较说明。

（4）分类说明，或称划分说明。它是指为了揭示事理的类属性，把其分成若干亚类进行逐一说明，从而达到明确事物的对象范围或概念的外延情况的目的。如“力按性质可分为重力、弹力、摩擦力、电场力、磁场力等”。

（5）比喻说明。它是指通过使用恰当的比喻揭示某一抽象事物的含义。如为帮助学生理解“原子结构”，可做比喻说明：“假如原子是万人体育馆，那么原子核就相当于悬挂在万人体育馆中央的一粒玻璃弹珠。可见，原子内部的绝大部分是空的，电子就在这‘空间’里不停地高速运动。”比喻生动形象、新颖有趣，可起到化难为易、辅助说明的作用。

（6）举例说明。在教学中对于抽象难懂的内容，如果举出具体、典型的事例就有可能帮助学生理解。比如，可以通过列举一些产生力的例子说明力是物体对物体的作用；在讨论做功的条件时，也可以列举一些做功和不做功的具体事例。

2. 叙述式语言

叙述式语言是指教师在教学中将科学文化知识内容向学生做较客观的陈述介绍的语言。如把人物的活动、经历，事情的起因、发展或事理的变化过程具体表达出来，使学生获得脉络清晰、系统完整的有关知识或事实的语言。比如，在介绍物理学史或科学家时采用的就是叙述式语言。

3. 描述式语言

描述式语言是指详细说出事物状态或事情始末的语言，其特点在于对事物的细节及事情始末进行详尽的描述。描述式语言主要用于描述物理现象、物理过程、实验仪器等。描述物理现象时要求有条理地分析其本质，确定描述的顺序，有条理地描述物理现象。还要注意形象性，需要物理教师用形象且生动的语言进行讲解，使学生听懂、学明白，使学生对物理现象、物理过程、实验仪器有直观、明确的认识。

4. 推理论证式语言[1]

推理是由一个或几个判断得出另一个判断的思维过程。从个别到普遍的推理称为归纳推理，从普遍到个别的推理称为演绎推理，从个别到个别的推理称为类比推理。论证是由断定一个或一些判断的真实性，进而断定另一个判断的真实性的过程，由论题、论据和论证方式组成。在论证过程中，论题必须明确，论据充分、真实。

推理论证式语言是指教师在教学中用事实或理论等论据论证论题或论点的真实性、正确性的语言。推理论证式语言主要适用于用推理或论证方法得出的物理结论，在形成物理概

1 张志宏，辛春雨．师范生物理教学语言技能训练的研究［J］．白城师范学院学报，2018，32（8）：66-70.

念、得出物理规律以及在物理习题的讲解过程中，都要用到推理论证式语言。下面介绍三种常用的推理论证式语言。

（1）归纳论证式语言。归纳推理多用于一般性结论的得出，从感性材料到理性认识，从生动的直观到理性的思维，是形成物理概念和规律的最好途径。首先观察材料和回忆物理事实，进而比较分析、归纳概括，找出事物的共同特征。比如，在得出力的定义过程中就可以采用归纳论证式语言：教学中先引导学生举出一些产生力的例子，在讨论中会发现产生力时一定是一个物体对另一个物体进行推、拉、提、压等，在此基础上引导学生归纳推理出力的定义是物体对物体的作用。再比如，在楞次定律教学中，教师在通过实验获得数据后，就要引导学生归纳推理得出楞次定律。

（2）演绎论证式语言。演绎推理多用于由一般性原理推出个别结论，由已知的原理运用演绎的方法得出新的结论。培养学生物理核心素养，就要培养学生的物理观念。例如，为了帮助学生形成和运用能量观，教师可以不利用实验探究归纳得出楞次定律，而是引导学生利用能量守恒定律推理得出，然后用实验去检验。

（3）类比论证式语言。在物理教学中，为了给抽象的物理事实提供一个类似的比较形象、直观的模型，从而实现知识的迁移，常常使用类比推理的方法。比如，在电场教学中，电势能、电势、电势差等概念的引入就是类比重力势能、高度、高度差。初中物理教学过程中引导学生建立电压概念时，也采用了电流类比水流、电源类比水源、电压类比水压的方法。在物理教学中运用类比论证时，要注意类比事件的差异，抓住关键和本质，防止学生形成错误认知。

5. 抒情式语言

抒情式语言是指教师在教学中抒发感情的语言。教师的感情通过语言抒发出来，常能产生“动之以情、以情感人”的效果。在物理教学中，教师常常会在知识学习的过程中以事说理，渗透思政教育，这时往往会运用抒情式语言。

第三节　体态语言

在对教师进行教学评价时常会说某位教师教态亲切自然，教态其实就是指教师的体态语言。刚开始进行教学技能训练的师范生或新教师往往在教态方面存在一些问题，为此本节专门对教师的体态语言进行介绍。

一、体态语言的内涵

体态语言是指人们在交往过程中借助身体动作传递信息、交流感情、表示某种意义的非语言的特定身体态势。这种特定的身体态势既可以支持、修饰或者否定语言行为，又可以部分代替语言行为，发挥独立的表达功能，还能表达语言行为难以表达的感情和态度。梅拉宾认为交流的总效果＝7％的语言＋38％的音调＋55％的人体动作、面部表情，雷·伯德杰斯特尔则提出人在面对面交流中，有声部分占交际信号的比例低于35％，而大于65％的交际信号是无声的。如果有声语言和体态语言出现相互矛盾的情况，那么体态语言发出的信号才是真实的。因此，体态语言对课堂教学中的交流具有极大的意义。

在教育教学过程中，教师的体态语言包括两大方面：一方面是动态的、有形的体态语言，如眼神、头语、脸语、手语和姿态等；另一方面是静态的、无形的体态语言，如教师的仪表、风度等。

二、体态语言的特点[1]

1. 形象性和表情性

体态语言作为口头语言的必要补充，也有自己表达的物质外壳，即以人体本身的动态、静态形象表达情意。它能使人们产生一种直观形象、动态和变化的感觉，增强人们的感性体验。如教师美好的仪表、风度，可以给学生留下美好的印象，使学生愿意与教师接近。又如学生回答问题时，若教师身体稍微前倾、凝神注视学生，可以使学生受到鼓舞。再如学生迟到站在教室门口，为了不影响上课，教师微微一扬头、眼神一示意，学生就能马上明白这是让其悄悄地走到座位上去。

2. 丰富性

体态语言包括多种表现形式，它表达的信息也非常丰富。研究表明，人可观测的脸部表情有 25000 种，手势有 7777 种之多，眉毛可有 40 多种动态，眼皮的闭合、眼球的转动所表达的意思有几十种之多。另外，体态语言在不同的情境下可表达多种意义。如点头可以表示同意、肯定、理解、满意、顺从等意思。

3. 伴随性和情境性

在教学中，教师体态语言的表达主要伴随着口头语言出现，它可以为口头语言补充信息，帮助引起学生注意，从而增强语言表达的说服力和感染力。比如，在刚上课时，教师口头表达了“安静”的意思后，有些学生并没有马上安静下来，这时教师不再说话，而是注视着还没有准备好的学生，就能强烈地表达出教师对学生的要求。情境性是教师教育中非常强调的一种教学方式或策略，此处不再赘述。

4、差异性

教学体态语言的差异不仅表现为不同国家、地区或民族之间因文化背景、历史传统等不同而存在的差异，还表现为教师个体之间的差异。比如性格内向胆小的教师往往缺乏自信，上课时紧张，不敢正视学生。而性格外向的教师往往充满青春气息，更有个性，更愿意在学生中间走动，与学生互动交流。这些差异是由生理、年龄、经历、气质、性格、性别等不同而造成的。

三、体态语言的类型及运用[2]

体态语言主要包括眼神、表情、手势、举止、距离、仪表等方面，下面分别介绍它们的运用技巧。

1. 眼神

人们常说眼睛是“心灵的窗户”，人的眼睛主要通过瞳孔、眼帘的变化传递信息、表达

---

1 许高厚．课堂教学技艺［M］．北京：北京师范大学出版社，1997：174-178.

2 同上。

感情。比如，一个人在兴奋时，其瞳孔会扩张到平时的4倍并会闪烁发光，相反，在生气或情绪低落时，人的瞳孔会收缩到很小。又如，如果一个人垂下眼帘，则表示顺从或没有信心。在教学中，眼神的表达运用可以使师生在无声的交流中达到无声胜有声的境界。眼神是促进师生心灵沟通、建立和维持师生关系的窗户和纽带。

学生的眼神常常起到反馈教师教学情况的作用。一般来说，当学生眼睛总是注视某一点时，说明学生的思想有可能在开小差；当学生全神贯注地望着教师时，说明学生正在认真地听讲；当学生眼带笑意、频频点头时，说明学生对所讲内容已经理解；当学生皱眉、眼神困惑时，说明学生有疑问或不解；如果学生的眼神长时间散而无光，则说明这个学生正失去对学习的兴趣或遇到了什么麻烦。

在课堂上，教师无疑是学生关注的中心，因此，教师的一举一动，尤其是眼神，会对学生产生极大的影响。新教师常被学生看得不自在，不敢与学生眼神有接触，于是往往将目光投向课本、讲台、天花板甚至教室外。这样一来就会被学生认为是不自信、心不在焉或傲慢无礼，从而破坏师生感情，阻碍师生交流。为解决不敢看学生的问题，在教学中教师可以把目光中心放在倒数二三排的位置并寻找几位情绪好、认真听课的学生，不时地看看他们，这种与个别学生的主动交流会自动扩散到其他学生，时间长了不自在感就会消失。但要注意的是，不能过长时间注视同一个学生，这会让该学生如坐针毡。

在刚开始上课时，教师应该先在教室里慢慢巡视一周，把学生的目光都集中起来，使学生安静下来后再开始上课。而在教学中，教师要不断地与学生进行眼神交流，以确保双方信息沟通的顺畅。另外，在教学中还有一个地方值得注意，那就是课堂提问后需要学生思考，这段沉默的时间内教师应该用亲切、期待的目光与学生交流，让学生感受到教师的鼓励、关爱与期待，这也有利于教师寻找发现答案或接近找到答案的学生。如果教师提问后将目光投向教室外或天花板，学生就会觉得这个问题无足轻重，也就不会积极思考了。

2. 表情

一个人高兴时会喜笑颜开、眉飞色舞、容光焕发、神采奕奕，沮丧时则会愁眉苦脸。所以说人的表情能传递丰富的情感，反映人们的喜怒哀乐。自然，它也就成了表达丰富思想内容的很好的辅助语言。在教学中，教师要善于用面孔说话和表演，做到端庄中带着微笑，严肃中带着随和。

3. 手势

手势是人们用手和胳膊的动作与造型来传递信息、表达情意的体态语言，是教态美在三维空间的延伸。从心理学的角度来看，恰如其分的手势是引起学生注意的有效手段，根据教学内容适当地运用手势，可以使教学内容生动形象。教师常用手势一般分为四种：(1) 说明性手势。教师在展示图片和指挥学生活动时常用此类手势丰富语言信息的内容，起解释作用。如用手指头的数目变化来表示讲话的系统顺序；在讲解电场线和磁感应线时，在图示的基础上，用手形表现出空间球形，以表示电场和磁场不是只存在于一个平面，而是存在于整个空间。(2) 暗示性手势。比如，用手敲击一下桌子以便让热闹的场面安静下来。(3) 情感类手势。教师在讲解内容时随着情感的变化，手自然上扬、下压、握拳，手臂或者手指挥动、屈伸，表达兴奋、压抑、激动等情感，从而加强课堂口头语言的感情色彩。如：讲到愤怒时挥动拳头，动情时用手捂胸口，表扬时竖起大拇指等。(4) 象形性手势。用来描述人、物的形和貌。比如，用拳头表示空间的带电小球等。

不同的手势有不同的含义。比如，双手在胸前交叉表示等待、拒绝、寻找安全或自我控制，双手在胸前合拢表示不安或缺乏信心，手臂活动范围大表示自信，手臂活动时间短、范围窄表示不自信，双手叉腰表示优越感或愤怒，双手插入裤子口袋表示放松或傲慢，双手背在后面表示拘谨、权威或傲慢，双手发抖表示紧张，用一个手指指点表示愤怒，用手指敲打表示不耐心或紧张[1]。另外，手势动作在肩部以上多表达宏大、理解、张扬的情感，在肩部至腰部之间多表示说明道理、记叙事物，表达坦诚和气的情感，在腰部及以下则表示否定、鄙夷、憎恨、厌恶的情感。由此可见，双手最好放在胸部高度，这样效果最好，其次是放在腰部和胸部之间，不要放在腰部以下。

在教学中教师不应做出对学生有轻视、不耐烦、傲慢等感情色彩的手势。比如，教师叫学生回答问题，在用“请”字的同时，如果伸出一根手指指着学生就显得傲慢无礼，正确的手势应该是伸出右手，掌心向上，做向上指的动作。有研究者指出，以下手势不应在教学中出现：斥责性食指点动、蔑视性伸出手、蔑视性斜挑拇指、轻佻性捻动拇指、讽刺性鼓倒掌、宣泄性以掌（拳）击物、耳语性喇叭手势、威胁性挥动拳头、拨浪鼓式摇头、拒绝性别头、排斥性低头等。

教师在教学中不宜过多地运用手势表达或强调教学内容，要做到适时、适度、适量。一般来说，只有在突出教学的重点和难点、加强语言的作用、表达关键性词语或意图时才使用手势。在使用手势时要注意手势运用的范围、频率要适度。手势动作太大显得夸张，让人感觉滑稽，太小则不容易引起学生注意。在和声细语地讲述时要用单式手势，而着意强调、心情激动时要用复式手势。最后要注意的是，在教学中不能机械照搬手势，它更多的是在教师个人情感的支配下，根据课堂的情境、氛围，自然而然地引发出来的。

4. 举止

举止也称为身体姿势，课堂教学中的举止主要是指课堂教学中教师身体位置的移动和身体动作，包括坐、立、走等。美的举止能给学生以美感，集中学生注意力，调动学生的主动性，帮助学生更好地理解和掌握知识。

教师在课堂上主要是站立着的，教师的站姿最能体现教师的信心和风度。教师站立应该时时注意“正面、垂直”两个原则。“正面”是指教师要尽量面对学生站立，即使在进行板书讲解时也要尽量让身体和脸朝向学生。“垂直”是指站立时要有力度感，也就是常说的“站如松”。教师的站姿如果松松垮垮就会给学生以懒散、无精打采的感觉。另外，站立时要有手势的配合，一般来说，背着双手站立会显得过于严肃，而如果双手总是像演讲那样交叠放置于胸前则会显得太正式，建议一只手拿如一支粉笔、课本或教案等物品，另一只手则自然下垂。新教师往往有两种典型的错误站姿，一种是始终低着头站在讲桌前，另一种则是面无表情僵直地站在黑板前。在初上讲台时，新教师需要时时提醒自己抬头挺胸，面向学生站立，即使在对着黑板讲解时也不能长时间用背对着学生，否则，不但会挡住学生视线，还会影响与学生之间的信息交流，从而使学生失去学习的兴趣。如果连续上几节课，感觉站累了，教师可以背靠讲台，让双脚轮流着地进行适当休息。

步姿是一个人风度的重要表现形式，走路时手臂摆动的幅度以及步子的大小和弹性适中能显示一个人的自信、快乐、友善等心理特征。在教室里，教师要注意步姿的节奏、走动的变化。一方面，教师不能像木桩一样老是站在同一个地方，应适当地在讲台周围走动，在学生做练习、讨论、实验时，应在学生中间走动，以便随时掌握学生的情况，并帮助学生解决

1 鲁道夫·海德尔曼．课堂形体语言的魅力［M］．刘运阁，译．南京：南京师范大学出版社，2004：84-85.

遇到的困难。另一方面，教师在教室里的走动不能太频繁，以免转移学生注意力，影响教学效果。

在课堂教学中，中学物理教师很少有坐的机会，但如果是自习或让学生做单元练习时则可以坐一坐。教师一般坐在讲台前，这时要注意不要跷二郎腿，更不要把两只脚搭在讲台上。对于穿裙子的女教师而言，则还要注意把双腿并拢并侧弯。

教师要注意防止各种不良的身姿，如身体乱摇晃、踮脚抖腿、抓耳挠腮、抠鼻子、摸胡子、手沾唾液翻书或讲稿、随地吐痰等，这些身体姿势和动作都是不合宜的。

5. 距离

如果电梯里只有两个陌生人，则这两个人的距离一定比较远，如果此时陌生人故意与我们挨得很近，我们就会感到威胁或不自在。即使在拥挤的电梯里，为了避免尴尬，我们也会尽量避免与周围的人进行目光接触。由此可见，在人际交往中，人与人之间所处的角度及空间位置也在无形中传递着某种信息，交流着某种感情，这就是人际交往距离。

一般情况下，感情亲密的人的亲近距离为 50～60 cm，普通的两个人能进行轻松愉快谈话的最佳交际距离为 60～150 cm。而在课堂上进行授课时，师生之间的交往距离往往达到 3～4 m，只有这样，教师才能将所有的学生收入自己的视线之内。

当然，在教学中教师应该通过掌握与学生的不同空间距离以达到某些目的，从而能够在学生身上产生最佳的情感效应。如果面向全班学生讲题，则站在讲台上的效果最好。如果要制止某个学生的违纪行为，走近并进行批评比在讲台上批评效果要好得多。如果想了解小组意见或讨论结果，则可靠近学生坐下或参与进去。在与个别学生谈话时，应与学生保持普通人的最佳交际距离，大于这个距离时，声音太小听不清，声音过大则成了训斥，导致交谈很难继续，如果距离过近，则侵犯了学生的私人领地，易使学生紧张。在单独指导学生时，最好站或坐在学生同侧，千万不要站在学生的后面，而且，此时教师的视线应与学生的视线保持在同一高度。对异性学生则要适当远一些。教师还应注意不要长期站在某个学生旁边或长期不靠近某个学生，这会使他们紧张或产生冷落感。

大多数学生希望受到教师的关注，因此，教师应有意识地利用课余时间接近学生，这种置身于学生中间的方法最能拉近师生间的心理距离。

6. 仪表

人们对他人的第一印象往往是从他人的仪表产生的。由此可见，人的仪表十分重要。仪表美是指人的容貌、体态、衣着、装饰的协调之美，是一个人纯朴高尚的内心世界和蓬勃向上的生命活力的外在表现。仪表美是多样的：或纯朴素雅，或鲜艳醒目；或娇小玲珑，或挺拔潇洒；或含蓄端庄，或风华四溢。但一个人的仪表定要与其年龄、形体、个性、气质、身份相宜，表现出一种和谐，方能称其为美。对于教师而言，教师的外表、穿着的美学要求是优雅大方，而不过分装饰。教师着装应做到端庄稳重，忌奇装异服；干净得体，忌不修边幅；简洁大方，忌过多装饰；衣着朴素，忌时装“展览”。具体而言，教师上课时不宜有以下穿着：领子过低，裙子过短，布料过于轻薄、透明、紧身，西服、裤子、裙子有过于醒目的花卉图，衣领上的花边、装饰过多，尺码不合身（过于宽大或者过于紧绷），破旧的、带有印渍的服装。如要化妆则宜以淡雅为主，不佩戴过多的饰品。

第四节 物理教学语言的设计与应用

一、物理教学语言技能的构成

教学语言技能由基本语言技能和适应教学要求的特殊语言技能两方面构成。

（一）基本语言技能的主要构成

1. 组织内部语言的技能[1]

人们在说话时，都是先想后说或边想边说。想就是组织内部语言，思考“为什么?”“对谁说?”以及说话的意向与要点。负责内部语言的生成与组织的是大脑神经中枢。从外界看到事物获得的印象，以及从学生回答问题听到的信息，马上进入大脑神经中枢这个加工厂进行加工，经过闪电般的分析、综合、归纳、演绎，或引起联想，或产生想象，形成了内部语言。内部语言组织得快，语言就流畅、连贯；内部语言组织得好，说出的话就清晰、有条理。可见内部语言的组织技能是构成基本语言技能的第一要素。

2. 快速语言编码的技能[2]

说话是把内部语言扩张并进行编码的短暂过程。使物理教学语言能够顺利编码的条件有二：一是有一定的口语词汇和物理学科语言词汇储备，这是语言编码的符号材料。如果教师掌握的词汇储备多且准确，则讲解时对词语就有较多的选择可能，说话就准确、流利、生动。二是要掌握把词语按准确次序组合的规则，即懂得语法规范，这是语言编码的结构法则。语法规范是人们在长期语言实践中获得的。在语言编码中，只有符合语法规范，学生才能听懂。如果缺乏这种技能训练，讲话时一时想不出恰当的词汇，就会出现较多的停顿现象或者是词不达意。

3. 运用语音表情达意的技能

语言的表达需要靠人的发声器官实现，因此语言表达的技能包括发音的各种技能。另外，要保证学生能听懂，发音就应该规范、准确。

（1）发音[3]。

教师的发音要做到音量适中，吐字清晰，音色优美动听。发音存在问题的教师，可以寻找发音训练的相关视频（或播音主持、音乐教师甚至专业医疗机构的相关视频）进行有针对性的训练。

音量是人们对声音强弱的主观感受。上课时，教师的音量要合理、适中，符合教学环境、语言情境及教学过程中表达感情的需要。音量过大会使人感到不舒服；音量过小，教室后面的学生听不清楚，就会失去听课的兴趣。音量最好控制在让坐在教室最后一排的学生也

---

1 裘大彭，任平．微格教学技能讲座（七）教学的语言技能［J］．人民教育，1994（11）：40-44.

2 同上。

3 许高厚．课堂教学技艺［M］．北京：北京师范大学出版社，1997：168-169.

能听清楚。对师范生而言，在刚进行训练时应该有意识地提高自己的音量。对于音量偏小的教师，应加强气息的科学训练。音量大小和气息控制有关，要达到一定的音量，就要注意深呼吸，注意有控制地用气，并合理运用身体里的“共鸣腔”。其实，声带本身的力量很微弱，不足以发出可以听得见的声音。一个人讲话的声音，声带的音量只占 5%，而 95%的音量是通过胸腔、咽喉、鼻窦和口腔所组成的“共鸣腔”放大得来的，因此发声时可有意让嘴巴张得更大一些。

音色又叫音质，它是声带音通过“共鸣腔”发生变音和变调的产物，从物理学角度来看，音色的不同主要是由泛音的振幅不同造成的。人们常说的清脆、悦耳、圆润、富有磁性都是指声音的音色。常见影响音色的有鼻音、呼吸音、杂音。鼻音太重，听着瓮声瓮气，这是由共鸣声太响造成的，纠正方法是发音时嘴巴张得大些，舌头用些力，就可以控制鼻音的过分共鸣。呼吸音是讲话时大量非发声的空气跑出来，使嗓音带上呼吸声，像大口喘气一样，这是由发音时声韧带没有充分闭合造成的，克服的方法是讲话不要太快和过度用力，精神不要过分紧张，使说话自然。杂音主要由嗓子沙哑、喉鸣、讲话时呼喊过度所致，清除杂音的最好办法是注意克服不良生活习惯和爱好，如不吸烟、不喝酒等。通过合理运用“共鸣腔”，如胸部舒展、鼻窦畅通、咽喉滑润、口腔开合灵活，可以使声音变得圆润、优美，大大提高发音的音质。

在课堂上，如果吐字不清晰，学生理解知识的难度会加大，严重的会让学生不知所云，从而不愿意继续听下去。字听不清楚，在音韵学上叫作音包字。造成这种情况的原因有两个：一是发音不科学，用喉不用口，口齿、吐字含混无力；二是发声的问题，音位靠后，喉头开得太大，共鸣太多。

值得一提的是，由于上课时的音量要比平时讲话大很多，教师的嗓子容易沙哑，因此要注意保护咽喉，避免患上咽喉炎等职业病。其中最简便的保护措施就是上课时带一杯水或润喉的茶。当然，由于现代技术的发展，有些条件好的学校在讲台范围内设置了扩音装置，或为教师配备了便携式扩音器（小蜜蜂），这能很好地保护教师的嗓子，避免嗓子受到损伤。不过对于刚上讲台的师范生来说，建议不要完全依赖扩音设备，可以通过锻炼提高自己的音量来保护嗓子。

（2）语速。

语速是指讲话的平均速度。人的听力有一定的承受力，超负荷就会听不清楚。新教师的语速大多会偏快一些，因此要注意控制自己的语速。新闻节目主持人的语速一般为 350 字/min 左右，但课堂中的语速应以 200～250 字/min 为宜。

（3）节奏[1]。

语言的节奏是指教师在教学语言表达过程中所显示出来的抑扬顿挫、轻重缓急的声音形式的回环往复。具体来说，它包含三个因素：第一是抑扬顿挫的语调，主要指声音的高低、停连和转换的变化；第二是轻重缓急的语流（声音的力度、速度及其交错配合）；第三是语言流动中的回环往复，这是语言节奏的核心因素。富有节奏的语言可以强调不同的教学内容，表达不同的思想感情，使学生保持最佳的听课状态，避免学生注意力的分散。所以，教师巧妙地掌握教学语言的节奏，能使课堂引人入胜。具体而言[2]，在强调重要的教学内容和

1　许高厚．课堂教学技艺［M］．北京：北京师范大学出版社，1997：168-169.

2　刘炳升，仲扣庄．中学物理教师专业技能训练［M］．北京：高等教育出版社，2004：20.

表达激动的情绪时，要加大音量、提高声调、放慢语速；而在平静地介绍某一现象或某一问题时，要音量适中、语速平缓、声调柔和。就语气语调的调节而言，要依据教学内容以及内容中的关键字词调节，如重要概念、规律的表述要坚定不移，以加深学生头脑中的印象，而主要概念、规律得出后，则应以轻松愉快的语调让学生慢慢品尝胜利的果实。

（4）停顿。

杜甫《琵琶行》中的诗句“冰泉冷涩弦凝绝，凝绝不通声渐歇。别有幽愁暗恨生，此时无声胜有声。”展现了一个无声胜有声的意境。从诗句中不难看出，适当的停顿和沉默不但不是浪费时间，反而蕴含着丰富的教学信息，它能引起学生注意，给学生以回味和思考。比如，教学过程中，如果学生注意力不集中、开小差，这时教师突然停顿下来不讲话，就能很好地把学生的注意力吸引过来。

（5）语音。

语音，即语言的声音，是语言符号系统的载体，是语言的物质材料。有了语音这一载体，表达信息的符号——语言才能以声音的形式发出和被感知。我国地方方言众多，有时隔一个县甚至隔一个镇就无法听懂相互之间的方言。因此，在教学中，对语音的基本要求是规范，即按国家要求用普通话语音或当地官方规定的语音（如藏族聚居区的藏语）讲话，以尽可能减少由语言不标准造成的沟通障碍。

（二）特殊语言技能的主要构成[1]

特殊语言技能是在课堂教学的特殊环境中形成的。教师在课堂上无论讲解还是提问，从一个完整的段落来看，其基本结构由三个要素（阶段）构成，即引入、介入、评核。

1. 引入

教师用不同的方式，使学生对即将学习的内容做好心理准备。该要素的细节有：

（1）界线标志——指明一个新话题或新要求；

（2）点题、集中——明确新话题或新要求的目的；

（3）指名——指定学生作答或操作。

2. 介入

教师用不同的方式鼓励、诱发、提示学生作出正确答案或执行教师的要求。该要素的细节有：

（1）提示——教师提示问题，提供知识，提示行为的依据；

（2）重复——重复学生的回答，引起学生的重视并作出判断；

（3）追问——根据学生错误或不完全正确的答案，再提问题，引导学生深入思考，得出正确的答案。

3. 评核

教师用不同的方式处理学生的回答。该要素的细节有：

（1）评价——对学生的回答加以分析、评价；

（2）更正——学生的答案还不准确或思考不全面，教师予以剖析、更正；

（3）追问——继续设问，引发更加深入而广泛的思考；

（4）扩展、延伸——在已经得到正确结论的基础上，联系其他有关资料和相关问题作分

1 裘大彭，任平．微格教学技能讲座（七）教学的语言技能［J］．人民教育，1994（11）：40-44.

析、探索。

二、物理教学语言设计的原则

在进行物理教学语言应用时应遵循三大原则：从教学内容来看，要遵循学科性和科学性原则；从教学对象来看，要遵循教育性和针对性原则；从教学语言的表达来看，要遵循简明性和启发性原则。

1. 学科性和科学性原则

物理学科本身具有很多不同于生活的术语，比如我们常说冰雪融化了、糖在嘴里化了，在物理学中冰雪融化只能用“熔化”表示，而糖在嘴里只能是“溶化”了，这就是教学语言的学科性。其实，在物理学中，对物理概念、规律的描述也都使用了严格的规范语言，即使借用了生活语言，其含义也往往与生活语言有很大差别，如功、力等。因此，在物理教学过程中除了要运用大众化的口头语言外，还应注意在涉及物理术语时严格运用物理学科的专业术语进行表述。

教学语言的科学性是教学内容科学性的重要保证。在教学中，教学语言的科学性要注意以下几点[1]：

首先，要正确使用物理术语。物理术语都有明确的内涵与外延，使用不当就会有科学性错误，如在测力时说某力是多少千克就是不对的。

其次，要注意语言的逻辑性。物理学本身的逻辑性非常强，这就要求教师讲授的语言也要具有清晰的逻辑性和条理性，不然学生就会难以理解甚至产生错误的理解。比如，在介绍光的反射规律时，只能说“反射角等于入射角”，不能说“入射角等于反射角”，其原因在于反射角的大小是由入射角来决定的，它们之间是因果关系。

最后，要注意处理好通俗语言与科学术语的关系。教学中教师应该在不失科学性的前提下使用生动活泼、通俗易懂的生活语言对科学术语进行“翻译”，增强物理知识的可接受性。比如，教师用“只能说儿子像爸爸，不能说爸爸像儿子”这样的类比就很容易让学生理解为什么不能说“入射角等于反射角”。但要注意的是，如果通俗语言会引起学生对所学内容的误解或易造成知识混淆，则不宜采用通俗语言。如分析斜面上物体所受力时，可以把重力分解为沿斜面的分力，这个分力可使物体下滑，但如果直接说物体受到了下滑力，那就易使学生误解为除重力外还有一个下滑力。

以上提出的教学语言的科学性问题得到了广大物理教师的高度关注，但还有一类语言的科学性没有得到足够重视，那就是关于科学是什么的语言，科学既包括科学思维、方法、精神，也包括科学技术与人类社会的关系等。比如，科学本质观不同的教师使用的教学语言也不相同。持传统科学本质观的教师使用较多的教学话语是“真理战胜谬误”“确定性”“必然性”“证明了”“发现了”等，而持当代科学本质观的教师有可能使用“观察”“推论”“猜测”“可能是”“支持”“提出”等话语。持当代科学本质观的教师在实验的基础上进行教学时，可能使用到“我们观察到了什么?”，在此基础上进一步的话语是“我们能够推论出什么?”；在定律学习的过程中可能会使用“我们可以归纳出”；在理论学习的过程中可能会使用“科学家提出的理论很好地解释了已有的事实”，根据理论进行进一步推断时，可能使用

1　林钦．物理微格教学［M］．福建：厦门大学出版社，2008：113-114.

“可能是”，实验结果与预测一致时，可能使用“支持了”而不是“证明了”[1]。再比如，物理实验失败是很正常的情况，很多教师在演示实验时，一旦失败了，就说是误差不算数，然后左右摆弄，直到数据与预期相符时就说数据对了，可以用了。而学生一旦实验失败了，教师不是耐心地检查他们的实验过程、指出他们实验中存在的问题并协助他们重新进行实验，而是不管三七二十一就批评学生不认真等。久而久之，学生即使实验失败了，也不再会和教师商讨失败的原因，而是拼凑一份所谓的正确数据“交差了事”。如果跳出计较教师所讲的知识结论是对还是错的视野，在意当学生日后将知识结论忘掉之后所剩下的东西，我们就会意识到问题的严重性。这正如罗星凯教授所说：“那么它给学生的弦外之音就是：一旦有了‘结论’，对新收集到的事实证据就可以区别对待，符合‘结论’的就敞开放行，不符合的就要‘发回重审’，直到符合为止。想到今天课堂上的莘莘学子，明日都要在不同层次上参与不同类型的决策，笔者不禁为这样的理科教育不寒而栗，难道这还不算是犯了科学性错误？比起犯科学知识性的错误，它又能好到哪里去呢？”[2]

2. 教育性和针对性原则

传统的教师职业定位是“传道、授业、解惑”，可见在我国，教师的首要任务是教育学生。事实上，教师的教学语言会对学生的思想、情感、行为产生潜移默化有时甚至是决定性的影响。而且，年级越低这种影响越大。作为物理教师必须清醒地认识到这一点，并使自己的教学语言内容与国家的教育方针、政策保持一致。另外，在教学中，教师语言应该表现出对学生的尊重、鼓励、关心和爱护，这对形成融洽的师生关系，调动学生学习积极性，培养学生自尊、自爱的意识以及文明礼貌的语言都会起到积极的作用。比如，在点名学生回答问题时加上一个“请”字，就能给学生受到尊重的感觉。要发挥教学语言的教育性，最关键的是教师要精益求精、言行一致，并在思想、道德、情操等方面全面提高自己的修养。

物理教师的语言还要有针对性[3]。从教学内容来看，不同的内容应使用不同特点的语言表述，如对物理现象的叙述一般用描述式语言，对物理规律的提示用逻辑严谨的论证式语言，列举生活事例则用通俗性、趣味性语言等。从教学各阶段来看，导入阶段可以用形象生动、声情并茂的导入语激发学生兴趣，结束阶段可以用设疑性语言引发学生课后作深层次思考。另外，教师语言要针对不同年龄段的学生进行设计，如在初中物理教学中常采用设问性的、鼓励性的、暗示性的、激发性的语言。对不同的学生个体也可采用不同的语言交流方式，如赞许成绩优秀的学生，鼓励基础较差的学生，对成绩一般学生的注意和尊重。这些都有利于在物理教学中因材施教。

3. 简明性和启发性原则

物理教学语言应简洁明了、逻辑分明。为达到这个目的，教学内容表达一定要经过提炼，认真组织，使用的词语要仔细推敲、严格筛选。但要注意的是，简洁不是简单，新教师常犯的一个错误就是认为教学内容过于简单，因而在使用教学语言时过于简单。要知道，学生是初次接触所学内容，他们对这些内容还很陌生，如果教师按自己的认知而不是按学生的认知来组织教学语言，那么学生就会难以理解教学内容，也就达不到应有的教学效果。还要

1 梁永平．理科教师教学行为发展研究［M］．北京：高等教育出版社，2007.

2 罗星凯．有理的科学知识被无理地“验证”——从理科教学中实验结果与理论的不相符谈起［J］．人民教育，2007（7）：36-38.

3 刘炳升，仲扣庄．中学物理教师专业技能训练［M］．北京：高等教育出版社，2004：19.

注意，教学语言的简明性并不排斥必要的语言重复，对重点教学内容可以通过重复加深学生的理解和记忆，以达到更好的教学效果。

启发性是教育的大原则，无论教学设计还是教学语言都应遵循启发性原则。在教学中，教师的语言要启发学生对学习意义的认识，激发他们的学习兴趣和热情；要启发学生联想、想象、分析、归纳、演绎等，激发学生积极思考，培养学生的科学思维能力；要启发学生的审美情趣，丰富学生的思想感情。

除了以上介绍的原则外，还应注意以下一些问题[1]：

（1）语言的组织。组织良好的语言信息有助于学生学习。另外，语言信息中的开头和结尾部分更容易被学生记住。

（2）语言的信息面。从正反两方面表达观点的语言信息更易被学生理解。

（3）语言的倾向性。具有鲜明观点的信息容易被学生理解。

（4）语言的具体化。越是具体的语言信息，越易被学生理解。

第五节　语言技能的训练与评价

一、训练目标

（1）熟悉和掌握口头语言技能和体态语言技能基本内容。

（2）做到声音音量适中且有变化，语速 200～250 字/min；发音到位，普通话符合国家二级乙等及以上标准。

（3）做到语言清晰流利，逻辑性强，无口头禅；合理利用不同类型的语言进行教学。

（4）做到体态端庄、自然、亲切，正确使用体态语言，体态语言与口头语言配合默契。

二、训练内容

1. 口头语言训练

（1）阅读本书相关内容、有关播音主持以及普通话训练方面的书籍，观看相关视频，并以小组为单位进行相应的普通话训练。

（2）观看优质课视频，对视频中教师的语言进行分析讨论，并尝试结合其他教学技能训练进行语言表达训练。

2. 体态语言训练

（1）观看优质课视频，对视频中教师的体态语言进行分析讨论。

（2）结合其他教学技能训练进行体态语言训练，小组成员相互协助录像，并进行自我评价和相互评价。

1　肯尼斯·莫尔．课堂教学技巧［M］．刘静，译．北京：人民教育出版社，2009.

三、评价量表

<table>
<tr><td colspan="6">班级________ 姓名________ 学号________ 训练时间________
课题________</td></tr>
<tr><td colspan="6">请您听课后对以下项目进行评价，在相应的等级处打“√”</td></tr>
<tr><td rowspan="2">评价内容</td><td colspan="4">评价等级</td><td rowspan="2">权重</td></tr>
<tr><td>优</td><td>良</td><td>中</td><td>差</td></tr>
<tr><td>1. 讲普通话，发音清晰、正确</td><td></td><td></td><td></td><td></td><td>0.10</td></tr>
<tr><td>2. 语言流畅，语速、节奏恰当</td><td></td><td></td><td></td><td></td><td>0.20</td></tr>
<tr><td>3. 语言准确，逻辑严密，条理清楚</td><td></td><td></td><td></td><td></td><td>0.15</td></tr>
<tr><td>4. 正确使用物理名词术语</td><td></td><td></td><td></td><td></td><td>0.15</td></tr>
<tr><td>5. 语言简明、生动有趣</td><td></td><td></td><td></td><td></td><td>0.05</td></tr>
<tr><td>6. 遣词造句通俗易懂</td><td></td><td></td><td></td><td></td><td>0.10</td></tr>
<tr><td>7. 语调抑扬顿挫，富于变化</td><td></td><td></td><td></td><td></td><td>0.05</td></tr>
<tr><td>8. 语言富有启发性和应变性</td><td></td><td></td><td></td><td></td><td>0.10</td></tr>
<tr><td>9. 没有不恰当的口头禅和废话</td><td></td><td></td><td></td><td></td><td>0.05</td></tr>
<tr><td>10. 体态语言恰当，眼神、手势、微笑等配合自然，能起强化作用</td><td></td><td></td><td></td><td></td><td>0.05</td></tr>
<tr><td>总分</td><td colspan="5"></td></tr>
<tr><td colspan="6">评语：</td></tr>
</table>

思考题

（1）语言在课堂教学中有哪些作用？其主要构成要素有哪些？

（2）谈谈体态语言主要有哪些，各有什么作用。

（3）物理教学语言要遵循哪些设计原则？

（4）选择一段有利于训练物理教学语言技能的物理教学内容，编写微格教学教案，分组进行微格教学并录像。再以组为单位，针对口头语言和体态语言相互点评，并提出改进意见。

第二章 物理教学板书技能

第一节　物理教学板书技能概述

一位新老师如果能在黑板上写出非常漂亮的字、徒手画一个完美的圆，学生就会对老师留下好的印象。反之，其在学生心中的印象就会较差，以至于在后续教学中要花很长时间才能用自己优秀的教学能力改变这种印象。从这个例子就能发现，板书对教学的影响是非常大的。因此，有必要对板书技能进行全面而深入的了解，并争取通过努力训练提高自己的板书水平。

一、板书技能的内涵

自 20 世纪初，传统的个别教学形式改为课堂班级教学形式以来，教学板书就作为一种重要的教学手段和表现形式越来越受到广大教师的重视。它是师生在教学中利用视觉交流信息的主要沟通形式，是课堂教学的重要辅助手段。随着现代信息技术的发展，板书形式也从传统的黑板（包括小黑板）板书、挂图等形式扩展到电子板书，比如电子白板、多媒体投影等板书形式，这些新的板书形式大大拓宽了师生的交流渠道及信息获取渠道。

相对于口头语言而言，板书是课堂教学的书面语言。依据前文介绍，可以把板书技能定义为：教师根据教学需要，将一定的教学内容转化为各种符号（文字符号、图表、图像、动画及视频等），然后通过一定的介质（黑板、投影仪、电子白板及书写笔等）展示在学生面前，在此基础上配合口头语言、体态语言等，向学生呈现教学内容，分析认识过程，使知识概括化和系统化，以帮助学生正确理解并增强记忆，提高教学效率。板书既是一类教学行为，也是一种教学结果。从动态的角度理解，板书是指教师根据需要，在教学媒体（如黑板、投影屏幕等）上以文字符号、图表、图画等传递教学信息的教学行为。从静态的角度理解，板书是教师在教学过程中为帮助学生理解和掌握知识而利用教学媒体以凝练的文字符号、图表和图画等呈现的教学信息总称[1]。

独具匠心的板书，既有利于传授知识，又能发展学生的智力；既能产生美感、陶冶情操，又能引导学生形成良好的书写习惯；既能激发学生的学习兴趣，又能启迪学生的智慧，活跃学生的思维。可以说，一幅好的板书既是一本形式优美、重点突出、高度概括的微型教

1　卫建国，张海珠．课堂教学技能理论与实践［M］．北京：北京师范大学出版社，2008：99.

科书，又是一件精美的艺术品。

二、板书的作用

好的板书能提纲挈领、厘清教材的脉络，系统、完整地概括一节课的主要内容。它还能打开学生的思路，帮助学生更好地理解与掌握教学内容，便于学生记录听课笔记，为学生复习功课提供便利。总体来说，板书在物理教学中有以下作用。

1. 揭示教学内容结构，有利于学生对物理知识结构的掌握

物理学是一门逻辑性很强的科学，因此物理课堂教学内容与其他学科内容相比有更强的内在逻辑性和规律性，仅依靠教师讲解，学生对物理知识的逻辑结构是难以全面理解和把握的。教师通过课堂板书将物理教学内容之间的逻辑性清晰地显示在学生面前，使学生感受到教材内容的系统性和内在联系，并准确地把握知识的整体结构。这显然为学生构建自身的知识结构提供了帮助。

案例 2-1："匀变速直线运动、加速度"板书（图 2-1）

§1.5　匀变速直线运动、加速度

一、匀变速直线运动

1. 定义：一条直线上运动，相等的时间内速度的变化相等。

2. 分类：

匀变速直线运动 { 匀加速直线运动：速度随时间均匀增加（a 为正，a 与 v_0 同向）
匀减速直线运动：速度随时间均匀减少（a 为负，a 与 v_0 反向）

二、加速度

1. 物理意义：表示物体速度变化的快慢。

2. 定义：在匀变速直线运动中，速度的变化和所用时间的比值。

3. 数学表达式：$a=\frac{v_1-v_0}{t}$。

4. 单位：m/s^2。

5. 说明：加速度是矢量。加速度方向并不始终与速度方向相同。

图 2-1　"匀变速直线运动、加速度"板书

2. 提示学习重心，有利于突出重点和难点

在教学中，教师将经过加工和提炼后的内容精华通过精心设计以板书形式呈现在黑板上，为了进一步突出重点和难点，教师在板书过程中往往会在关键处通过圈点或用鲜艳的彩色粉笔书写进行强调。这种传递信息的方式比语言讲授更富有直观性，学生通过板书就很容易明白本节教学的重点及难点内容。因而好的板书有利于突出教学的重点与难点，提示学习的重心。

3. 保存教学信息，有利于学生记忆与模仿

俗话说"好记性不如烂笔头"，即使教师把教学内容讲得清楚、完美，口头语言也无法保存，会随着时间不断产生又不断消失。学生通过教师口头语言获得的对知识的记忆往往是短时记忆，很容易遗忘。而板书正好弥补了这一不足，如果学生在课堂学习过程中遗忘了前面的知识，可以很容易通过复习板书的内容记起。同时，板书有利于学生记笔记和课后复

习，也有利于教师在课堂结束时进行课堂小结。另外，教师板书的工整情况、讲解例题的解题思路和研究方法对学生都具有示范和模仿作用。

研究表明，单纯地通过听觉或视觉来记忆，效果都较差，但如果视听结合，记忆水平会大大提高。板书是课堂教学中视觉信息的主要来源，特别是随着多媒体技术的发展，利用新的板书阵地（投影屏幕、电子白板）播放各种图片、视频等，能够大大增加视觉信息量。因而通过板书能够很好地发挥学生感官的协同作用，强化刺激，扩大感知量，有利于学生对教学内容的记忆。

4. 强化直观教学，有利于增强教学效果

教师在讲解时，有些想表达和传递的信息很难用口头语言表达清楚。这时如果把口头语言与板书有机结合，利用板书形象的结构、多样符号的参与，以及不同色彩的搭配，给学生感官以强烈的、多方面的刺激，就有利于把抽象的知识具体化、形象化，从而便于学生更好地理解和掌握物理概念、规律，增强教学效果。

值得注意的是，板书直观有与实物直观不同的直观特点。实物直观是对物理现象、物理过程进行直接观察，是物理研究的基本途径，具有直观、形象、生动的特点，能很好地调动学生的积极性。但实物演示的本质要素与非本质要素往往混淆在一起，而本质要素在感知方面又常表现为一种弱刺激，因此，实物直观难以突出事物的本质特征。此外，实物直观受时间、空间及感官的限制比较大，例如宏观的天体运动、微观的原子结构等都难以通过实物进行观察。而板书直观在很大程度上克服了实物直观的局限性。比如在传统板书中，可以用简单模拟的线条把本质要素进行放大或突出（如把粗糙平面画成锯齿形说明摩擦力），把连续运动过程中的关键状态静止固定（如用板画画出碰撞过程中的一系列关键状态）。再比如，电子板书可以方便地用图片、视频及 Flash 动画等呈现课堂上无法呈现的各种实验及现象（如用 Flash 动画呈现光电效应原理、磁感线的空间立体分布，用慢动作视频呈现飞机投弹、碰撞、弹簧或单摆的振动等）。这些能弥补相当一部分学生的空间想象能力的不足[1]。

5. 有利于激发学生兴趣，启迪学生思维

形式优美的板书能够勾画出教学内容的轮廓，可以将抽象的物理过程或现象形象地再现在黑板上。另外，利用现代信息技术的电子板书不但大大丰富了传统板书的文字符号、图表、图画等静态内容，还可以呈现动态的视频等，这些板书在给学生带来美的感受的同时，还能通过丰富多样的信息激活已有经验或提供经验支撑，从而激发学生的学习兴趣，促使学生产生学习动机，帮助学生进行思考，启迪学生思维。

案例 2-2："惯性"板书

方法一：传统黑板板书

基于简笔画生动、形象的特点，运用简笔画介绍惯性运动在生活中的事例，学生更容易掌握惯性的基本规律，学会利用惯性有利的一面，克服惯性不利的一面。如图 2-2 所示，A 同学和 B 同学没有乘车经验，他们一个坐在车尾挡板上，一个坐在车头上。当汽车启动时，由于惯性，A 同学很容易摔到车下。B 同学

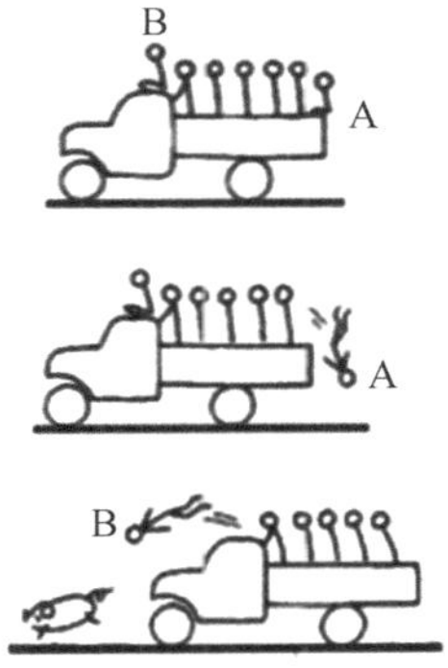

图 2-2　"惯性"板书

1　孙立仁．中学物理微格教学教程［M］．北京：科学出版社，2002：149.

更危险，一旦因出现紧急情况（如路上突然出现障碍物）而急刹车，B 同学就会由于惯性飞出去。在这个例子中教师通过简笔画提出问题，进而分析问题、解决问题，最后配合其他教学手段完成“惯性”教学。

方法二：现代电子板书

利用电子板书的优势，呈现事先画好的简笔画以节约时间，也可以播放网络上公开的与惯性危害有关的视频或制作精良的相关公益广告，这种画面带来的冲击力远胜过语言。

6. 有利于学生能力的提高和非智力因素的开发[1]

板书是教师深入钻研教材后精心设计的，是教师对教材内容进行认真选择、加工和提炼的结果。因此，板书可以反映教师对教学内容的理解程度和思维的严谨程度。好的板书层次清楚，富有科学性和系统性，因而有利于培养学生思维的系统性、逻辑性、严密性，从而提高学生的思维能力。另外，在教师讲解的配合下，学生不仅能学到知识，还能学会如何抓住重点，如何突破难点，如何进行归纳、总结、论证等，这能帮助学生掌握必要的学习技巧，有助于学生学习能力的提高。

中学生的模仿能力强，教师在黑板上的书写、计算、绘画等都是学生模仿的内容。因此，板书是一种强有力的教育因素，具有很强的示范性。板书的规范性、严谨性、科学性、艺术性甚至教师书写板书时严肃认真的工作态度都对学生有着潜移默化的影响。所以布局合理、设计精美、字迹娟秀、书写准确、格式规范并配以不同色彩形式的板书无疑有助于引导和训练学生培养严谨认真的学习态度和规范化的书写技能，养成良好的书写习惯和解题思维习惯。同时给学生以美的享受、美的感染、美的熏陶。

案例 2-3：初二物理绪言课板书[2]

一位教师在给初二学生上第一节物理课时，首先进行了如图 2-3 所示的板书，学生立刻被吸引。教师解释道：“物理，顾名思义，就是阐明自然万物的道理，可是学过物理的同学对这两个字的理解各有不同，弄明白了发现‘物理’即‘悟理’；一知半解，囫囵吞枣，会觉得学习‘物理’就如同在‘雾里’，如此下去时间一长，对‘物理’只好‘勿理’了。你愿意成为什么样的同学呢?”简洁的板书，既说明了物理的学科特点，又指出了“千里之行，始于足下”的道理，使学生坚定了从一开始就要学好物理的信念。

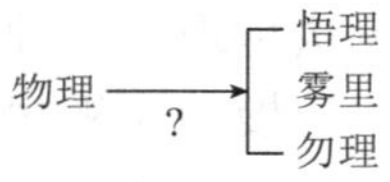

图 2-3　绪言板书

第二节　板书的类型

板书有不同的分类方法，既可以按板书所用载体分类，也可以按板书的作用分类，还可以按板书的具体表现形式分类。以下介绍板书的各种分类方法。

1　卫建国，张海珠．课堂教学技能理论与实践［M］．北京：北京师范大学出版社，2008：103.

2　李祥春．中学物理教学中的美学［EB/OL］．https://www.doc88.com/p-63249090974.html.

一、按板书所用载体分类

按板书所用载体可以将板书分为黑板板书（包括小黑板板书）、电子板书。

1. 黑板板书

从班级授课出现开始，黑板板书就出现了，虽然随着信息技术的发展，板书形式得到了极大的拓展，但黑板板书仍然不可替代，每个教室里都会保留一块或大或小的黑板。黑板板书也在不断地朝着更干净、环保的方向发展。比如，大部分黑板已经被对学生视力保护更好的绿色板、白板以及磁性板代替，书写的笔也被无尘粉笔或水性笔、磁性笔代替。

除固定在教室的大黑板外，学校往往会为每间教师办公室配一些小黑板供教师使用。另外，部分科目还会配备一些相应的挂图挂在黑板上供师生使用。

2. 电子板书

随着现代信息技术的发展，板书形式已不限于黑板板书这种单一形式。最初的电子板书形式只有普通的光学投影仪和幻灯机，其中幻灯机现已基本退出了教学，但光学投影仪在很多学校仍在使用，比如用于投影水波的干涉图样、投影铁粉形成的磁感线等实验以提高实验的可视性，或投影用透明胶片写的习题等以节约教学板书时间。目前最常见的是集声音、图画、视频信息于一体的多媒体电子幻灯片（如 PPT、Authware）投影仪以及可以代替光学投影仪的实物投影仪。另外，还有一种具有交互功能的电子白板，它被直接安装在黑板上，既可以用于投影电子幻灯片，也可以用电子笔直接在上面书写，但因具有交互功能，其价格相对更高。目前，也有一些厂家在普通电脑投影仪的基础上增设信号采集器，通过安装软件实现普通投影幕的电子白板功能。

但要注意的是，如果设计不好，电子板书信息量大反而会成为缺点。调查发现，很多学生对电子幻灯片这种板书形式很反感。这是因为教师对学生学习内容的熟悉导致其在播放电子板书时速度很快，当学生对前一张电子板书还没反应过来时，紧接着又是另一张电子板书，这极易引起学生的视觉疲劳，结果适得其反，也不利于学生记课堂笔记。因此，在设计电子板书时，应该注意每张电子板书的信息量要适中。此外，还要注意信息呈现方式，不要一次性呈现一张电子板书的内容，而应该模仿黑板板书，分步呈现内容。比如物理公式中的符号就可以按顺序逐个呈现，受力分析图或运动分析图应该结合教师的讲解逐步呈现。

二、按板书的作用分类[1]

依据作用，板书可以分为主板书和副板书。

1. 主板书

主板书又称基本板书、中心板书或要目板书。主板书是整个课堂板书的骨架，是课堂教学的逻辑关系网，需要教师精心规划设计。主板书主要包括课题与教学的核心内容，如概念和规律的内容、公式、例题等。它体现了教学目标与教学内容内在联系的重点与难点，能够表现教学内容的基本事实、基本思想及结构形式，是学生需要掌握的主要教学内容。因此，

1　范建中，高惠仙．微格教学教程［M］．北京：北京师范大学出版社，2010：56.

它的书写应该科学、规范、醒目且易于理解。一般来说，在授课过程中，主板书内容应该完整保留，这有利于学生记笔记。

2. 副板书

副板书也称辅助板书、附属板书、注释板书，一般用于对主旨内容做必要说明和解释，是对主板书的具体补充或辅助说明。相较主板书而言，副板书书写更随意，可及时地反映教学过程中师生交流的情况，指出问题的关键，引起学生的注意。因此，在授课过程中，副板书一般不需要长时间保留，可以随写随擦或选择性保留一部分。在物理教学中，副板书常见的书写内容有：受力分析、运动分析、电路分析、磁场分析、实验分析等的板书板画，物理现象的分析讨论与归纳，物理规律的推导过程，练习题及教师或学生的解题过程等。

教师常用的小黑板板书以及大多数电子板书都可以归为副板书。有些教师为节约时间，常事先在一块小黑板上写好副板书内容，然后在教学中根据需要将小黑板挂在大黑板上。同样，教师可以通过电子板书把要板书的内容准备好，从而节约时间，丰富板书内容，提高教学效率。

在黑板板书中，课题应该写在黑板中间。书写时可以将黑板分为 2～4 块，依知识展开顺序从左至右、从上到下书写。其中主板书内容面积占 1/2～3/4，如果主板书内容较少，可以将其置于黑板中间，如果内容较多，则主板书应从黑板左侧开始书写。在具体书写时可以先设计好书写框架，随着教学过程的推进在框架中填入相应的内容，使板书最后成为一个有机的整体。

案例 2-4："电流和电路"板书（图 2-4）[1]

§ 2.3　电流和电路

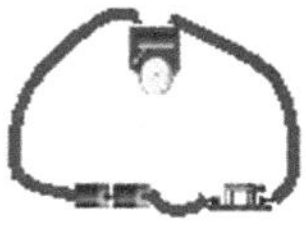

一、电路

1. 由电源、用电器、导线、开关四部分组成的电流路径叫电路。

2. 各元件的作用：

电源：提供电能的装置。

用电器：消耗电能的装置。

导线：输送电能的装置。

开关：控制电流通断的装置。

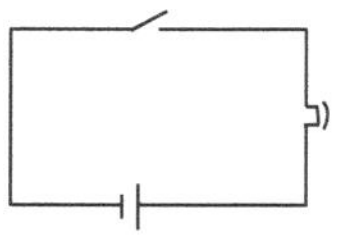

二、电路图

用电路元件符号表示电路连接情况的图叫电路图。

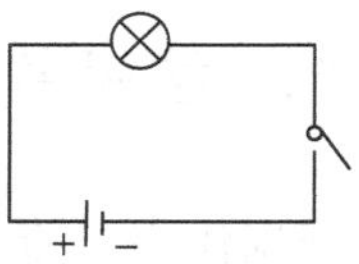

三、电流

1. 电荷的定向移动形成电流。

2. 电流的方向：正极→用电器→负极。

3. 获得持续电流的条件：一要有电源，二要使电路闭合。

图 2-4　"电流和电路"板书

1　板书设计由南昌二中余明慧提供。

案例 2-5：“电流的热效应”板书（图 2-5）[1]

第二节　电流的热效应

1. 电流的热效应：电能转化为内能的现象。
2. 产生热量的大小与哪些因素有关？

(1) 猜想：电阻、电流、时间

(2) 设计实验、进行验证

控制变量法：

研究电阻：控制电流、时间一样

研究电流：控制电阻、时间一样

研究时间：控制电阻、电流一样

(3) 实验结论：焦耳定律

> 电流通过导体产生的热量跟电流的平方成正比，跟导体的电阻成正比，跟通电时间成正比。这个规律叫作焦耳定律(Joule's law)。

公式：$Q=I^2Rt$

单位：焦耳

符号：J

焦耳定律的理论推导

电流通过纯电阻导体时所做电功 $W=UIt$

⇩

电流通过纯电阻导体时所做电功全部转化为电热 $Q=W=UIt$
对于纯电阻导体 $U=IR$
} $Q=W=UIt=IRIt=I^2Rt$

（非纯电阻导体的理论推导知识层次要求较高，以后会学到）

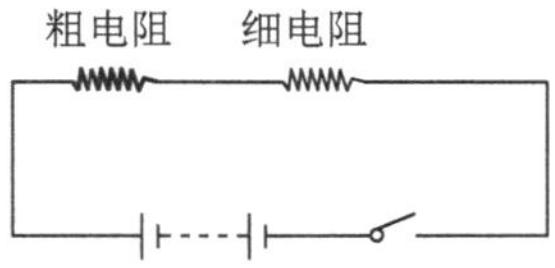

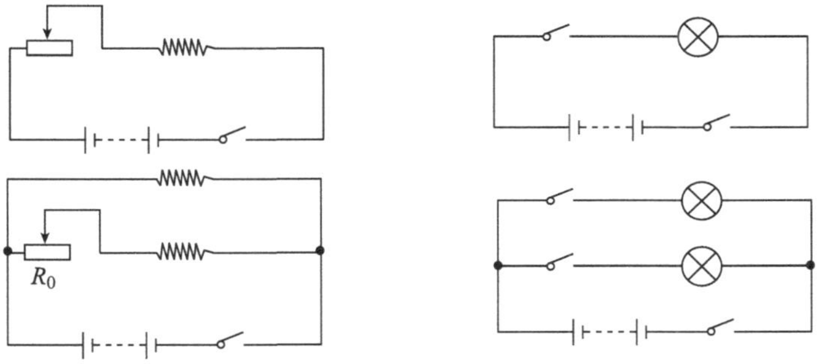

图 2-5　“电流的热效应”板书

三、按板书的具体表现形式分类

按板书的具体表现形式可以将板书分为提纲条目式板书、归纳概括式板书、表格式板书、图示式板书、板画式板书、推理式板书、概念图式板书。

1. 提纲条目式板书

提纲条目式板书是按教学内容和课堂教学顺序，提纲挈领地编排书写的形式。它是最普

1　板书设计由赣南师范大学 07 级物理教育专业肖嫒超提供。

遍的板书形式，其形式简单，条理性较强，能突出教学的重点，便于学生抓住要领，掌握学习内容的层次和结构，培养学生分析和概括的能力。这种板书易于掌握，但要注意的是在板书时一定要标示序号，不标明序号，会给人以条理不清的感觉。

案例 2-6："声音"板书（图 2-6）

§1.2　声音

一、声音的产生

1. 声音是由物体的振动产生的。
   注意：没有振动就不可能有声音。
2. 声源：正在发声的物体叫声源。

二、声音的传播

1. 声音可以在固体、液体和气体中传播。
2. 介质：像固体、液体和气体这样能传播声音的物质称为介质。
3. 声音的传播需要介质，声音在真空中不能传播。

三、声音是一种波

声音以波的形式向远处传播，声音具有的能量叫声能。

图 2-6　"声音"板书

2. 归纳概括式板书

归纳概括式板书是一种常用的物理板书形式，在物理教学中多用于复习课。归纳概括式板书是用简洁的语言抽取教材内容、归纳教学知识。它要求教师在归纳教学内容的基础上进行抽象、升华、深化，对所教内容有深入的理解和高度的抽象概括能力，适用于概念不多、内容明确、内在的知识逻辑结构明确的课题。这种板书形式对培养学生的抽象思维能力、帮助学生记忆有很好的作用。由于归纳概括式板书需深入理解、研究、分析、概括，故比提纲条目式板书的设计更复杂。

案例 2-7："浮力"板书（图 2-7）[1]

- 浮力
  - 方向：竖直向上
  - 大小
    - 测量法：$F_{浮}=G-F$
    - 本质法：$F_{浮}=F_{向上}-F_{向下}$
    - 应用"原理"法：$F_{浮}=\rho_{液}gV_{排}$
  - 物体沉浮条件
    - 漂浮物体：$F_{浮}=G$
    - 浸没物体
      - 上浮：$F_{浮}>G$（$\rho<\rho_{液}$）
      - 悬浮：$F_{浮}=G$（$\rho=\rho_{液}$）
      - 下沉：$F_{浮}<G$（$\rho>\rho_{液}$）

图 2-7　"浮力"板书

1　刘炳升，仲扣庄．中学物理教师专业技能训练［M］．北京：高等教育出版社，2004：45.

案例 2-8："导体与绝缘体"板书（图 2-8）[1]

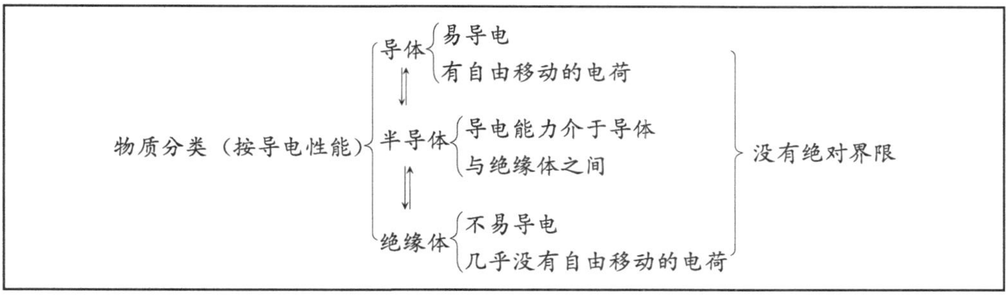

图 2-8　"导体与绝缘体"板书

3. 表格式板书

表格式板书是把教学内容中的知识要点列入表格，通过对比或归纳获得新知识并建立知识结构。其特点是条理清晰、简明扼要，有整齐、对称、简洁、清晰之美。它多运用于概念较多、内容较复杂、条理不易厘清的课题。比较复杂的概念或现象以表格形式反映出来，能强化学生的思维，具有化繁为简和增强记忆的效果。

表格式板书常用于内容相近但又有区别的知识对比，比如比较平衡力和作用力与反作用力的异同或左右手定则时就常用表格式板书书写。表格式板书也可用于具有类比性质的知识之间的对比，比如在引出法拉第电磁感应定律时，为便于学生理解磁通量与磁通量的变化量、变化率的关系，常常用表格的形式把它们与速度和速度的变化量、变化率进行类比。表格式板书还用于对相似的一类物理现象的归纳概括，从而总结出相应的物理概念或规律，比如在引入力的概念时，常将各种作用力通过分析填入表格中，再归纳概括力是物体对物体的作用。

案例 2-9："晶体与非晶体的异同"板书（表 2-1）

表 2-1　"晶体与非晶体的异同"板书

类型	晶体		非晶体
	单晶体	多晶体	
外形特征	有规则的几何形状	无规则的几何形状	无规则的几何形状
物理性质	1. 各向异性	1. 各向同性	1. 各向同性
	2. 具有一定的熔点	2. 具有一定的熔点	2. 没有一定的熔点

案例 2-10："振动与波动图像比较"电子板书（表 2-2）

表 2-2　"振动与波动图像比较"电子板书

比较内容	振动图像	波动图像
研究对象	一个振动的质点	一群先后开始振动的质点
研究内容	振动质点在振动过程中位移随时间变化情况	某时刻各个质点的空间位置分布情况
物理意义	描述振动质点在振动过程中各个不同时刻的位移（相当于拍摄一个人一天的生活）	描述介质中各个质点在同一时刻偏离平衡位置的位移（相当于拍摄一个班集体在某一时刻的一张集体照）

1　徐珺．物理教学与语文教学板书设计的嫁接［J］．物理教师，2005（7）：6-8.

续表

比较内容	振动图像	波动图像
图像	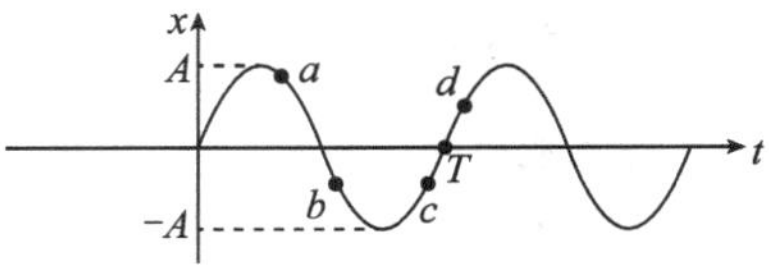	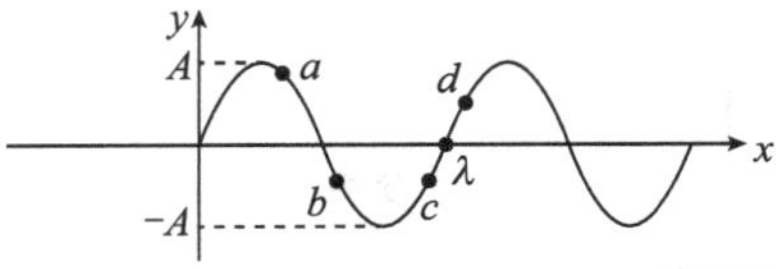
由图像可知的信息	1. 振幅 A； 2. 周期 T； 3. 不同时刻的位移	1. 振幅 A； 2. 波长 λ； 3. 各质点在该时刻的位移
判断质点振动方向的方法	图线向下走，则质点振动方向向下，反之亦然（a、b 时刻向下，c、d 时刻向上）	1. 实质法：后一质点总跟随前一质点振动 2. 口诀："上坡下，下坡上"
判断 $F(a)$ 方向及位移 x 的方向	F（a）指向平衡位置（a、d 向下，c、b 向上），x 方向背离平衡位置（a、d 向上，正方向；c、b 向下，负方向），也可直接由纵轴的正负判断	
比较 F、a、x、v 的大小变化	平衡位置时 v 最大，x（F、a）最小，为 0；最大位移处 v 最小，为 0	
图像变形	直接在原图像上延伸，即可得到以后时刻的图像。之前的图像不会变化（时间不会倒流）	1. 描点法； 2. 平衡法：借助人的错觉（认为波在平移），由 $\Delta x=v\Delta t$ 可知波平移的距离

案例 2-11："力的概念"副板书（表 2-3）

表 2-3 "力的概念"副板书

物体	力的作用	物体
压路机	压	路
人	提	书包
马	拉	车
推土机	推	土
塑料笔	吸	纸屑
磁铁	推	磁铁

在教师引导下，学生不难通过表格归纳出：力是物体对物体的作用。同时发现力的产生总是有两个物体，单个物体无法产生力。

4. 图示式板书

图示式板书是使用文字、线条、符号、框图等表达教学内容的板书，用于揭示事物间的内在联系。图示式板书主要通过使用适当的符号，以框架图的形式将教学内容的相互关系展示出来，呈现教学内容的概貌或者结构，因而适用于各概念间有从属关系、并列关系或递进关系的课题。其特点是直观新颖，一目了然，容易强化学生的感知。

案例 2-12：“简单的磁现象”板书（图 2-9）[1]

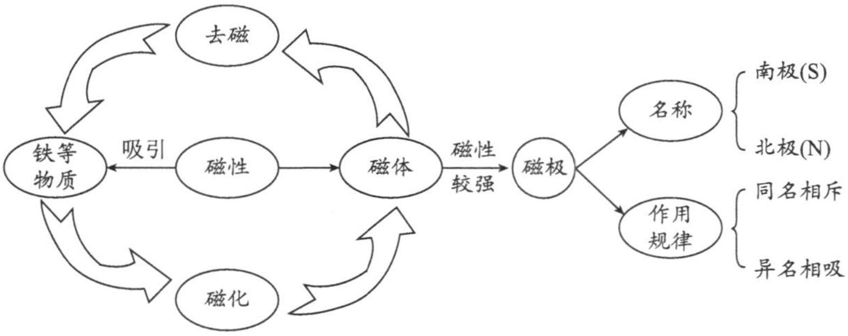

图 2-9 “简单的磁现象”板书

案例 2-13：“力与运动解题思路”板书（图 2-10）

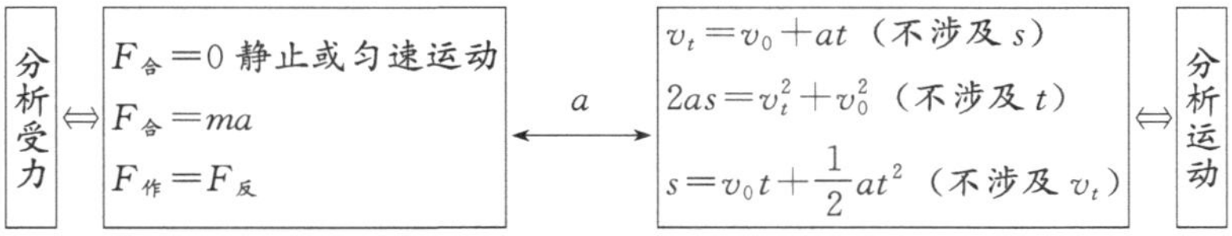

图 2-10 “力与运动解题思路”板书

案例 2-14：“万有引力解题思路”板书（图 2-11）

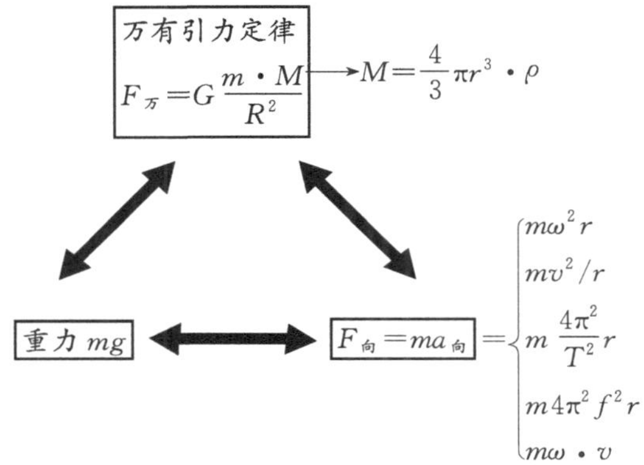

图 2-11 “万有引力解题思路”板书

5. 板画式板书

如果将板书细分，可以分为文字符号板书和绘画板书。绘画板书一般称为板画式板书。在传统黑板板书中，由于时间关系，板画常用简笔画的形式表现。板画是在较短的时间内以简练的线条高度概括各种景物、事物、人物等形象的一种绘画，因此板画也称“赋形法”或“描状法”。优秀的板画能抽象出事物或实验的本质，有利于学生理解相关内容。另外，夸张变形式或漫画式的板画常给学生留下极其深刻的印象，能极大地激发学生的学习兴趣。

值得注意的是，电子板书的出现使板画的形式不但可以由简单到复杂，而且可由静态到动态（如 Flash 视频），大大丰富了板画的表现形式，还节约了书写板书的时间。

1 徐珺．物理教学与语文教学板书设计的嫁接［J］．物理教师，2005（7）：6-8.

案例 2-15："杠杆"板书（图 2-12）[1]

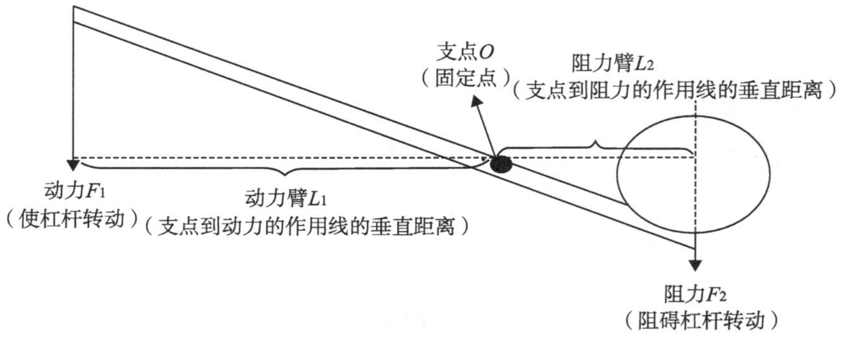

图 2-12 "杠杆"板书

案例 2-16："运动状态的改变"板书（图 2-13）[2]

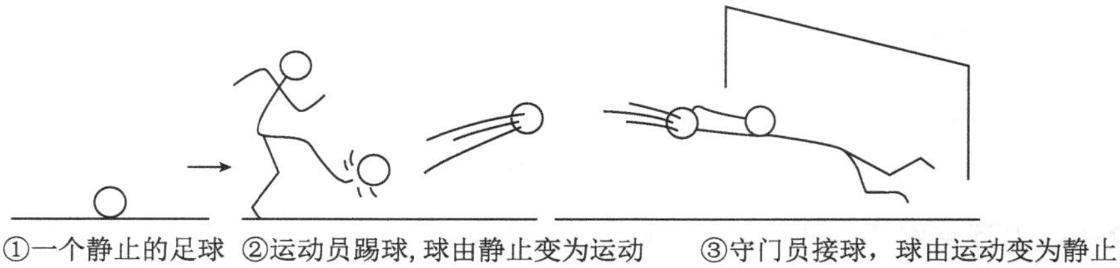

图 2-13 "运动状态的改变"板书

案例 2-17："声音的产生和传播"板书（图 2-14）[3]

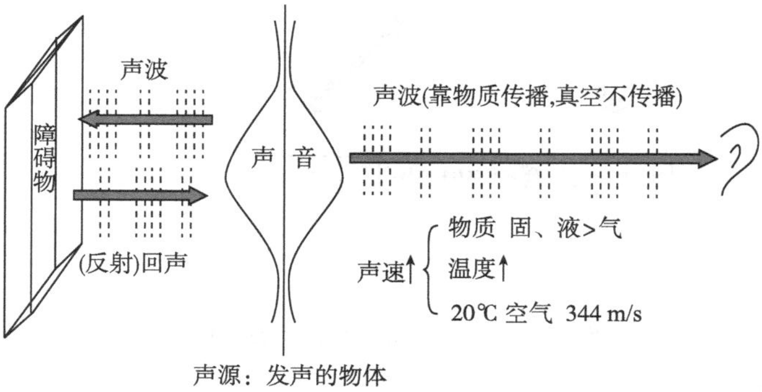

图 2-14 "声音的产生和传播"板书

夸张式的声音传播图画显然能激发学生的学习兴趣，加深学生对声音知识的理解。

在物理教学中，教师需要经常画一些电路、受力分析等的简笔画。因此，物理教师不光要写得一手好字，还要能画一幅好画。板画形象逼真，取舍合理，不仅能说明物理道理，还

1 徐珺．物理教学与语文教学板书设计的嫁接［J］．物理教师，2005（7）：6-8.

2 韩长明．教学简笔画［M］．长春：东北师范大学出版社，1985.

3 徐珺．物理教学与语文教学板书设计的嫁接［J］．物理教师，2005（7）：6-8.

能活跃课堂气氛，激发学生学习兴趣，产生美学效果。了解板画的类型有利于教师更好地在课堂上进行板画，如表 2-4 所示[1]。

表 2-4 不同板画的特点及示例

作图方法	立体透视图	正投影图	剖面图	示意图
示例	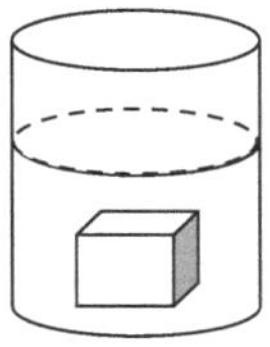	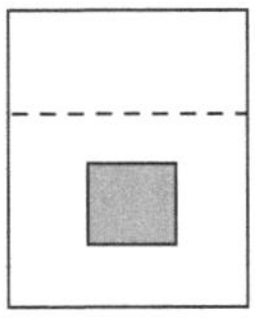	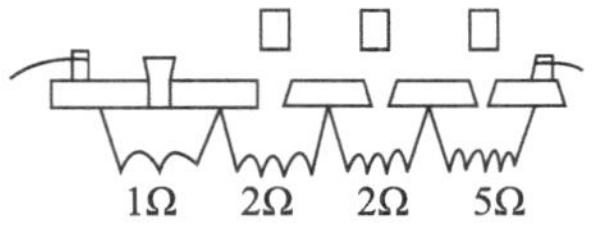 电阻箱	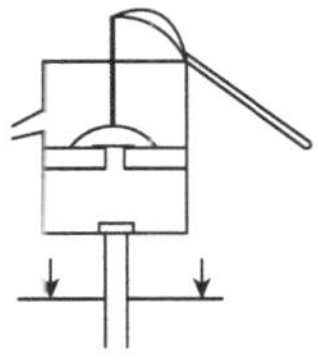 压水井
特点	按照实物的样子画图，形象逼真，但费时	将实物的正面垂直投影得到的图形，简单，使用较多	通过剖面图看内部结构	采用概括抽象的手法，根据需要有选择性地画图

（1）立体透视图。

立体透视图是按照实物的样子画出的图，其优点是形象逼真，但画起来比较费时。教学手段现代化（如实物展示台、PPT 等）使教师可以将各种印刷品上的图直接投影展示，节省了画立体透视图的时间。

（2）正投影图。

正投影图是将实物的正面垂直投影到竖直平面所得到的图形。由于这种图形画起来简单，物理课上的当堂板画一般都采用正投影图。

（3）剖面图。

对于一些不透明的物体，要了解它的内部构造，常常设想将它沿某一平面剖开，这个剖面的正投影图便是剖面图。但较为复杂的剖面图，如四冲程气缸的剖面图，一般采用其他方法处理。教学中，一般采用成品挂图、电子图片、Flash 动画或实物投影等方式。

（4）示意图。

示意图是从教学要求考虑，为了突出教学实物或演示对象的本质，采用概括或抽象的手法，对实物或演示对象所作的简图，直观且便于学生记忆，如汽油机工作流程示意图。还有一种示意图叫作符号示意图，常用来表示物理概念、规律与实验操作，它已成为一种约定俗成的物理学通用的物理语言。例如，力示意图、电器图形符号、光学元件符号都是相应概念的代号，受力分析图、电路图、光路图本身就能表达一定的物理规律。符号示意图还可以用来解题，例如力的合成与分解、成像的位置与大小等。

（5）混合图。

在实际教学中，为了作图的方便、省时和突出重点，对某些较复杂的图，各组成部分可以采用不同的画法，即混合画法制成混合图。

1 刘炳升，仲扣庄．中学物理教师专业技能训练［M］．北京：高等教育出版社，2004：48.

6. 推理式板书

推理式板书是用箭头把物理知识间的联系和物理过程中的因果关系表示出来的板书。它的特点是简单明了、逻辑性强，便于学生理解和记忆。

案例 2-18：“推导卫星变轨时的各运动参量随轨道变化关系”板书（图 2-15）

由 $v=\sqrt{GM/R}$ 可知 $R\uparrow\rightarrow v\downarrow$，又由 $T=2\pi r/v$ 可知 $T\uparrow$，

再由 $\omega=2\pi/T$ 可知 $\omega\downarrow$，由 $f=1/T$ 可知 $f\downarrow$

规律：卫星变轨道时，卫星周期 T 与卫星轨道半径 R 的

变化相同，其余（v、ω、a、f）与轨道半径变化相反。

图 2-15 “推导卫星变轨时的各运动参量随轨道变化关系”板书

案例 2-19：“汽车启动的两种理想情况”电子板书（图 2-16）

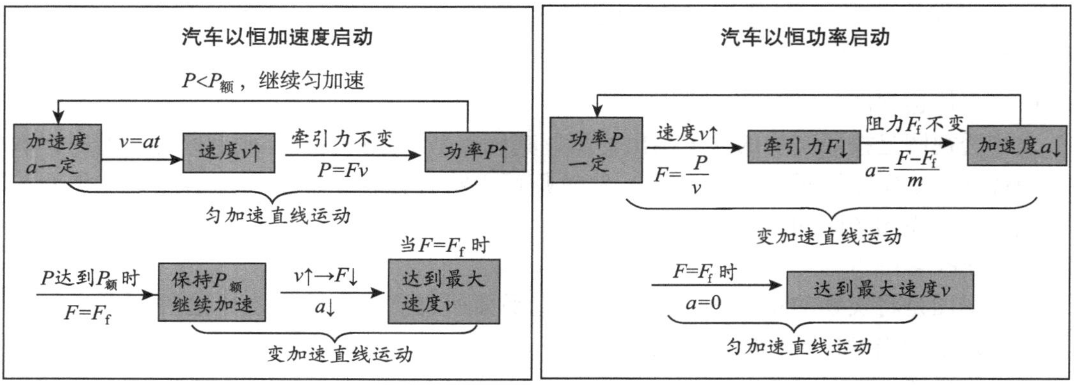

图 2-16 “汽车启动的两种理解情况”电子板书

7. 概念图式板书

概念图是一种用节点代表概念、连线表示概念间关系的图示法。概念图的理论基础是奥苏贝尔的有意义学习理论。该理论认为，为了使学习有意义，学习者必须把新知识和学过的概念联系起来。知识的构建其实是从通过已有的概念对事物进行观察和认识开始的，学习就是建立一个概念网络并不断地向其中增添新内容的过程。

概念图式板书以概念图理论为基础，以某些知识（或概念）为核心，通过树形框图的形式展示知识内在的联系和关系。这种形式的板书有利于学生梳理和整合单元或章节的物理知识，使知识系统化和结构化。因此，除了在板书中运用概念图外，在单元或学期结束时，教师也可以引导学生针对相应内容绘制概念图，从而优化学生的知识结构，增强学生对知识的理解。

案例 2-20："重力"板书（图 2-17）[1]

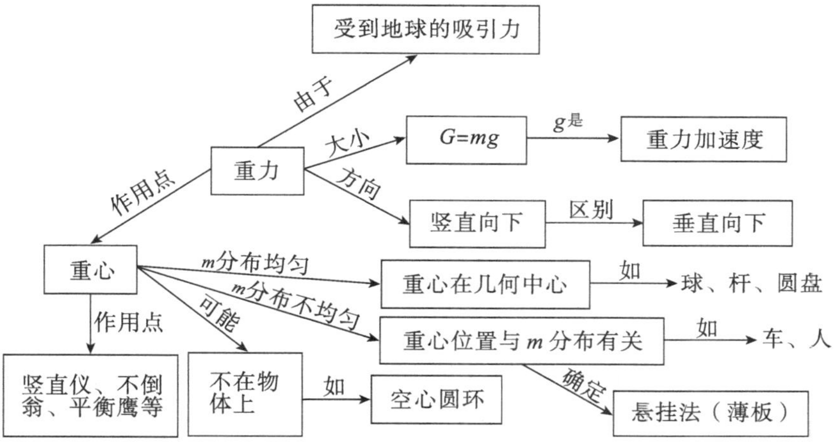

图 2-17 "重力"板书

板书的类型很多，上述介绍的只是常见的一些物理板书形式。在教学实践中，应该根据教学实际选择合适的板书类型，还要善于思考、勇于创新，借鉴其他学科（特别是语文）的板书设计理论，不断设计出更多美观、实用的优秀板书。

第三节 物理教学板书的设计与应用

一、物理教学板书技能的构成要素

板书是一种书面语言，因此书写与绘画能力是板书技能的前提。板书是对教学口头语言和实物演示的补充，它们只有相互配合才可能让学生获取最大的信息量，从而有利于教学的顺利进行。因此，教师要明确在教学过程中在黑板上写什么、如何写、何时写，它们分别对应着如何编排板书内容、板面该如何布局以及对板书时间的把握。另外，书写板书的姿态也需要注意。

1. 书写与绘画

在书写时要求字迹工整、端正；书写要规范、准确，比如固态变液态是熔化，盐在水中是溶解，液体变气体是汽化（物理变化），煤变为煤气叫气化（化学变化）；不要简繁交替写，不要写异体字或已废除的简化字（如把"璃"写成"玏"，把"原"写成"厡"）。字的笔画顺序要正确，一行字要平整。字的大小和笔画的轻重以后排学生能看清为宜，不要忽大忽小。字的下角标要写小一些，写在下半部分。重要的内容可加着重号或用彩色粉笔写，从而起到强调和强化的作用，但彩色粉笔的颜色不宜过多，一般而言，同一黑板上的颜色不要

1 板书设计改编自浙江上虞市教学研究室陈新老师作品。

超过三种。练习题最好事先用电子幻灯片（如 WPS 或 PPT）或小黑板写好。

各种物理符号要规范，如 P 与 ρ，V 与 v，μ 与 u、U，ω 与 W 等物理符号的书写要区分开来，物理量符号用斜体，单位符号用正体（如功用 *W* 表示，功率的单位用 W 表示）。另外，物理量及单位符号要用 Times New Roman 字体，但速度符号 v 比较特殊，要用 Palatino Linotype 字体，这是为了把光学中的频率 *υ* 与速度 *υ* 区分开来。数字下标一般是正体，表示量符号和代表变动性数字及坐标轴的字母作下标用斜体，非量符号及其他情况的下标用正体。如电场中 *A*、*B* 两点间的电势差公式 $U_{BA}=\varphi_B-\varphi_A$ 中的下角标表示量符号，要用斜体，但电势能 $\mathrm{E_{pA}}$ 中的 p 代表势能，不是量符号，所以 p 要用正体。再比如，N_{A} 中的 A 是阿伏伽德罗名字的第一个字母，不是量符号，所以 A 用正体[1]。

物理教学中的板画也十分重要。好的板画以其生动的形象和特有的艺术魅力吸引学生的注意力，启迪他们的思维，从而达到良好的教学效果。为此，教师应首先掌握中学物理教学内容中常见物体及运动的基本画法，如第二节提到的立体透视图、正投影图、剖面图、示意图等的基本绘画技法。其次，板画的构图要简单但示意明确，在对具体的事物过程进行板画时，要合理简化，突出问题的主要矛盾，以简练的手法在较短的时间里画出来。最后，板画要形象生动，逻辑严密，能帮助学生直观地领会教师讲解的知识。要达到这些目标，就要求教师不断地训练，使自己的板画准确、规范、简洁、美观、迅速并能突出物理本质。另外，画图时尽可能用尺规，这可以为学生做榜样。

2. 内容的选编

选编的板书内容要简洁明了，能够科学、系统、概括地反映教学内容。选编的内容要注意全面与重点兼顾、状态分析与过程分析相补充以及正反表述相结合。比如，在介绍惯性只与质量有关时，还可在黑板上写出与速度、外力等无关。

教师在选编板书内容时还要考虑各级标题如何设计、该采用哪种板书类型、内容出现的先后顺序、相互之间如何呼应等。

板书内容是在教学设计时通过对教学内容分析综合后精炼浓缩的结果。一般来说，教学中将主问题浓缩为课题或大标题，将系列化的关键问题设计为小标题，将各关键问题的结论作为各小标题下的板书内容。具体分析一般略去或写在副板书上，特别重要的可以写在问题旁边或主板书中。介绍相关物理量时，要将物理量的物理意义、定义、公式、单位等板书出来，介绍规律时要将规律的内容及公式板书出来。对概念、规律的讨论，如新知识与原有知识的联系和区别、适用条件、注意事项等也应相应地板书在其内容下面。

教学内容不同时，板书的类型也应有所不同。当教学过程是从原有经验出发步步深入、环环相扣，最后得到新知识的结论时，可以采用提纲条目式板书；当教学内容中各要素是并列关系或是已学知识与新知识的对比关系时，可采用表格式板书，便于学生进行横向对比和纵向归纳，形成概括性更高或结构化的认知；当板书中各部分内容的关系比较复杂时，可用图示式板书，用连线、箭头、框图等表示各部分之间的关系。

3. 结构与布局

在结构上，板书一般分为三级结构。其中，一级结构是本节课的课题，其功能是在课堂教学的开始就把学习的主要内容以醒目的标题告诉学生，将学生的注意力吸引到教学的主题上去。在书写课题时，应注意通过设置悬念或者用直观展示、讲故事、经验等导入方法创设

1 单婷．关于物理出版物中字符的规范与解读［J］．物理教师，2015，36（4）：75-76，80.

问题情境，激发学生的学习兴趣。二级结构是用小标题反映各部分内容的要点，其功能是通过板书直观地表达主要观点，以加深学生的印象。三级结构则表现各部分内容的细节，其功能是突出知识之间的联系，加深学生对问题的理解。另外，在一节课的结尾，一般还要用幻灯片或小黑板展示练习题，使学生巩固并练习应用所学的知识[1]。

板书布局是指各部分内容在黑板（或电子白板、电子幻灯片等）上的空间排列和各板书用具（如教学挂图、投影屏幕、电视机等）的合理配置。教师应在备课的时候就做好板书设计，将板书各部分在黑板上的位置事先安排好。

第二节指出，书写板书时可以将黑板分为 2～4 块，根据主板书内容确定主板书位置。这里还要说的是，若是复习引入，与新知识有关的旧知识一般写在黑板的左上角或右上角，便于调用。

教学挂图一般在主板书的右侧，投影屏幕最好不占用黑板板面，而是挂在黑板左侧墙壁上，在使用投影仪的同时要注意配合使用遮光窗帘。随着技术的发展，目前很多教室都使用一体机并将一体机置于黑板中间，黑板分成几块，不使用一体机时可以将黑板拉回中间，这对坐在教室右侧的学生来说，其视觉效果会好很多。

4. 时间的掌握

板书与语言讲解是一个不可分割的整体，二者有机结合才能较好地传递教学信息。一般来说，两者结合的形式有先写后讲、先讲后写、边讲边写等。首先，课程标题应该在复习提问及导入新课后书写，各部分的标题与内容则依具体情况而定，没有固定的要求。一般演绎法要求先写后讲，也就是说，在学生对某一事物先有一个全面概括的了解后，教师再逐步细致讲解时采用演绎法，比如在案例 2-13、案例 2-14 中就可以先板书后讲解。归纳法、发现法的使用则要求先讲后写，因为板书出来也就知道了结论，这不利于学生思考。在利用板书帮助学生回忆所学内容的要点或者讲解新知识时一般也会先讲后写，如复习提问后再在黑板上书写所提问题的内容。图示、图表、板图等板书形式则适合边讲边写，因为这些内容可能正是语言叙述不清的物理现象和过程，若先讲后板书，则易描述不清，使学生产生厌烦情绪（如案例 2-15、案例 2-17～案例 2-20 等）。

演示实验中的板书常常是先演示，再将关键现象进行板画，并将分析讨论的结果进行归纳的板书。整个过程是边演示边板书，边板书边讨论分析[2]。

在利用电子板书时，只要事先设计好，就很容易实现先讲后写或先写后讲。如果需要边讲边写，则可以利用相应软件的动画功能，边讲边逐步呈现所需要呈现的内容。

5. 板书的姿态

除上面介绍的书写及板画的基本技能外，教师在课堂教学中还应注意书写的体态。课堂板书经常是边讲边写，为了不挡住学生的视线，教师要学会面向学生、背对黑板的侧身写法。而且，身子应尽量靠右侧站立面对学生，再伸长右手书写，这样就不会挡住学生的视线。如果做不到侧身书写，教师在书写较多内容时应该边写边念，以免想记笔记的学生无事可干，也避免了长时间沉默对课堂氛围的破坏。要注意的是，在黑板的下沿书写时要重心下移，半弓步写，不过，由于黑板下沿较低，板书可能会被讲桌或前排学生遮挡，所以尽量不要在黑板下沿写字。

1　板书与生物板画技能［EB/OL］. https://wenku.so.com/d/2736d046118b3db20787e4e7b7c51459.

2　孙立仁. 中学物理微格教学教程［M］. 北京：科学出版社，2002：40.

二、黑板板书设计的原则

板书在教学中是否能很好地发挥作用，关键在于设计是否科学合理、课堂运用是否恰当。具体来说，板书设计要具有计划性、科学性、启发性、条理性、简洁性、审美性。

1. 计划性

板书设计是教学设计的一部分，教师在完成教案后就应根据教学内容专门对板书进行有目的的周密计划和精心设计。板书设计要根据教学内容、学生年龄特点及学校条件进行综合考虑，设计的内容不仅要包括板书的内容、形式、布局，还应包括板书呈现的时机。优秀教师在课堂教学时，原有的教学思路可能会发生变化，但板书基本不会有大的变化，板书是教师灵活教学中的一个指向牌。

2. 科学性

科学性是指对教学内容中的相关概念、原理的表述用词恰当、造句准确，不能出现语句不通、词不达意的现象。另外，物理有自己的科学术语、符号规定，因此，在板书时除要注意汉字书写的规范外，还应注意物理术语、符号的规范。这些规范在板书技能构成要素“书写与绘画”中已进行了介绍，这里要强调的是，在板画中要特别注意避免出现科学性错误。

首先，板画中的视图画法要符合制图的基本要求。一般来说，一个图形中的同一物体不宜采用两种不同的画法。如要画一容器中盛了水，水中有一物块，如图 2-18a）所示，上部采用了正投影图的画法，下部却采用了立体透视图的画法，而在图 2-18b）中杯子采用了正投影图的画法，水面和物块却采用了立体透视图的画法。正确画法如图 2-18c）、d）所示。在板画中如果要用立体图，线条该实则实，该虚就虚，如图 2-18e）所示。

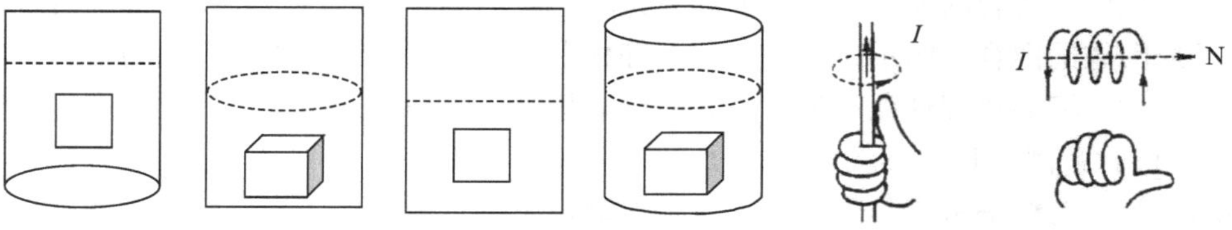

图 2-18　板画正确与错误画法对比

其次，板画要比例协调，准确规范，要正确地表示空间关系。有些涉及数量关系的图，如能级图等，画图的比例要恰当，关系要准确，否则会造成无法推导出公式或不能总结出正确的规律等问题。板画在同一图中比例尺要统一，为了提高可见度，可适当放大，使坐在前后排的学生都能看得清楚。关系准确、规范的图，说理性强，能降低学生思考难度，甚至让学生凭直观感受就能做出正确的判断并得出结论。比如画斜面上物体重力的分解图时，如果斜面画成 30°就非常有利于学生得出两分力的大小关系。

再次，所画图像要符合物理规律。比如画用眼睛在斜上方看水中的物体时，看到的像比真实物体更高，但在画虚像时就不能随便画虚像位置，图 2-19 就画错了[1]，虚像实际位置应该在物体上方靠近眼睛的一侧。

1　刘炳升，仲扣庄．中学物理教师专业技能训练［M］．北京：高等教育出版社，2004：47-48.

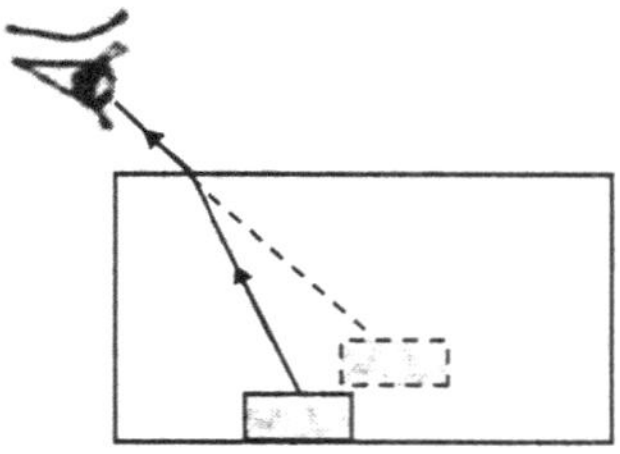

图 2-19　眼睛在斜上方看水中物体时的像

最后，板书设计要符合科学学习心理学的研究成果，如多媒体学习与教学设计的原则，原则的具体内容将在后面单独介绍。

3. 启发性

板书设计好坏的另一个标准是它能否在提示教学基本内容的基础上，启发学生的思维。板书要具有启发性，就是要使静态的板书蕴含动态的思维，化静为动，使教学的单向思维活动变为师生的双向思维互动，强化学生的思维能力，图 2-20 就是一个很能启发学生思维的例子。教学板书的启发性往往来自板书本身的含蓄蕴藉，富有弹性和张力，不作一览无余的交代。因此，无论是知识归类、内容串联、区别对比、推理证明还是画图设问，都要留给学生思考和想象的余地，从而充分调动学生探求知识的积极性和主动性。另外，在讲解过程中如果能把对概念、规律获得的思路通过板书清楚地表达出来，也能对学生产生很好的启发作用。

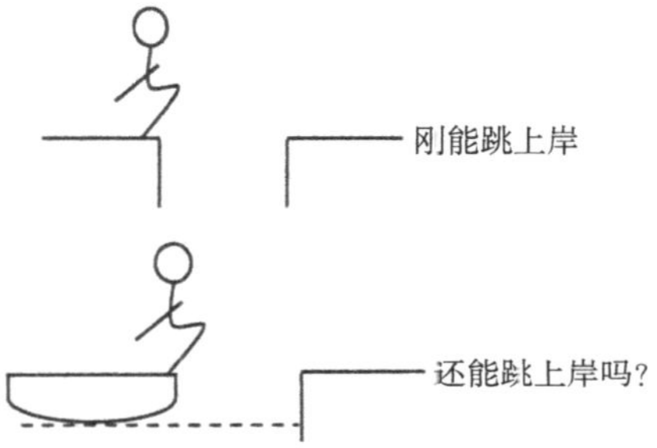

图 2-20　向岸上跳的两种情况

4. 条理性 [1]

设计和应用板书时，要做到条理清楚、层次分明，体现教学内容的层次性、逻辑性和连贯性。在教学设计时还应注意板书的计划性，应紧扣教学目标，按照教学内容设计板书，并且要体现各部分之间的关系，如从属关系、并列关系、因果关系或递进关系等。板书还要体现学生的认知过程，讲究先后次序，如应将哪些内容写在前面，为后面的知识做铺垫，这些都应精心设计，不能随意变化。

5. 简洁性

板书是对教学内容的概括和提炼，其最核心的目的是配合教师的口头语言讲解，增强学生对知识的理解和记忆。因此板书内容并不是越多越好，相反，简洁明了的板书更易于达到目的。板书内容过多，一方面会让学生不知道本节课的重点是什么，另一方面也浪费了时间，增加了学生的认知负担。比如，传统的黑板板书过多，书写时间自然要更多，而学生也要花更多的时间去关注本来关系不大的教学内容，花更多的时间记笔记。现代电子板书由于内容易于添加，很多教师喜欢在上面呈现太多的内容，导致学生要么看不过来，还没来得及理解就过去了，要么抓不住有效内容，被次要内容吸引。所以无论哪种板书，都应重点突

1　板书与生物板画技能［EB/OL］. https://wenku.so.com/d/2736d046118b3db20787e4e7b7c51459.

出、言简意赅、以简化繁、简处求丰。

案例 2-21："功的计算"板书 [1]

"功的计算"板书用公式表示简洁明了，但如果功的符号都用 W 来表示，学生就分不清各公式中功的具体含义，这会妨碍他们认知结构的进一步深化与细化。如图 2-21 所示，在 W 的右下角标示 G、总、F、牵，分别代表重力、合力、F、牵引力所做的功，既简洁又使板书的含义更丰富，学生理解起来也更容易。

$$\text{功的计算}\begin{cases} W_G = \Delta E_p \\ W_{\text{总}} = \Delta E_K \\ W_F = Fs\cos\theta \\ W_{\text{牵}} = Pt \end{cases}$$

图 2-21　"功的计算"板书

6. 审美性

板书设计不仅要做到实用，还要力求美观、巧妙，具有一定的艺术性。板书的最高境界是内容与形式的完美统一，从而给学生以美的感受。因此，板书应符合一定的美学原则。一般认为，板书美学的要求是：内容的完善美、语言的精练美、构图的造型美、字体的俊秀美、适度的空白美和幽默美。其中构图的造型美包括整齐美、对称美、立体美、照应美、回环美。此外，还有层次美、参差美、开合美、线条美、色彩美等。运用美学方法能够设计出集科学性、艺术性、欣赏性于一体的板书，从而在教学中起到象形传神、激情引趣、益智积能的积极作用 [2]。

案例 2-22："力的三要素——大小、方向、作用点"板书（图 2-22）

旁白：

（1）甲："快来帮一把！"
乙："你对力有何要求？"
（力的三要素如何）
甲："用力拉就行了。"

（2）甲："哎，你在干什么啦？"
乙："你不是说用力拉就行？"
甲："嘿，用力向前拉，真是的！"

（3）乙："拴在这儿啦，行吗？"
甲："行，用力，向前，就行！"

（4）甲："啊，我忘了，还有力的作用点！"

图 2-22　"力的三要素——大小、方向、作用点"板书

1　梁旭．中学物理教学艺术研究［M］．杭州：浙江大学出版社，2005：233.
2　王松泉．板书设计的美学方法［J］．语文教学与研究，1988（11）：35-36.

案例 2-23：“光的反射”趣味板书 [1]

黄老师在讲完光的反射定律后，结合生活实际，给学生出了一道思考题：如果屋前有一摊水，到了晚上，人们朝屋子方向走去，能借助路灯的光看清这摊水；而从屋里出来向外走时，却不能看清这摊水。那么向外走的人怎样才能看清楚这摊水而避免踩入水中呢？同时黄老师在黑板上画了一幅该情景的简笔画。对于这个问题学生都有切身体会，却一时想不出好办法。等学生思考一段时间后，黄老师一字未答，只在画上简单地添了一个弯腰行走的人和一条进入人眼的光线（图 2-23），学生茅塞顿开，既被黄老师的幽默折服，也认识到了物理与生活的密切关系。

图 2-23 “光的反射”趣味板书

三、电子板书设计的原则 [2]

随着信息技术的发展，多媒体投影仪、电子白板、一体机等现代化板书设备进入教室，参与到课堂教学中来。但很多教师对电子板书的设计认识不够清楚，还存在不足。为此，下面将介绍美国教育心理学家理查德·梅耶提出的多媒体设计原则，希望有助于教师对电子板书设计的认识。值得注意的是，这些原则对传统的黑板板书也具有重要的指导意义。

1. 多种媒体认知原则

多种媒体认知原则是针对改进单一媒体观提出来的，其含义是指学生通过文字和图片进行学习比仅仅通过文字学习的效果好。人们通常认为，只要用大量的文字把想要表达的内容讲述清楚就可以了，忽视了用相关的图片来进行辅助解释。实际上，文字和图片的共同运用能够增强学生的学习效果（图 2-24）。

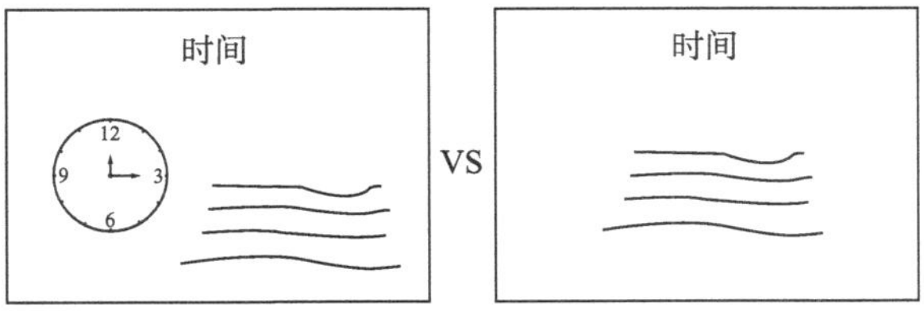

图 2-24 多种媒体认知原则示例

2. 邻近呈现原则

邻近呈现原则包括空间邻近原则和时间邻近原则（图 2-25）。在书面或屏幕上，文字和图片在时空上的邻近呈现比时空上的分离呈现起到的效果要好很多。空间邻近原则是指相应的文字和图片在书面或屏幕上相隔很近呈现时，学生的学习效果比较好。时间邻近原则是指相应的文字和图片同时呈现而不是继时呈现时，学生的学习效果会更好。

---

1 梁旭．中学物理教学艺术研究［M］．杭州：浙江大学出版社，2005：233.

2 张丽，盛群力．技术应如何致力于促进学习？——梅耶论多媒体学习与教学设计的原则［J］．远程教育杂志，2009，17（2）：26-32.

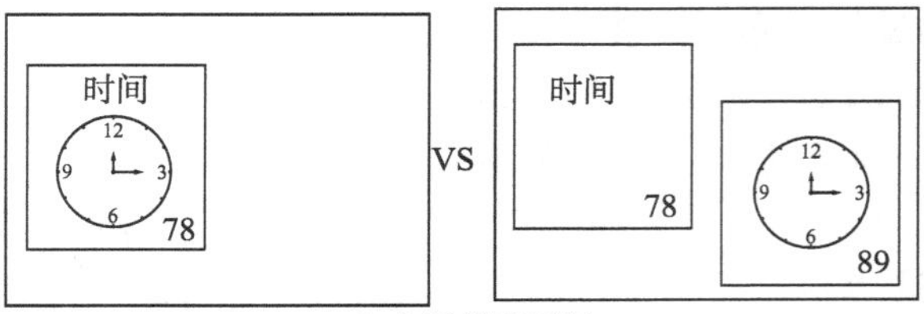

a）空间邻近原则

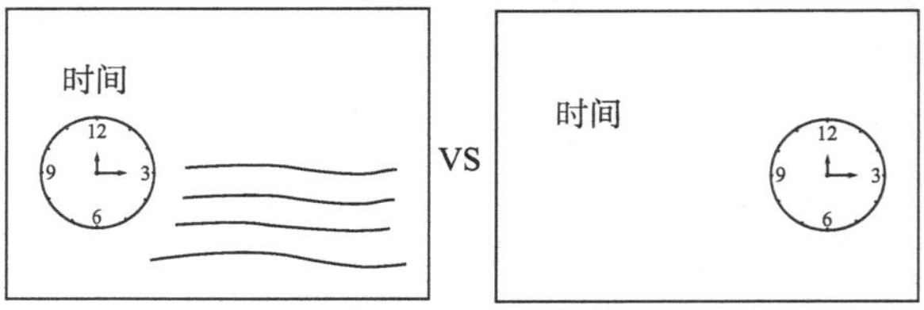

b）时间邻近原则

图 2-25　邻近呈现原则示例

3. 双向通道原则

假设你想呈现一个伴随言语解释的图像（包括图片、动画、视频），那么在多媒体呈现中，文字是以打印文本（屏幕文本）还是以口头文本（解说）的形式呈现对学生的学习会有不同的影响吗？这就是双向通道原则要解决的问题。

根据学习的认知理论，人们对视觉加工和听觉加工有不同的信息加工通道。当同时给学习者呈现图示和屏幕文字时，两者最初都必须在视觉通道中被加工。每个通道的加工能力是有限的，因此图示和解释性的屏幕文字必须争夺有限的视觉注意力。如图 2-26 所示，当眼睛在看屏幕文字时，就不能同时看图示；当眼睛在看图示时，就无法顾及屏幕文字。即使文本信息被同时呈现了，学习者也难以充分注意到，因为他们的视觉通道已经负担过重。这时可以通过呈现语音解释来减轻视觉通道的负担，言语材料可以通过耳朵进入认知系统，在听觉通道中被加工。这样，文字和图示就都能被加工而且不会导致任何一个通道负担过重。

因此，运用双向通道原则，学生通过图像（包括图片、动画、视频）和解说进行学习比通过图像和屏幕文本学习的效果要好。

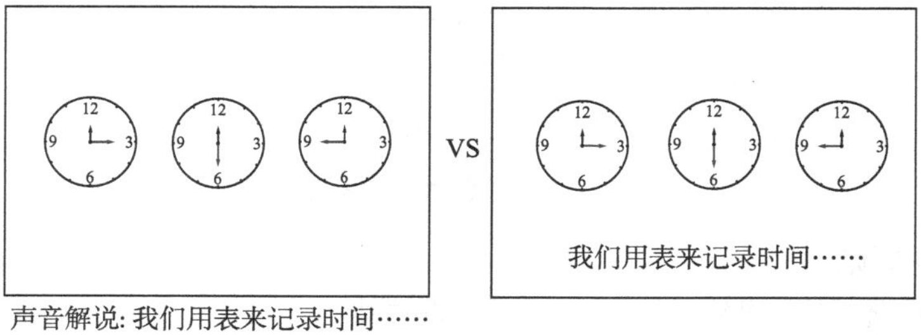

图 2-26　双向通道原则示例

4. 控制冗余原则

控制冗余原则是指学生通过动画和解说进行学习比通过动画、解说和文字进行学习的效果要好（图 2-27）。

我们知道，图像通过眼睛进入学生的认知系统，在视觉通道中被加工，而语音叙述通过耳朵进入学生的认知系统，在听觉通道中被加工。但是屏幕文字也通过眼睛进入了认知系统，也必须在视觉通道中被加工。因而，视觉通道中有限的认知资源必须被用来加工图像和屏幕文字。如果呈现的速度较快并且学生对这些材料不熟悉，其视觉通道就会出现认知负担过重的情况，导致图像或屏幕文字中一些重要的方面难以被选择并组织到心理表征中。

但要注意，在一些特殊情况下，增加冗余的屏幕文本并不会加重学生视觉信息加工系统的负担。比如，当多媒体呈现中没有图像，屏幕文本和相应图示的呈现速度非常慢，学生有足够的精力来加工图示信息时，以及当学生对学习内容非常熟悉时。

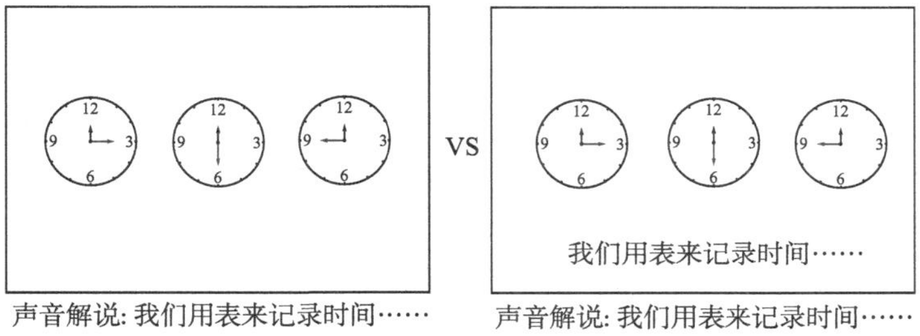

图 2-27　控制冗余原则示例

5. 一致性原则

一致性原则是指在多媒体呈现中，去除无关的声音、图片和文字时，学生的学习效果会更好（图 2-28）。

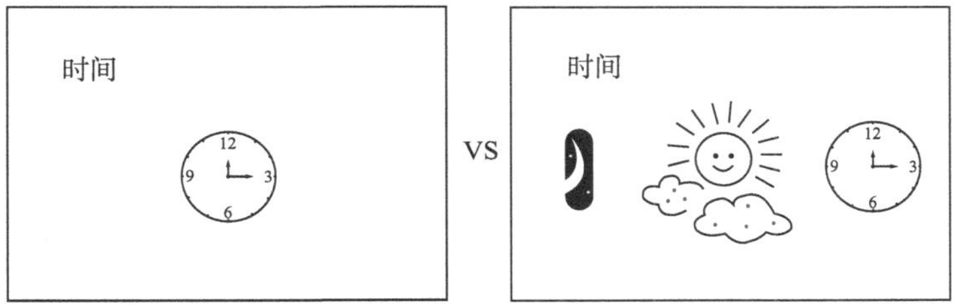

图 2-28　一致性原则示例

一般认为，在呈现带解说的动画或视频时伴随一些背景音乐或声音会提高学生的学习兴趣或让学生学习更轻松。还有一些教师在设计电子板书（如 PPT）时常常会加上一些特效声音，以便吸引学生的注意力。但梅耶研究发现，这类不相关的声音并不能对学习起到促进作用。特别是在学生认知负担较重（如学生对材料不太熟悉或教师以很快的速度呈现材料）时，这些音乐和声音会使学生记忆负担加重。

有些教师在设计时还喜欢在电子板书中添加一些与教学内容无关但有趣的图片或动画（如一个在蹦跳的小人），这同样不利于学生的学习。这是因为学生加工所输入材料的能力是有限的，添加无关的图片会妨碍学生进行意义建构。无关的图片会在以下三方面干扰学习：

①分心——使学生有限的注意力远离相关的材料而转向无关的材料；

②破坏——妨碍学生在相关的材料之间构建适当的联系；

③诱惑——使学生预先准备不恰当的已有知识（由无关的图片所引导的），然后用来组织新进入的材料。

同样地，在多媒体呈现中添加多余的文字也不利于学生的学习。这些多余的文字会使学生围绕感兴趣的主题组织材料，而不是在目标材料中进行因果解释。

6. 提示结构原则

提示结构原则是指在多媒体学习中，当向多媒体信息中增加线索以突出基本材料的组织时，人们的学习效果会更好。当教学信息的布局呈现不够明朗时，信息加工系统的认知负担很容易过重。如果此时所需呈现的内容无法通过删减的方法来简化，则可以在教学中通过向学生提供选择和组织材料的线索来减轻其认知负担。例如，增加一些提示，告知学生在学习过程中应该注意哪些内容，怎样对这些内容进行组织等。对于物理学科而言，由于物理知识的逻辑性强，因此按物理知识的逻辑结构来设计板书有利于学生的学习。

7. 切块呈现原则

切块呈现原则是指当多媒体信息按照学习者的进度以片段的形式呈现时，比以连续单元的形式呈现的效果好。切块呈现原则的基本原理就是放慢呈现的速度，使学生有时间进行必要的认知加工。这个原则告诉我们，进行电子板书设计时应该用导航的形式进行设计。

8. 提前准备原则

提前准备原则是指当学生对主要概念的名称和特性提前有所了解时，多媒体学习效果会更好。提前准备原则的基本原理就是利用先前的知识储备，使学生做出较小的认知努力就可以对相关信息进行加工，从而减少信息所要求的必要认知加工数量。

9. 交往特色原则

交往特色原则主要分三种：对话风格原则、标准发音原则和形象出镜原则。

对话风格原则是指当多媒体呈现中的语言是以对话的风格而非正式风格呈现时，学生会学得更加投入。标准发音原则是指当多媒体信息中的语言以标准口音的人声发出而非机器发声或是外国口音的人声发出时，学生会学得更加投入。形象出镜原则是指当多媒体呈现中发声者的形象出现在屏幕上时，不一定能比不呈现带来更好的效果。

除以上介绍的 9 个原则外，还有强调原则和个体差异性原则。其中强调原则是指对重要的内容进行强调会增强学生的学习效果，在黑板板书中往往用着重号、下画线或彩色粉笔来进行强调，在电子板书中则可以利用更多的形式，如动画效果、添加底色等。个体差异性原则是指设计效果对知识水平低的学生要强于对知识水平高的学生，对空间能力强的学生要好于对空间能力弱的学生。

第四节　板书技能的训练与评价

一、训练目标

（1）板书的文字书写、图表绘制正确、规范，符合板书技能的基本要求。
（2）熟练掌握电子板书软件（如 PPT）的使用和操作方法。
（3）根据教学内容、学生特点及教学条件运用常见的板书类型，进行规范的板书设计。

二、训练内容

1. 文字、图表的书绘技能

（1）对黑板字的基本功进行训练，寻找合适的碑帖，反复临摹，提高书写水平。

（2）寻找合适的简笔画训练教材进行学习，掌握基本的构图方法，从最基本的线条、平面几何形体及立体几何形体开始练习，多练多画，达到能熟练画出常见物理图形及常见生活物品图形的目标。

2. 电子板书软件使用技能

寻找合适的相关软件教程进行学习，掌握该软件的相关功能，并能将之熟练运用于板书设计中。还应熟练掌握电子板书软件中的绘画功能。

3. 板书设计技能

选择中学物理的某节教学内容，在完成教学设计后，重点进行板书设计训练。要求做到书写规范、迅速，示范性强；条理清晰，布局合理；形式多样，启发思维；文字、图表具有科学性、准确性；板画简单明了，形象生动，能突出要讨论的对象。同时板画与文字书写能密切配合，板书时间掌握得当。

三、评价量表

班级＿＿＿＿ 姓名＿＿＿＿ 学号＿＿＿＿ 训练时间＿＿＿＿ 课题＿＿＿＿＿＿＿＿					
请您听课后对以下项目进行评价，在相应的等级处打“√”					
评价项目	等级				权重
	好	较好	一般	差	
1. 板书、板画正确、工整、规范					0.15
2. 板书起到了集中学生注意力的作用，简化了对讨论对象的描述					0.10
3. 板书内容突出了教学内容的重点或演示实验中的关键现象					0.25
4. 板书内容有利于克服推理过程或建立空间表象中的难点					0.15
5. 板书的结构正确反映了知识结构和学生认识过程的系统性					0.25
6. 板书的时间掌握得当					0.10
总分					
评语：					

思考题

（1）板书在课堂教学中有哪些作用？其主要构成要素有哪些？

（2）板书的类型有哪些？如何根据教学需要选择导入的类型？

（3）在物理教学中用文字和绘画来呈现讨论对象和问题情境有什么好处？

（4）设计电子板书时要遵循哪些原则？

（5）请选择一节中学物理课，进行一个完整的教学设计，在此基础上设计一个主板书并进行教学实践。

第三章
物理教学讲解技能

第一节　物理教学讲解技能概述

课堂教学是整个教学工作的中心环节，抓住课堂教学就抓住了提高教学质量的关键，也就抓住了学校教育培养人才的基本途径。课堂教学离不开讲解，教师讲解的过程既是学生知识外化的过程，又是其接受和理解知识的过程。学生对事物本质的认识程度、理解水平及实际应用如何，很大程度上取决于教师对课堂讲解技能的运用。因此，探讨课堂教学讲解技能及与之相关的问题，是一个十分重要的课题[1]。

一、讲解技能的内涵

讲解，即讲授，是教师用语言向学生传授知识的教学方式，也是教师用语言交流思想，启发学生思维，表达情感的教学行为[2]。讲解的实质是通过语言对知识进行剖析和揭示，剖析其组成要素和过程程序，揭示其内在联系，从而使学生把握其实质和内在规律。

讲解技能是指教师运用教学语言，辅以各种教学媒体，引导学生理解教学内容，掌握概念、原理、规律、法则等的教学行为方式。语言技能是讲解的一个条件，但不是讲解，讲解技能在于组织结构和表达程序[3]。

讲解是多年来国内课堂教学中运用最多的一种技能。几千年前孔子的“私学”、柏拉图的“学园”，都主要用讲解进行教学，即使越来越多的现代教育手段进入课堂，讲解仍然是课堂教学中运用最广泛的一种教学方法。

二、讲解技能的作用

1. 传授知识、解难释疑[4]

讲解技能运用的首要目的是传授知识。教师通过讲解，把知识准确、清晰地呈现在学生

1　吕飞飞．微格教学与师范生教学技能的培训［J］．绍兴文理学院学报（教育版），2007（12）：52-55.
2　孙海．论课堂教学讲解技能的基本要求［J］．许昌师专学报，2000（1）：112-115.
3　郭永峰．生物学课堂教学中讲授技能的运用［J］．科学教育，2005（4）：25-26.
4　叶良明．信息化环境下的讲解技能［J］．湖北师范学院学报（自然科学版），2012，32（2）：91-95.

面前，引导学生在原有知识结构的基础上，了解、理解并进一步掌握新知识。教师讲解的使命就在于使学生理解新知识。教师在课堂上的每一次讲解都是针对学生学习中的疑点和难点以及新知识传授的要点设计的，这些讲解都以让学生充分理解并掌握知识为准则，经过认真筛选、科学组合和加工而成，或是描述情境、解释说明，或是阐明道理、推导结论。

案例 3-1：奇妙的透镜

将“凸透镜对光线有会聚作用，凹透镜对光线有发散作用”这个知识点传授给学生不难，只需一个演示实验：在一束平行传播的光束中放入一个凸透镜或凹透镜，如图 3-1 所示。

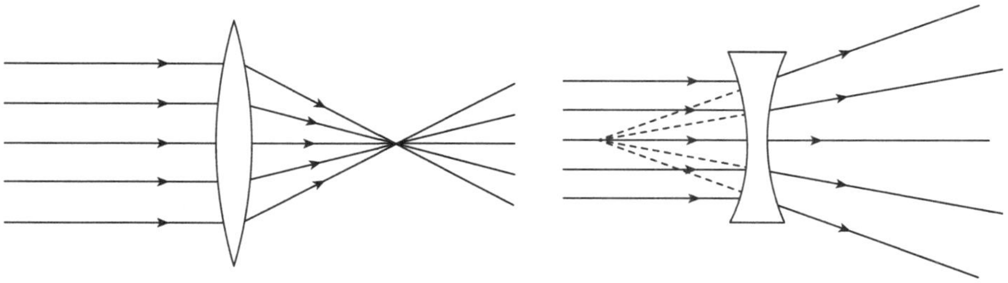

图 3-1 透镜对平行光的作用

学生通过观察实验，立即知道凸透镜对光线具有会聚作用，凹透镜对光线具有发散作用。但是，如何让学生正确理解“会聚”“发散”是个难点，教师的教学内容设计和讲解至关重要。

将演示实验进行适当的改进，利用激光笔演示实验，如图 3-2、图 3-3 所示。

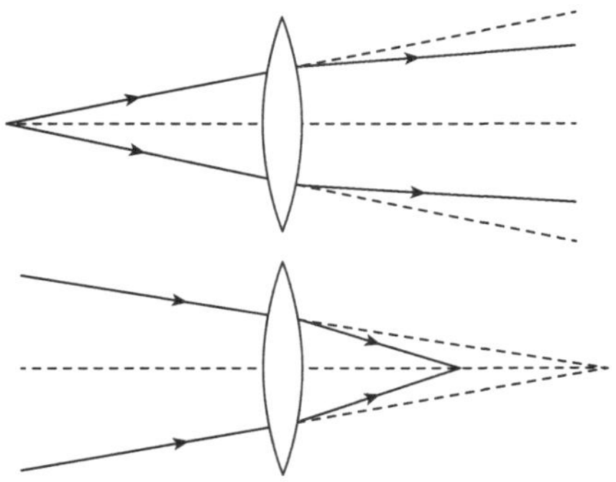

图 3-2 凸透镜对光的会聚作用

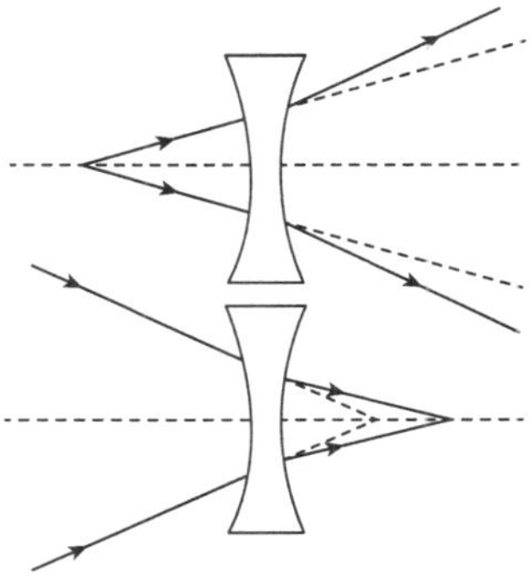

图 3-3 凹透镜对光的发散作用

通过教师的巧妙设计和讲解，学生能正确、全面理解凸透镜对光线的会聚作用和凹透镜对光线的发散作用。

凸透镜的“会聚”作用是指：使平行于主光轴的光线会聚至一点；使原本发散的光线延缓发散；使原本会聚的光线加速会聚。

凹透镜的“发散”作用是指：使平行于主光轴的光线变成发散光线；使原本发散的光线变得更加发散；使原本会聚的光线延缓会聚。

学生正确理解了凸透镜对光线的会聚作用和凹透镜对光线的发散作用后，脑海中定会有疑问：为什么凸透镜会对光线有会聚作用而凹透镜对光线有发散作用？

教师“解”了学生的“难”，还得“释”学生的“疑”。如图 3-4 所示，不妨引导学生边复习“光的折射规律”边练习作图，先让学生完成图 3-4a）光路，再把凸透镜和凹透镜变成图 3-4b）和图 3-4c），相信学生会豁然开朗！

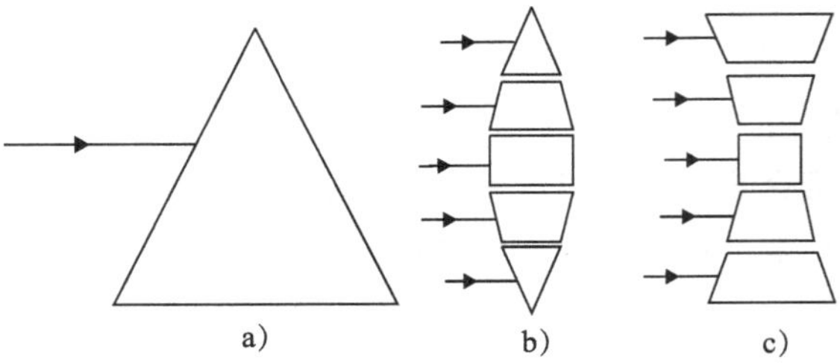

图 3-4　透镜对光线作用原理分析图

2. 引导学生、启发思维

通过讲解，引导学生进行思考。讲解与灌输的区别在于前者充分重视引导思维、发展思维、开发智力目标的实现。要实现上述目标，教师在设计讲解时就要深钻教材，把握知识，同时要分析学生的学习现状和课堂心态，努力使讲解内容吸引学生，从而使教师的课堂讲解实现内容与学生的求知渴望合拍、思维与学生的探寻心理相通，在已知和未知之间为学生搭建思维的桥梁。

案例 3-2：镜面反射和漫反射

在教学过程中，学生对“镜面反射和漫反射”常有错误的认识：平行光束发生镜面反射后的反射光线仍是平行光线，所以镜面反射是遵守反射定律的，而平行光线发生漫反射后，反射光线从整体上来看变得杂乱无章了，因此漫反射不遵守反射定律。

为了纠正学生的这种错误认识，教师必须引导学生，启发学生的思维，让学生从已经掌握的知识点上找到理解新知识的切入点。教师可在复习反射定律的基础上，请几位学生到黑板上完成几个小平面镜的反射光路图，如图 3-5、图 3-6 所示。

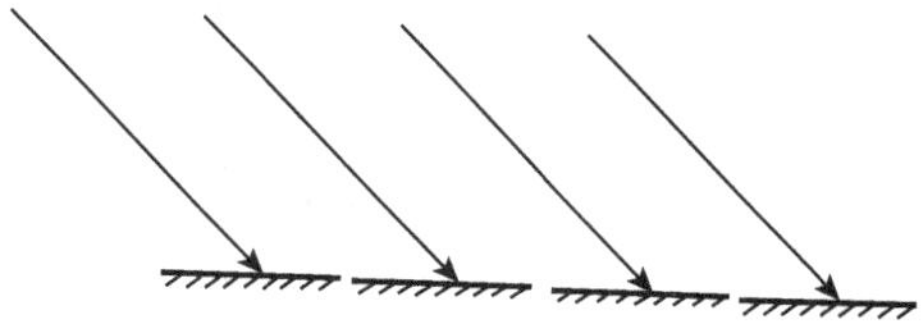

图 3-5　平行光线射向镜面

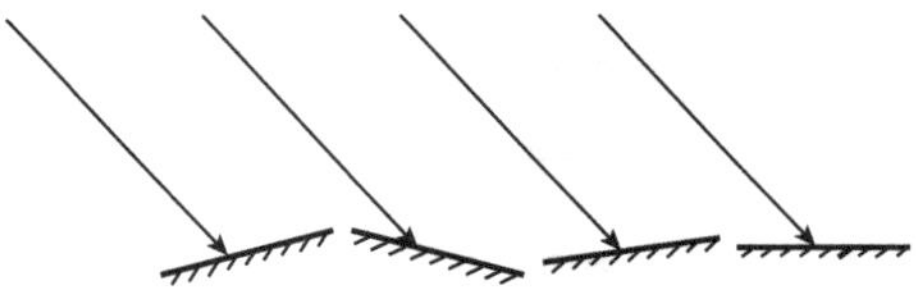

图 3-6　平行光线射向粗糙面

学生一般都能轻而易举完成上述光路图，这时候教师的“点睛讲解”是借助粉笔缓缓地将几个小平面镜连接起来，让学生注意到这个“点睛”的讲解细节，学生就会充分认识到“镜面反射和漫反射中的每条光线都遵守反射定律”了。

3. 传道育人、培养品质

德育（课程思政）目标与讲解内容是水乳交融的，给学生的影响是潜移默化、润物无声的，所以要重视德育（课程思政）目标。教师成功的讲解能够以积极向上的思想情感影响学生，使学生受到良好道德品质和行为规范的熏陶，增强学生的爱国情怀和报国思想；能以健康的审美情感熏陶学生，促进学生形成正确的审美观；能以正确的思维方法训练学生，培养学生良好的个人品质和学习习惯。

案例 3-3：探究平面镜成像特点

有些教师为了节约教学时间，不是按照教学要求让学生进实验室通过自己动手做实验得出结论，而是让学生在已有生活经验的基础上直接记住结论，尽管学生识记平面镜成“正立、等大、虚像”这些结论不会太难。

如何培养学生良好的学习品质？探究实验教学最能培养学生动手能力以及动脑思考、与人合作、敢于质疑、勤于反思等品质。

这节课的教学，不在于教师讲得多、少抑或讲得快、慢，学生都有生活经验，不可能存在学生听不懂教学内容的情况，而是重在通过教师充满智慧的讲解，让学生在学习的过程中学会思考，懂得反思，善于领悟。

本探究实验按如下设计程序让学生逐步进行实验，同时穿插教师的经典讲解。

实验器材：一个平面镜、一根蜡烛、一张白纸。

实验环境：让各个实验小组在拉开窗帘的明亮环境中实验。

教师要求：请学生找到蜡烛通过平面镜所成的像并确定像的位置。

实验结果：通过平面镜可以看到蜡烛的像（很暗），像不能在白纸上呈现，无法确定像的具体位置。

遇到困难：如何确定像的位置？

提出新的问题：如何改进实验以确定像的具体位置？

通过预习并阅读教材得到改进方案：用玻璃板代替平面镜（等效替代法）。

（1）补充器材：给每个实验小组发放玻璃板（为多数小组提供薄玻璃板，为少数小组提供厚玻璃板）。

教师要求：确定像的位置，并比较像的大小与物体大小的关系，确定像与蜡烛到平面镜（玻璃板）的距离。

学生要求：还需要一根完全相同的蜡烛、刻度尺、打火机。

汇报结果：像和蜡烛等大，像不能呈现在白纸上，像到玻璃板的距离跟蜡烛到玻璃板的距离相等（所有组）；有两个像（厚玻璃板组）。

交流合作：拉上窗帘后观察效果较好（实验要在较黑暗的环境中进行），玻璃板要薄。

（2）新的问题：刚才玻璃板是怎么放置的？为什么要这样做或不要这样做？

既定做法：竖直放置。

新的尝试：将玻璃板倾斜放置。

遇到困难：成像在空中或实验桌上，难以确定像的位置。

反思：玻璃板必须竖直放置。

（3）进一步思考：如果点燃的蜡烛远离玻璃板，像如何移动？像的大小如何变化？

新的要求：必须精确测量。

实验结果：蜡烛远离玻璃板，像远离玻璃板，但二者到玻璃板的距离始终相等。

新的问题：点燃的蜡烛的像比未点燃蜡烛小，要把对比蜡烛切短（为何要两根完全相同的蜡烛），进一步证明像与物等大。

三、物理教学讲解技能的特点

讲解技能是教师通过语言向学生描绘情境、叙述事实、解释概念、论证原理和阐明规律的一种教学技能。其特点如下[1]：

（1）讲解根据一定的教学目的进行；

（2）教师在课堂教学中起主导作用，引导学生关注新知识并进行思考，使学生在倾听与反馈中建构知识；

（3）口头语言、体态语言是传递知识的基本工具；

（4）教师要对讲解的内容做合理的语言组织。

讲解特别受到教师的偏爱，并且在课堂教学中常用不衰，是因为讲解在课堂教学中有其独特的优点：

（1）使用简单方便。只要教师的教学语言技能掌握得好，就能灵活、方便地运用讲解技能，操作简便，不需要其他教具。

案例 3-4：物理词汇

物理词汇辨析：

熔化　溶化　融化

汽化　气化　白气　气态　水蒸气

会聚　汇聚

振动　震动

物理词汇含义：天气很热　今天真热　摩擦生热　热传递　物体吸热

物理词汇书写易错字：竖直　匀速运动　校零

（2）讲解能充分发挥教师在课堂教学中的主导作用。通过讲解，教师把自己的思考过程和结果展示在学生面前，引导学生沿着教师的教学意图进行思考，从而实现教师对教学进程的控制，把握教学进度。

案例 3-5：物态变化

如图 3-7 所示，教师依据教学需要，讲解该知识点的时间可长可短，可以灵活把握教学进度。

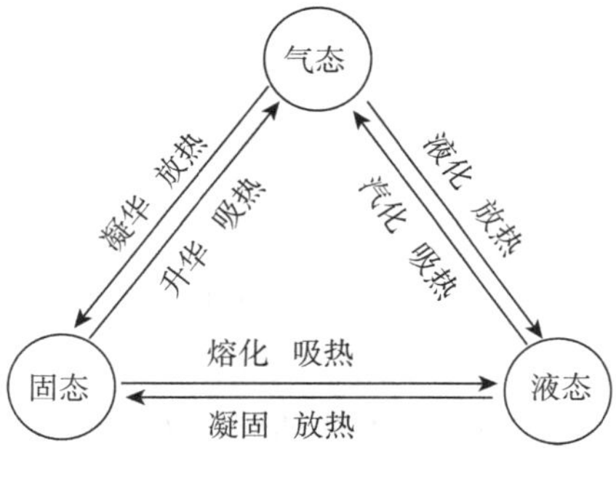

图 3-7　物态变化

案例 3-6：透镜成像规律

如图 3-8 所示，在实验基础上，利用凸透镜三条特殊光线作图，把物体通过凸透镜成像的特点清晰地展现出来，而且可以引导学生将静态图演变成动态图，得出物体靠近凸透镜实像变大且变远的规律，便于理解、掌握、识记。

1　叶良明．信息化环境下的讲解技能［J］．湖北师范学院学报（自然科学版），2012，32（2）：91-95.

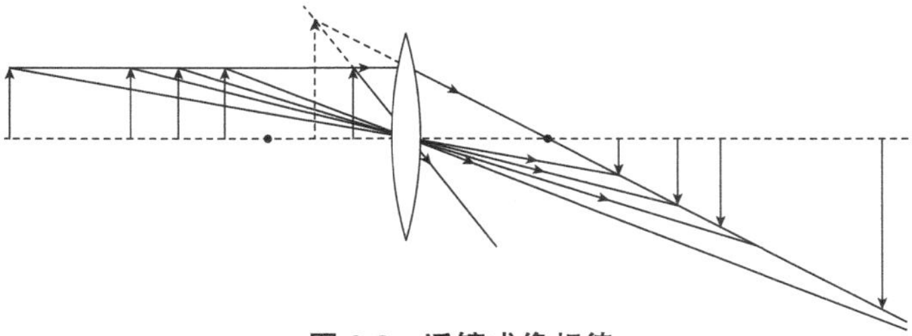

图 3-8　透镜成像规律

（3）信息的传输量大，省时省力、高速高效。教师精心组织后，可将大量知识在较短的时间内讲授出来，使学生在认知过程中减少盲目性，从而快速、高效地获得知识。

案例 3-7：滑动变阻器

如表 3-1、图 3-9 所示，初中物理学习过程中有 6 个电学实验使用了滑动变阻器，其作用不尽相同，而通过教师的归纳、讲解，学生可以在短时间内省时、高效地梳理、识记、掌握这个知识点。

表 3-1　滑动变阻器在初中实验电路中的作用一览表

实验名称	变阻器的作用	一次实验缺陷	多次实验目的
探究电流与电压的关系（电压是自变量）	改变定值电阻两端的电压	找不出规律	多测几组数据，便于总结规律
探究电流与电阻的关系（电压是常量）	保持变量电阻两端的电压不变		
探究电磁铁磁性强弱与电流大小的关系	改变电路中电流大小		
探究串联电路的电压关系	改变小灯泡两端的电压	能得初步结论，但不一定可靠	使探寻出的实验规律（或结论）具有普遍性
“伏安法”测小灯泡电功率实验	改变小灯泡两端的电压	不能进行比较	测量（或比较）小灯泡在不同电压下的电功率值
“伏安法”测定电阻实验	改变电阻两端的电压和通过的电流	得到的数据可能偏大或偏小	取得多组数据，求平均值，减小误差

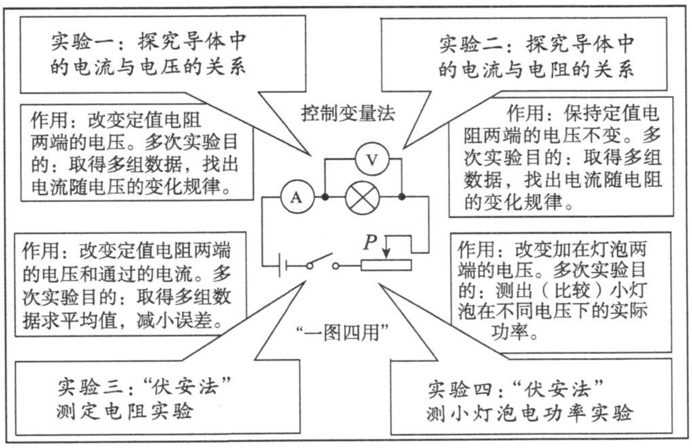

图 3-9　“一图四用”

（4）系统性强。教师可以把知识分成几部分，分析各部分之间的关系，把概念、原理等系统地传授给学生，使学生得到完整的理论。

案例 3-8：欧姆定律实验总结

如表 3-2 所示，对“欧姆定律”章节的四个重要实验进行系统归纳、讲解，使学生能够系统梳理概念、原理，完全掌握相关知识。

表 3-2　欧姆定律实验总结

实验名称	实验原理	实验电路	实验方法	变阻器作用	结论（或结果）
探究决定电阻大小的因素	电阻大小取决于导体的材料、长度、横截面积和温度	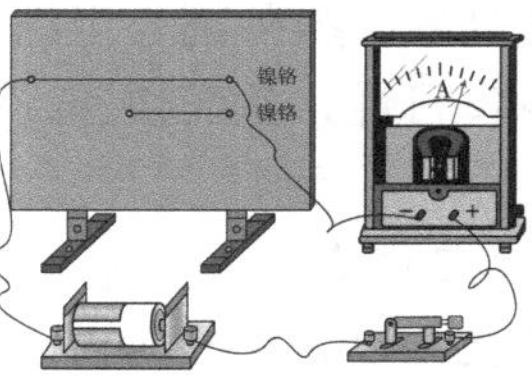	控制变量法（无电阻）	无变阻器	电阻大小取决于导体的____、____、____和____
探究电流与电压的关系	$I=\dfrac{U}{R}$	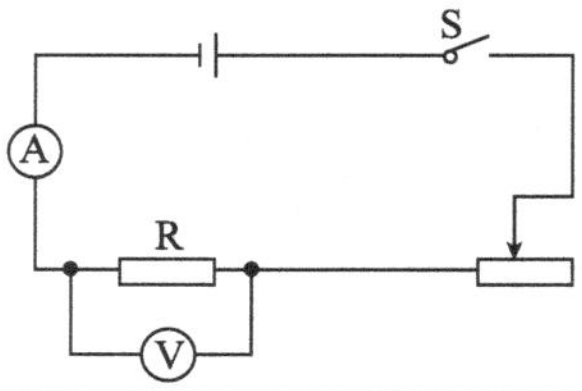	控制变量法（电阻不变）	改变电压，多次实验；保护电路	____一定时，电流跟电压成____比
探究电流与电阻的关系	$I=\dfrac{U}{R}$	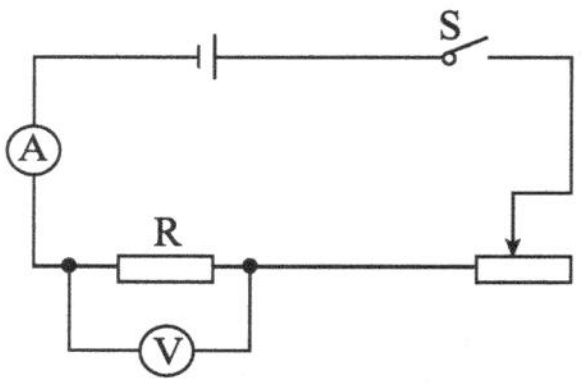	控制变量法（电压不变）	保持电压不变，多次实验；保护电路	____一定时，电流跟电阻成____比
伏安法测电阻	$R=\dfrac{U}{I}$	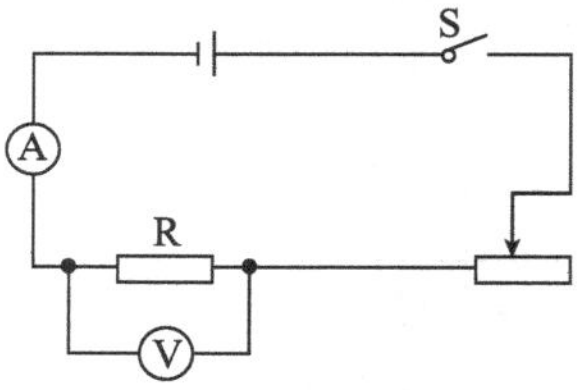	伏安法	改变电压、电流，多次测量求平均值减小误差；保护电路	算出三次 R_x 值，求出平均值

案例 3-9：电磁学的三大发现与三大发明

如表 3-3、表 3-4 所示，随着教师有序、系统的讲解，利用表格对比、罗列知识点可以帮助学生对比、区分一些易混淆的知识点。

表 3-3　电磁学的三大发现

名称	条件	结果	决定因素
奥斯特实验	通电直导线	直导线周围产生磁场	通电直导线中电流的方向
法拉第电磁感应现象	①闭合电路中的一部分导体；②在磁场中；③做切割磁感线运动	导体中产生电流	①磁感线方向；②导体运动方向
磁场对电流的作用	①通电导体；②在磁场中	通电导体在磁场中受磁力作用产生运动	①导体中电流方向；②磁感线方向

表 3-4　电磁学的三大发明

名称	原理	补充
电磁铁	用电流有无、强弱和方向来控制磁性的有无及磁极方向	①磁性的方向还与线圈绕法有关；②磁性的强弱还与线圈的匝数有关
发电机	利用法拉第电磁感应现象把机械能转化为电能	交流电周期 0.02 s，频率 50 Hz，每秒电流方向改变次数 100 次
电动机	利用能电线圈在磁场中受力转动原理把电能转化为机械能	换向器作用：每当线圈刚转过平衡位置时，换向器就自动改变线圈中电流的方向

（5）重点突出，抗干扰性强。对于重点和难点部分，教师可以反复强调、大量举例，帮助学生理解，从而避免枝节问题的干扰。

案例 3-10：汽油机和柴油机的比较

如表 3-5 所示，在引导学生分步骤、有次序地学习了汽油机和柴油机相关知识后，教师利用对比、比较，采用一种提纲挈领式的讲解方法，帮助学生归纳所学知识，提升其对重点知识的汲取和应用能力。

表 3-5　汽油机与柴油机的比较

异同	对比项	汽油机	柴油机
不同点	构造	汽缸顶部有火花塞	汽缸顶部有喷油嘴
	吸气冲程	吸进汽油和空气的混合物	只吸进空气
	燃料	汽油	柴油
	点燃方式	点燃式点火	压燃式点火
	效率	低	高
	适用范围	小型汽车、摩托车	载重汽车、大型拖拉机
相同点	1. 基本构造和主要部件作用相似。2. 每个工作循环都一样，由吸气、压缩、做功、排气四个冲程组成。3. 四个冲程中，只有做功冲程对外做功，其余三个冲程靠飞轮惯性完成。4. 一个工作循环中，活塞往复两次，曲轴转动两圈，飞轮转动两圈，做功一次		

但是，单纯地使用讲解技能，也有明显的缺陷：

（1）其信息传递的单向性将学生置于被动学习的地位，不利于发挥学生的主体作用。特别是长时间的讲解，学生只能单纯地接受信息，不能主动地思考。

（2）单纯的讲解信息通道单一，不利于调动学生的多种感官共同参与教学活动，因此信息的保持率不高，记忆时间不长。

（3）单纯的讲解不利于因材施教。在班级授课制中，教师在讲解时只能照顾大多数学生，对于有些学生照顾不够。

（4）不能使学生形成技能。技能只能通过练习获得，而在讲解过程中，学生只“听”不练，是无法形成技能的。

(5) 教学反馈不易掌握，反馈信息把握得不全面、不准确。尽管教师力图从学生的眼神、表情、动作来判断学生的学习情况，收集反馈信息，但所获得的信息仍然是不全面、不准确的。

显然，单纯的讲解不利于学生学习，长时间单纯地运用讲解技能会使课堂教学走入满堂灌的歧途。

第二节　讲解技能的类型

讲解技能的分类主要有以下几种：孙连众等把讲解说明技巧分为引导性说明、分析性说明、逻辑性说明、解释性说明、描述性形象性的讲解说明、总结性讲解说明、提示性的讲解说明 7 种类型；胡淑珍、陈维嘉、高艳认为讲解技能可分为解说式讲解、解析式讲解、解答式讲解 3 种类型；孙立仁认为物理讲解可分为说明讲解、描述讲解、原理式讲解、问题解答式讲解 4 种类型；李健奎、杨立全、钟启泉、杨华认为讲解技能可分为解释式讲解、阐述式讲解、原理中心式讲解、问题中心式讲解 4 类；杨国全认为讲解有原理中心式讲解（演绎式讲解）、问题中心式讲解（归纳式讲解）、叙述式讲解、描绘式讲解、论证式讲解、启发式讲解、解释式讲解（说明翻译式讲解）7 种基本形式[1]。

本章结合教学的实际情况，将讲解技能分为描述式讲解、说明式讲解、原理中心式讲解、行为动作中心式讲解、问题中心式讲解、探究式讲解。

一、描述式讲解

描述式讲解，又称叙述式讲解或记叙式讲解。描述的任务是使学生对描述的人、事物的结构，要素的属性、发展和变化有比较形象的、具体的感觉和一定深度的认识。描述式讲解根据描述方式的不同可分为以下几种类型。

1. 概要性描述

概要性描述是指对人或事物的特征、要素做概括的描述。在讲解时要充分运用形象、生动的口头语言，引用有关的数字资料，注意揭示事物的结构及各层次间的关系。

案例 3-11：马德堡半球实验

在模拟马德堡半球实验之前，先用概括性的语言介绍其相关内容：

马德堡半球实验是指德国马德堡市市长奥托·格里克于 1654 年用两个半径为 20 cm 的中空铜质半球紧密地结合成一个大球，并抽去球内的空气，后用 16 匹马分成两队使劲拉才拉开。这个实验说明了大气压的存在并且大气压很大。

案例 3-12：长江三峡船闸

讲解完连通器后，简要描述长江三峡船闸：

长江三峡船闸是世界上最大的船闸，船闸主体段总长 1621 m，三峡大坝正常蓄水后，上、下游水位落差达 113 m，为了便于船只在上、下游之间往返，三峡船闸总共设有五个闸室，将 113 m 的水位落差分级，使船只像上下楼梯逐级过坝，巧妙地利用了连通器原理。

1　栾晓蕊．生物教学讲解技能的应用研究［D］．西安：陕西师范大学．2011.

2. 例证性描述

这类描述式讲解时要举出有代表性的、学生比较熟悉的、具有说服力的例证来具体描述事物。

案例 3-13：高压锅的工作原理

在演示实验的基础上，学生知道水的沸点与水面上的气压有关：当气压增大时，水的沸点升高；当气压减小时，水的沸点降低。但是这个知识点有什么具体的应用价值呢？这个时候就要采用例证，介绍高压锅的原理和作用。

由于水的沸点随气压变化而变化。高山上气压低，水的沸点也低，所以在高山上煮饭要用高压锅。锅内的气压可以高于外面的大气压，这样就能使水的沸点升高，把饭煮熟。我国市场上的高压锅，工作压强约为 1.3×10^{5} Pa，水的沸点是 124 ℃。

案例 3-14：连通器

给学生介绍、定义了什么是连通器后，立即给出几个实例：茶壶、锅炉水位计、过路涵洞、船闸。

3. 程序性描述

这类描述式讲解要注意按事物发展的过程、步骤，并抓住事物的关键节点进行描述讲解。

案例 3-15：托里拆利实验

在知道大气压存在并且很大后，如何精确测量大气压是学生感兴趣的问题。教师演示这个实验时一定要配以程序性描述，让学生不仅知道如何测量大气压，还知道测量过程中的一些注意事项，并且要告知学生这是个按步骤顺序操作的程序性实验，其步骤顺序不可以随意颠倒。

取一根长约 1 m、一端封闭的细玻璃管，倾斜，往管内缓缓注入水银，当快要灌满水银时，使管竖直，灌满水银后，用手指（戴橡胶手套）堵住管口，将管倒转，再将管口下插入水银槽中且保持管竖直，当管口充分浸入水银中后，将手指移开，待水银下降停止后，读取管内水银面和槽中水银面的高度差值。

二、说明式讲解

说明式讲解又称解释式讲解或翻译式讲解，是通过讲述将未知与已知联系起来。根据其说明的内容不同可分为以下几种类型。

1. 意义解释

一些物理概念、规律、原理、定律等，都采用意义解释性讲解。

案例 3-16：什么是连通器

上端开口、底部连通的容器，物理学上把它们叫作连通器。

2. 翻译性解释

物理教师在平时教学中要用物理专业术语、公式、符号等来解释、翻译、描述物理现象，或将口头语言描述转化、翻译成物理专业语言。

3. 结构说明

学生在学习物理的过程中，必须掌握一些物理仪器、设备的结构，并了解一些特定的测量装置、设备的结构。

4. 比较性说明

为了把那些微观的、抽象的、陌生的事物说明白，教师可以用可见的、具体的、熟悉的事物作比较。

案例 3-17：分子之间有间隙

用黄豆（500 cm^3）、绿豆（500 cm^3）分别代表两种不同的分子，将其混合，总体积小于 1000 cm^3，操作简单，可视效果明显。

三、原理中心式讲解 [1]

原理中心式讲解是以概念、规律、原理为中心内容的讲解，它是教学中最重要、最基本的技能。如果按讲解的逻辑方法（图 3-10），又可将其分为归纳中心式讲解和演绎中心式讲解。

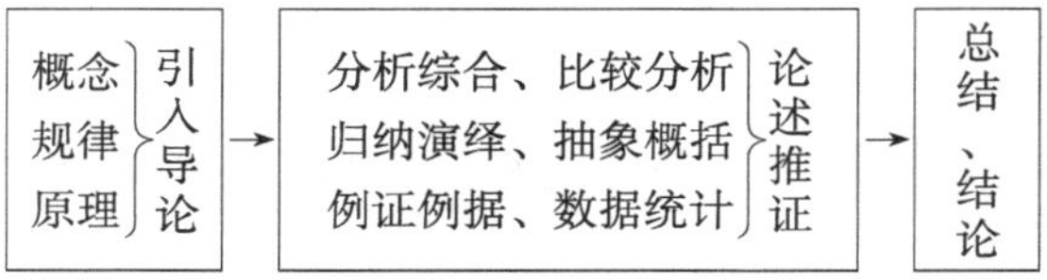

图 3-10 讲解的逻辑方法

1. 归纳中心式讲解

案例 3-18：认识浮力（图 3-11）

通过图片、视频及调动生活经验，归纳总结出浸在任何液体（或气体）中的物体受到液体（或气体）竖直向上的作用力叫作浮力。

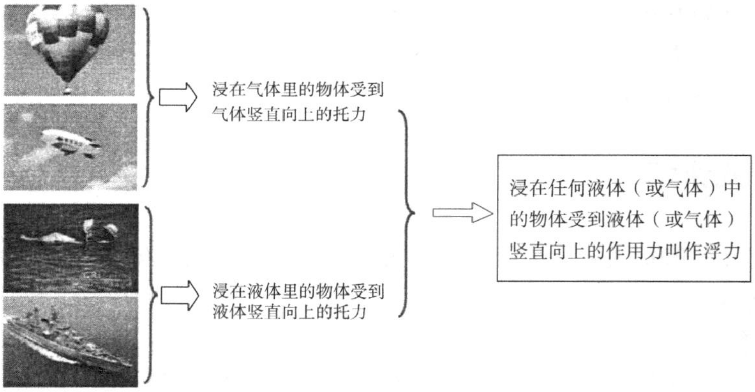

图 3-11 浮力的归纳中心式讲解

2. 演绎中心式讲解

案例 3-19：功的原理

功的原理：使用任何机械都不省功。由此推出：省力机械必定费距离；省距离的机械必定费力；没有既省力又省距离的机械。

1 刘红军．课堂教学中的讲解技能［J］．文学教育，2010（16）：56.

四、行为动作中心式讲解

行为动作中心式讲解是以训练动作技能为中心的讲解，主要有动作原理的阐述、结合示范的讲解、指导学生练习的讲解等。如练习使用弹簧测力计、练习使用托盘天平测量物体的质量、练习使用电流表测量电流等实验。

五、问题中心式讲解[1]

“问题”即未知，“解答”即由未知到已知的认知过程。认知的关键是方法，选择方法和具体解决问题都离不开知识和思维能力。问题可能是一个练习题、作文题，也可能是带有实际意义的课题。问题中心式讲解常带有一定的探究性，在讲解中要注意体现启发，善于利用迁移规律启迪学生的思维。

问题中心式讲解的一般流程如图 3-12 所示。

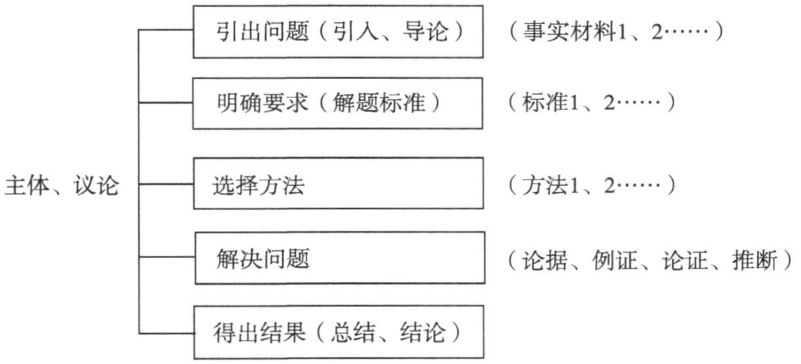

图 3-12　问题中心式讲解的一般流程

案例 3-20：物体的质量

师：请同学们拿出抽屉里的信封，用里面的玩具塑料片拼出自己喜爱的图案。

（学生动手拼接图案。）

师：（收集学生作品）这些图案有什么不同点？

生：颜色、形状、多少、质量、大小，等等。

师：这些图案有什么相同点？

生：都是用塑料片拼接的。

通过游戏，借助学生熟悉的玩具材料，分析、归纳其不同点、相同点，理解、区分“物体”和“物质”的概念。

师：图案的“质量”“大小”不同是根据什么标准来判断的？

生：塑料片块数不同。

师：这些图案的大小不同，其实就是这些物体（图案）所含塑料这种物质的多少不同。

师：（板书）物体所含物质的多少叫质量。

1　刘红军．课堂教学中的讲解技能［J］．文学教育，2010（16）：56.

（学生记笔记）

让学生从具体、有形的物体出发，学会用“比较法”建立抽象概念（质量）。

师：（现场改变作品的形状、位置，同时追问学生）物体的质量是否变化？为什么？

生：不变，塑料片块数没有改变。

师：物体的质量不随形状、位置、状态的改变而改变。

引导学生理解质量是物体的一个基本属性。

案例 3-21：托盘天平的使用

托盘天平的使用教学如表 3-6 所示。

表 3-6　托盘天平的使用

教学内容	教师活动	学生活动	设计说明
测量质量：托盘天平的使用方法	1. 介绍测量质量的常用工具（图片和实物）； 2. 结合大型演示天平介绍其结构、使用方法、注意事项； 3. 播放录像，指导学生指出录像中天平使用的错误； 4. 播放天平使用口诀； 5. 布置学生操作活动，测量小烧杯的质量； 6. 提出问题：如何测量液体的质量？ 7. 追问：如何定量测取 20 g 水？	1. 观察图片及实物； 2. 阅读天平使用说明； 3. 思考并理解天平的使用方法和注意事项； 4. 组间竞争：纠错大比拼； 5. 集体诵读口诀； 6. 组内合作：测量小烧杯的质量； 7. 思考并回答测量液体质量的操作步骤（方案）； 8. 回答定量测取 20 g 水的操作步骤（方案）	1. 通过阅读学习使用仪器是学生的一种必备能力； 2. 突出自制教具的演示性、可视化特点； 3. 通过纠正他人的错误来规范、巩固、强化正确的实验操作； 4. 通过实践操作，学生感知科学测量的严谨、规范； 5. 思维的深化； 6. 思维的升华：教学不能仅停留在重复操作层面

附 1：视频中 8 个错误操作点的设置顺序如下（3 min）

1. 调节天平横梁平衡时，没有先把游码放置在标尺的零刻度处；
2. 调节横梁平衡时用手拨动游码而不是用镊子；
3. 放置物体时，将物体放置在右盘、砝码放置在左盘；
4. 用手加减砝码而不是用镊子；
5. 加砝码时按从小到大的顺序，而不是按从大到小的顺序；
6. 放置物体、砝码后再次调节天平平衡时，旋动了平衡螺母；
7. 读数及记录数据错误：$m_{物}=m_{码}-m_{游示}$，正确应为：$m_{物}=m_{码}+m_{游示}$；
8. 实验完毕，没有整理实验器材。

附 2：托盘天平使用口诀

一放平，二调零，三调螺母梁平衡；

天平调好不要动，左物右码两盘盛；

先放大，后放小，最后平衡游码找；

码游之和是读数；

实验毕，物取下，码回盒，游归零。

六、探究式讲解

案例 3-22：探究欧姆定律（设计电路片段）

探究欧姆定律，即研究电流、电压、电阻三者之间的关系。这部分内容体现了思维探究的重要性，其首要问题是如何设计电路。

研究电流、电压、电阻三者之间的关系，学生最常见的就是图 3-13 所示电路，实验中常用小灯泡，学生较熟悉。

教师要讲解清楚：为什么不能用小灯泡？如何改进？

学生改进成图 3-14。

教师提出进一步的要求：把电路图画完整。

学生画出图 3-15。

教师提出下一个问题：如何改变电路的电流、电压？

学生想到：更换电源（电池的节数）。

教师讲解清楚更换电源的不合理、不安全之处。

教师提出进一步的要求：改进电路图。

学生画出图 3-16。

至此，电路设计完毕，就可以采用控制变量法开始分步骤实验了。

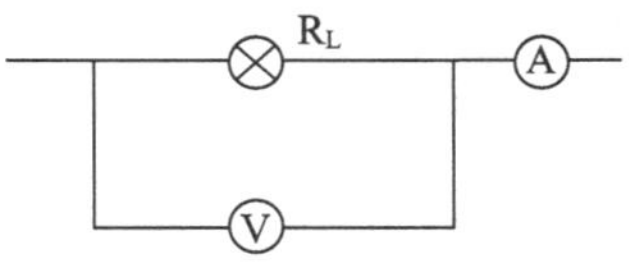

图 3-13 测灯泡参数电路

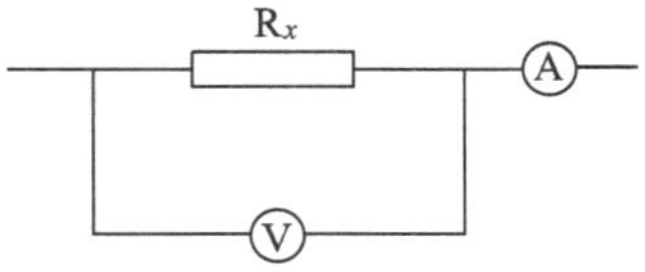

图 3-14 测电阻参数电路

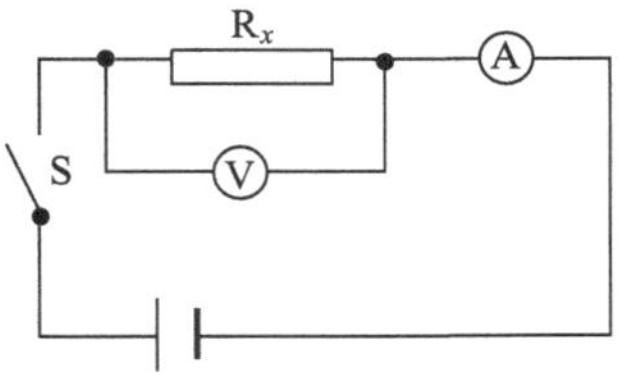

图 3-15 较完整电路

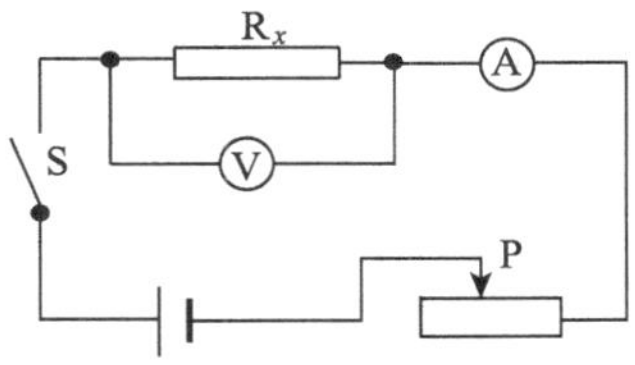

图 3-16 完整电路

第三节　讲解技能的设计与应用

一、讲解技能的应用原则

1. 学科性原则

每门学科都有自己的概念和理论体系，以此构成该学科的知识结构和学科系统。学科概念和理论体系体现了学科的特点、规律和本质。学科性原则要求教师将本学科的专业用语作为讲解语言的基本成分，用本学科的专业术语解析学科知识。

2. 科学性原则

科学性是学科知识最根本的特点。教师在课堂教学中用讲解的方式传授知识时，要做到语言规范、准确，同时保证在对学生进行评价的过程中做到语言简明、得当。

3. 启发性原则

讲解的主要特点是教师以口头语言作为传递知识信息的媒介，一般通过教师讲、学生听的方式向学生传递知识信息。在讲解过程中，教师易于自己控制信息内容，但也容易使学生处于被动接受的地位而丧失其他活动机会，若教师讲解技能运用不当，学生易产生疲劳感，影响学习效果。因此，教师要讲究语言艺术，注重情感表达，运用生动的例证来启发学生的思维。

4. 适时点拨性原则

教师的讲解分析要注意学生理解问题的难易度。针对学生已知的知识或学生已经学习过但有些遗忘的知识，教师必须把握好度，做到“惜言如金”，给学生一个思考的空间，尽量让学生自己去思考。但对于新的知识，学生正处于似懂非懂的阶段，这时教师必须给予恰如其分的点拨，使学生“拨云见日”。孔子说的“不愤不启，不悱不发”，就是这个道理。

5. 阶段性原则

讲解技能的运用必须遵循阶段性原则。在整个教学过程中，讲解必须与学生的互动、探究等活动交互使用，并结合学生对重、难点知识的理解情况，准确出击，这样才能起到良好的效果。

6. 适时反馈、调控的原则

讲解是一种单向的信息传播，且在传播的过程中，语音信息是转瞬即逝的，不会重复播放。这势必会给学生的课堂学习带来不良的影响，例如没有听清教师的话，没有完整记下传达的重点，等等。鉴于此，教师在运用讲解技能的过程中，必须进行反馈，并加以调控，以便及时地检验学生对讲授的知识是否有了完整的了解和正确的识记。

二、讲解的一般程序

1. 事实性知识讲解的一般程序

（1）提出问题。

提出问题的目的在于引起学生的注意，通过对事实性知识的简洁讲解，使学生弄懂其中的原理、主题或宗旨。这是事实性知识讲解的起始环节。

（2）叙述事实。

叙述事实，即围绕提出的问题叙述事实、描述现象，目的在于以事论理。这是事实性知识讲解的主体环节。

（3）提出要点。

提出要点，即画龙点睛，引导学生从事实和现象中悟出道理，目的在于指导学生把握中心，明确主旨。这是事实性知识讲解的关键环节。

（4）核查理解。

核查理解的目的在于检查学生对事实的掌握程度，是否理解了事实背后所蕴含的道理，以得到及时反馈。

2. 抽象性知识讲解的一般程序

按照思维方式的不同，抽象性知识讲解通常分为归纳式讲解和演绎式讲解，两者的活动程序恰恰相反。

（1）归纳式讲解。

归纳式讲解是从特殊的、个别的知识前提中推出一般原则的思维活动。其讲解的程序一般如下：

①提供感性材料。

提供感性材料是综合概括、提出一般原则的基础，是归纳式讲解的主体环节。列举的感性材料，要与一般原则密切相关，含有“原则”的本质属性。同时，列举的感性材料要力求典型，丰富多样，以免以偏概全，做出不全面甚至错误的概括。

②指导分析。

分析是在头脑里把提供的一个个感知对象作为整体予以分解，为综合概括打下基础。根据需要确定分析对象，既可以是事物的某些部分、特征，也可以是事物的某些联系或成因。这是归纳式讲解的关键环节。

③综合概括。

综合概括是同分析相辅相成的智力活动。在头脑里把分析出来的东西联合起来，在考察了许多单独对象之后，发现其中某些属性有共性，于是把它们抽选出来，加以联结、综合，这样就能认识事物的本质，掌握一般原则。这是归纳式讲解的核心环节。

④巩固深化。

巩固深化的目的在于原则的类化，指导学生由此及彼，进行类推，以加深对原则的理解。这是归纳式讲解的终结环节。

（2）演绎式讲解。

演绎式讲解是从一般性的内容推导出特殊性知识结论的讲解方式，其讲解的程序一般如下：

①提出概念。

提出一般原理、概念、公式等抽象概括层级比较高的上位或类的概念，为具体化打好基础。这是演绎式讲解的起始环节。

②阐明术语。

阐明术语的目的在于进一步界定概念，明确其内涵和外延，避免引起概念混淆。这是演绎式讲解的关键环节。

③举出实例。

这是具体化的思维过程，即把抽象概括获得的概念、原理、法则推而广之，用于具体事物，使之具体化，从一般回到个别。这是演绎式讲解的核心环节。

④巩固深化。

通过例证说明、运用已获得的概念，加深对概念的理解。

三、讲解技能的基本构成要素

讲解技能的构成要素研究中，孙连众等结合数学学科特点，认为讲解技能的构成要素包括：讲解的语言、讲解例证、沟通不同的事实的关系、强调某一教学内容、获得教学回馈等；朱嘉泰认为，讲解技能要形成讲解框架、语言表达、使用例证、形成连接、进行强调、获得回馈；孙立仁等结合物理学科特点，认为讲解技能的构成要素包括讲解的结构、语言清晰流畅、使用例证、进行强调、形成连接、获得回馈；黄长虹认为，新课程教学中，讲解的构成要素主要包括引入、介入、评核三个部分。

对于讲解技能的构成要素，学者们的意见大多是一致的。

四、实施讲解技能的基本要求

（1）注意语言技能的应用，语速、音量、语调、节奏等要适当；语言要准确、科学、精练。

（2）讲解时间一般不超过 10 min，最多不超过 15 min，长的讲解可分成几段进行。

（3）注意讲解过程中的提示和停顿。

（4）讲解过程中注意与其他技能合理配合使用。

（5）注意及时反馈，及时调整讲解内容、程序和进度。

五、信息化环境下如何把握课堂教学讲解[1]

（1）充分利用信息化环境的高效率、多形态、智能化、交互性强的特性，采用灵活多样的方式进行讲解。

（2）在讲解过程中应用各种教学媒体、教学方式、信息技术及教学资源吸引学生的注意力，激发学生的学习兴趣，使之明确学习方向。

（3）通过信息化环境，用多种情节的表演创设学习情境，引领学生分析、观察，使学生

1 叶良明．信息化环境下的讲解技能［J］．湖北师范学院学报（自然科学版），2012，32（2）：91-95.

产生学习知识的欲望和动力。

（4）利用现代化教学手段，创设、优化教学场景，借助美好事物的演示，结合生动的讲解，激发学生的求知欲、探究兴趣、动手操作的欲望，使学生在学习情景中产生探究学习的动机，引导学生进入最佳学习状态，既让学生明确学习目标，又为学生指明学习方向，使学生体会到学习也是一种乐趣，从而更加积极主动地进行探究。

（5）充分利用多媒体计算机、网络系统等信息环境，增强教学信息的表现能力，改善课堂教学的空间。

六、讲解技能应用中存在的问题

（1）错，即错说错讲。

（2）浅，即知识传授不到位、重点不突出、难点未突破，照本宣科，浅尝辄止。

（3）散，教师未能掌握知识间的内在联系，讲授的知识不系统、不集中，缺少必要的概括总结。

（4）乱，教师思维混乱，讲授无序。

（5）泛，讲解空泛。

（6）偏，讲解偏离了教学目标。

为了克服讲解的各种缺点，提高讲解的效率，教师在实际教学中总是同时运用提问、板书、演示、多媒体视听、大屏幕投影等技能，使这些技能与讲解技能有机地结合在一起，形成一个技能群。教学过程中教师要根据教学内容、教学情境、学生接受水平等实际情况选择、使用某种教学技能，也可以同时运用几种教学技能共同完成课堂教学任务。适合的讲解技能才是好的教学技能。

第四节 讲解技能的训练与评价

一、训练目标

（1）理解讲解技能的意义，了解其作用，把握其应用要求。

（2）熟练掌握讲解的主要类型，能选择、设计出适合教材内容、教学对象的最佳讲解类型，并能说明选择和设计的理由。

（3）做到用词准确、语言通顺、条理清晰、分析透彻、逻辑严密。

（4）能辨析出他人讲解的类型并品评其优劣。

二、训练建议

（1）学习与研究讲解技能的理论知识，这是掌握和提高讲解技能的前提条件。学习时应做到：①掌握讲解技能的作用、基本要求、主要类型。②明确讲解技能的训练目标，不仅要明确其总体目标，还应明确三种主要讲解类型的具体目标。

（2）练习讲解形式设计，在设计时应注意：①深入钻研教学大纲和教材。②遵循讲解设计的原则。

（3）积累语言材料，为充实讲解内容做储备。

（4）训练平时的即兴讲话能力。

三、评价量表

班级________ 姓名________ 学号________ 训练时间________ 课题________					
请您听课后对以下项目进行评价，在相应的等级处打“√”					
评价内容	评价等级				权重
	优	良	中	差	
1. 讲解传授的知识信息与本课题内容密切相关					0.15
2. 用词规范、科学，描述、分析清楚					0.15
3. 能创设情境，提供丰富而感性的材料					0.10
4. 能启发学生思考，培养学生的思维能力					0.10
5. 讲解结构清晰、逻辑性强，引用的例子深入浅出					0.10
6. 突出重点、繁简得当，揭示学科本质					0.20
7. 声音清晰，语速适中，有感染力					0.10
8. 与其他技能配合使用，能与学生互动					0.10
总分					
评语：					

思考题

（1）物理课堂讲解技能的作用有哪些？其构成要素有哪些？

（2）物理课堂讲解技能的类型有哪些？对概念、原理、规律应如何讲解？

（3）请选择一节中学物理课，根据课程内容设计一个约 15 min 的讲解，写出讲解教案，并进行教学实践。

第四章
物理教学变化技能

第一节　物理教学变化技能概述

心理学研究表明，任何一种过于长久或单调的活动，都容易使学生大脑皮层产生疲劳，抑制神经活动，难以维持注意力，从而影响课堂教学效果。仔细观察课堂，会发现有些新教师上课从不变化自己的教学方式、方法，连讲话的语气、语调都没有变化，一节课下来甚至没有离开过三尺讲台，与学生之间的交流也仅限于单向传授，从不提问或请学生进行黑板板演，导致课堂氛围不佳。之所以出现这种情况，就是因为教师缺乏物理教学变化技能。

一、变化技能的内涵

变化是刺激学生思考、引起学生兴趣的有效方式。要让学生在学习活动中集中精力学习，并不是只凭课堂纪律就能实现的，也不应该只由课堂纪律的约束来实现，而是要通过教学环境中的各种变化来实现。如教学材料的变化、教学媒体的变化、教学组织形式的变化以及教师教态和情感表达的变化等，都能帮助学生集中注意力、消除疲劳、保持好奇心和敏捷思维、激发创造力，并能帮助学生通过教学材料与教师积极进行情感的交流，所以变化技能的实施能促进有效的教学活动[1]。

变化技能又称变化刺激的技能，是指在课堂教学中，教师为了引起学生注意、消除学生的疲劳、激发学生的学习兴趣、启发学生思维，以一定的教学思想和教育理论作为指导，根据学生学习的现实情况和教学内容的特点变换信息传递方式或教学活动形式，以改变对学生的刺激的教学行为。对教师而言，这种变化是教师教学修养、能力、风格的体现；对学生而言，这种变化是对不同感官的刺激，从而唤起自身警觉，引起学习兴趣，形成良好的学习氛围，进而得到良好的学习效果[2]。

我国教育工作者常用“文似看山不喜平”来形容教学的变化，国外教育工作者也有“变化是兴趣之母”的说法，从这些经验之谈中可以看出变化在教学中的重要作用。因此，在课堂教学过程中，教师应以学生为主体，掌握并自觉地运用变化技能，不断变化刺激，使大脑不断地转换兴奋中心，把无意注意变为有意注意，从而调动学生的学习积极性，使之主动参与学习，提高课堂教学效率。

1　林钦．物理微格教学［M］．厦门：厦门大学出版社，2008：197.

2　刘启艳．微格教学理论专题讲座（续）第七讲 变化技能［J］．贵州教育，1997（9）：29-30.

二、变化教学的作用

变化教学的目的各有不同，有的是为了激发学生对教学内容的学习兴趣，引起学生的注意力（如停顿、手势、目光接触等），从而把无意注意变为有意注意；有的是利用多种感觉信息传输通道传递信息，从而充分调动学生的感官，帮助学生领会学习内容（如教学媒体的变化等）；有的是为了唤起热情，活跃气氛，调动学生参与课堂教学活动等。具体而言，变化教学有以下作用。

1. 引起并保持学生注意力，消除大脑疲劳

引起并保持学生注意力是保证教学顺利进行的基本条件。如果学生长时间地在同一教学方式和氛围中学习，那么这种单调的学习刺激就极易使学生大脑产生疲劳，使其注意力陷入低迷状态。心理学研究表明，引起学生注意的刺激物有以下几种：相对强烈的刺激物、背景突出的刺激物、活动变化的刺激物、新异的刺激物。在物理教学中，教师可以充分利用这些刺激物来引起并保持学生的注意力，同时消除学生学习的疲劳感。比如，在教学中可以利用图片、视频、新奇的实验现象、故事、声音和表情的变化、突然的沉默等来引起学生的注意，通过提问、讨论、实验、学习竞赛、自学、戏剧表演、学生板演等方式保持学生注意力。在讲到重点、难点时，教师采用一定方式进行强调和提醒，可以唤起学生的有意注意，使他们的注意有明确的指向[1]。

2. 激发学生的学习兴趣和求知欲

当学生的注意力被集中到教学内容上后，如果教师呈现的图片、视频、实验、问题等能引发学生认知冲突，则会激发学生的学习兴趣和求知欲，还能在与学生互动过程中营造出轻松愉快的学习氛围，激发学生学习的热情。

案例 4-1：“平面镜成像”变化教学[2]

在探究学习获得平面镜成像规律后，学生已经有些疲劳了，这时教师播放音乐并请学生欣赏一些充满对称性的风光照片，学生在欣赏美的同时，身心也得到了放松。然后教师提出问题：这些照片有什么特点？并顺势引导学生将平面镜成像特点用非常简洁的语言归纳总结为：物与像关于镜面对称。

3. 有利于利用多种感觉信息传输通道传递信息

从信息传输理论上看，每种传输通道（与人的感觉相对应）传递信息的效率是不同的，易疲劳程度也不同，如表 4-1 所示。在教学中，教师运用变化技能适当地变换信息传输通道，可以有效、全面地向学生传递清晰、有意义的教学信息，使学生较好地领会和理解知识[3]。

表 4-1　几种感官的感知效率[4]

感觉	味觉	触觉	嗅觉	听觉	视觉
感知效率	1.0%	1.5%	3.5%	11.0%	83.0%

1　章志光．心理学［M］．北京：人民教育出版社，1984.
2　摘自第七届全国中学物理青年教师教学大赛一等奖作品《平面镜成像》（王宪）。
3　储育峰．谈物理课堂教学中的变化技能［J］．物理教师，1999（11）：29-31.
4　孟宪恺．微格教学基本教程［M］．北京：北京师范大学出版社，1992.

4. 为不同水平的学生创造参与教学活动的条件

新课程理念要求以学生为主体，教师的教学活动要能使学生积极主动地参与到教学中去，这就要求教师呈现给学生的学习内容必须能引起学生的思考和反应。但由于学生的认知水平和学习能力存在差异，不同学生对信息的理解和接受程度是不相同的，如果教师只采用单一的教学呈现方式，就可能无法满足不同水平学生的学习需要。为此，教师应有意识地运用变化技能，有针对性地对不同水平的学生采取不同的表达或呈现方式，从而让所有学生参与到学习活动中来。比如，对于抽象思维能力强的学生，可能用语言描述就能使之理解相应的教学内容，但对大多数还处在形象思维阶段或正在向抽象思维阶段过渡的学生，则应该增加图片、视频、模型等富有直观形象的教学手段或通过讨论、实验探究来帮助他们理解教学内容。

案例 4-2："质量是惯性大小的量度"变化教学

在介绍牛顿第一定律时，教师指出惯性的大小是由质量来量度的。有些学生能主动将其与生活经验联系起来进行理解，有些学生却难以理解。为此，教师利用一个小实验帮助这些理解困难的学生：用线吊一个乒乓球，让学生用力向乒乓球吹气，乒乓球很容易就被吹走，然后教师又将一个同样大小的铁球吊起来让学生吹气，结果铁球岿然不动。这就非常直观形象地让学生理解了质量是惯性大小的量度。而且，这种师生共同实验的过程还自然形成了一种轻松愉快的教学氛围。

5. 形成和谐愉快、活跃开放的教学氛围，使学生养成积极的学习行为习惯

教师运用变化技能，能充分利用各种传输通道传递教学信息，刺激和调动学生的不同感官，使教师、学生、教学材料之间交流顺畅、高效。在这个过程中，学生情绪容易被调动起来，在身心愉悦的状态下，自然愿意与教师、教学材料进行对话，形成和谐愉快、活跃开放的教学氛围，增强学习效果[1]。这种充满生气的课堂既能显示教师的学识和能力，又能体现教师循循善诱、诲人不倦的师德，可以说，变化技能的运用是教师教学个性与风格的体现[2]。

另外，教师活泼热情的教学风格和富有变化的课堂环境能使学生养成积极参与教学活动和积极思考的良好习惯，这种习惯转化成积极向上的内驱力，促进学生形成积极的学习态度，从而有利于学生良好学习习惯和个性品质的养成[3]。

第二节　变化技能的类型

变化教学的目的各有不同，有的是为了引起学生的注意（如停顿、手势、目光接触等），有的是为了充分调动学生的感官，帮助学生领会学习内容（如教学媒体的变化等），有的是为了活跃课堂气氛，调动学生参与等。变化技能大致可分为：教态的变化、信息传输通道及教学媒体的变化、师生相互作用形式的变化、教学节奏的变化、课堂气氛的变化。

1　林钦．物理微格教学［M］．厦门：厦门大学出版社，2008：198.

2　储育峰．谈物理课堂教学中的变化技能［J］．物理教师，1999（11）：29-31.

3　李亚文．谈教师教学的变化技能［J］．沈阳教育学院学报，2000（1）：62-65.

一、教态的变化

教师的教态又称为体态语言，是指在教学过程中教师所处的状态，它是教师表情系统的综合体现。具体包括教师的形体动作，如站姿、坐姿、行姿等，以及教师的语言、语调、面部表情。学生对教师的第一印象就来源于教师的教态，教师在课堂上的举手投足都会对学生产生影响，美的教态能够对学生身心发展起到积极的作用。

教态变化是指教师讲话的声音、教学中使用的手势和身体的运动等变化，这些变化是教师教学热情、责任心及感染力的具体体现。教态变化往往不需要借助其他工具就可以实现，因此是最基本、最常用的变化技能。

在教学中，教师运用教态变化与学生进行交流往往比口头语言更能有效地吸引学生的注意力，从而优化教学调控。另外，教态变化辅以口头语言教学能丰富教学信息。美国学者的研究表明，在表达情感和态度时，语言只占交际行为的7%，而声调和面部表情所占的比例达93%[1]。由此可见，在教学中，教师的体态语言对师生之间的情感交流和教学内容的传递具有不可忽视的作用。

1. 声音的变化

一般来说，音量过低，坐在教室后面的学生听不到或听着吃力，就不能刺激其听觉的产生，学生处于抵触状态；音量过高，学生可能感觉刺耳。语速过快可能使学生听不清或来不及思考，语速过慢则会让学生感觉单调、枯燥。而一直平缓、单调的声音，则很容易使课堂气氛死气沉沉。因此，教师在保持合适的音量和语速的情况下，还要注意声音的变化。

声音的变化包括语调、音量、节奏和语速的变化，这些变化对吸引学生的注意力有显著的效果，可使教师的讲解更生动、富有感染力，还可以突出重点，起到吸引学生注意、加深学生印象的作用。比如，教师的声音突然发生变化，可用来暗示不听讲或影响其他学生听讲的学生安静下来；在讲解或叙述中适当抬高音量，放慢语速，能起到强调重点的作用。

2. 停顿

在特定的条件和环境下，停顿能传递特殊的信息。在讲述一个事实或概念之前或讲述重要内容之前作一个短暂的停顿，能够有效引起学生的注意。在讲解中间插入停顿，可以起到此时无声胜有声的作用。将停顿与音量的变化有机结合，会给学生以鲜明的节奏感，从而营造良好的课堂氛围。

案例 4-3：“多普勒效应”教学[2]

学生对波源运动时，球面波的球心是在这个波面刚发出时的地方还是会随着波源移动而变化不是很清楚，为了突破这个难点，教师进行了如下教学。在实施下列教学前，教师通过动画演示让学生有了感性认识。

师：大家知道，声波在均匀介质中一经发出，就以球面波的形式向四周传播，请问（这两个字用突然抬高的音量说出，然后稍停顿），球面波的球心在哪里？

生：波源。

师：波源这个地方就是球心？

1 胡文仲．英美文化辞典［M］．北京：外语教学与研究出版社，1995：224.

2 摘自第五届全国中学物理青年教师教学大赛一等奖作品《多普勒效应》（李敏）。

生：是球心。

师：好，有没有不同意见？

师：好，现在假设老师是个波源（右手手心朝上，指着自己），完成一次全振动（边说边下蹲又站起，模拟波源的振动），向外发出一个球面波（两只手臂从胸前呈圆弧形向外扩张），在球面波的传播过程中（再次用两只手臂从胸前呈圆弧向外扩张），老师运动到这里来（边说边向右方走了一段距离），请问（音量又稍高），刚才的球面波的球心在哪里？在老师这个位置吗（用质疑的语气说出）？

生：不是。

师：不是吧，那在哪个位置？

生：在原来的位置。

师：确切地讲，应该在波源刚发出这个球面波（语速明显变缓慢，音量适当变高，其中“波源”“刚”“发出”“这个”这几个字词音量更高且停顿时间更长，在教师说出“这个”两字时，学生思维跟上，也说出了“球面波”这个词，这时教师突然停顿）……

生：所在的位置（难点被突破）。

师：好，那么我们来看，波源运动又会造成什么样的效果……

3. 眼神的变化

眼睛是心灵的窗户，是人与人之间情感交流的重要桥梁，人的喜、怒、哀、乐均能从眼神的变化中表现出来。比如，人兴奋时瞳孔会扩张，生气或情绪低落时瞳孔会缩小。通过眼神，教师还可以表达出期待、鼓励、探询、暗示、警告、提示等含义。因此，教师在课堂上应充分利用眼神的变化增强和学生的感情交流，并通过学生眼神的变化对自己的教学进行反馈，以便顺利组织教学。

教师期待的眼神对学生而言是一种莫大的鼓舞，教师可以通过眼神的变化对课堂上注意力集中、思维活跃、回答问题积极踊跃的学生表示赞许、表扬和鼓励；对听课不认真、交头接耳或做小动作的学生用眼神暗示批评；对回答问题紧张、胆怯或因不自信而不敢开口的学生投以鼓励、询问和提示的眼神，使学生受到鼓励而变得放松、大胆，并对自己充满信心。另外，教师应学会引导学生的眼神。比如，教师在对板书、图片等进行说明时，应该用指示物（如教鞭或激光笔）进行指示，边指示边解释所指示部位的名称等，如果想把学生的目光转移到自己身上，可以把指示物移动到师生眼睛相互连接的直线上，这样学生在注视教师时也能专心听教师讲话。

在教学中，教师不能因不敢看学生而总盯着天花板、讲桌、备课本或教室外面，要始终把全体学生包揽在自己的视野中，使每个学生都能感觉到教师在关注自己，以提高他们的听课效率。在面对学生的时候，教师要始终保持眼神明亮、神采奕奕，切忌暗淡无光、昏昏欲睡。另外，在移动视线时，视角变化速度不宜过快，不能飘忽不定、频繁更换，以免学生认为教师心不在焉。总之，教师在眼神变化时要自然、亲切，使学生感受到教师对自己的爱护和尊重。

4. 表情的变化

情感是打开学生智力渠道闸门的钥匙，课堂上师生之间的情感交流是形成和谐教学氛围的主要因素，而表情是教师表达情感的重要途径。表情是指脸部各部位因情感作月而引发的种种动作和状态。人的面部能表达丰富的情感，比如，同情和关心、厌恶和鄙视、信任和尊重、原谅和理解、容纳和排斥、愤怒和反感、欣慰和喜悦等。心理学家的实验表明，少年、儿童首先把注意力集中在人的面部。所以，教师要善于运用自己的面部表情传递信息、表达情感，并使表情的变化满足课堂变化的需要。

在课堂上，要做到师生之间成功的情感交流，教师就应当把微笑作为面部表情的基本形态。教师的微笑会给学生留下一种和蔼可亲、热情开朗的印象，也往往是对学生的鼓舞，能使学生保持良好的心态，使课堂气氛和谐。因此，许多懂得微笑意义的教师，即使在十分疲倦或身体不适的情况下走进教室，也总是面带微笑。如果教师走进教室后，总是板着面孔或眉头紧锁，学生也会战战兢兢、精神紧张；如果教师无精打采、毫无生机，则学生听课也会打不起精神。

要注意的是，教师的表情要随着丰富多彩的教学内容的变化而变化，带有感情色彩渲染的讲解会使课堂生动、感人，充满吸引力。教师表情在变化时要注意自然，不做作；要适度，不夸张。比如，在学生回答问题时表现出期待的表情，强调结论和重点时表情要严肃等[1]。

案例 4-4：信任的表情

考试结束后，我去问物理老师我得了多少分。物理老师亲切地对我说："你就不用问了！"话语中充满着喜悦和信任。他那慈祥的眼神告诉我"你物理学得那么好，当然考得很好啦！"老师的这种表情，激发了我对物理这门课程极大的学习兴趣。

5. 身体姿态的变化[2]

教师的身体姿态是指教师在教室里身体位置的移动和身体的局部动作。我们常说的"坐如钟、站如松、走如风"就是对生活中正确身体姿态的精练描述，当然，在教学中这些姿态未必完全适合。一般来说，教师进教室时步伐要轻快；在教室巡视时脚步要轻；站立时要挺拔、稳健，双肩放松；倾听学生的回答或提问时应略微前倾；坐的时候要稳，不能如坐针毡。此外，还包括以下几点。

（1）手势和头部动作的变化。

教师运用手势可以帮助学生理解事物的层次、数量与方位等，恰如其分的手势可使学生获得大脑兴奋中心的持续，并增长记忆的长度和强度，突出重点，使学生加深印象。教师做出某种手势的目的要明确，切忌随意，手势的变化不能过多，要适度、自然、大方，给人以美感。生硬造作的手势，如挠头皮、敲桌子等，不仅不会给人以美感，还会分散学生的注意力，降低教学效果。

在教学过程中，学生还可以从教师的点头、摇头等动作获得回答问题或调整回答的鼓励。教师这样做既鼓励了学生，又没有中断学生的回答，鼓励他们勇于回答问题，主动参与教学活动。这比用语言直接表达更易于被学生接受。

（2）走动（位置变化）。

走动是指教师在教学中通过变换自己在教室中的位置，引起师生的相互空间距离变化，以此来传递信息、表达情感，达到组织教学目的的艺术形式。教师讲课时应以站在讲台后面为主，但设想一下，如果一整堂课都是如此，那课堂该是多么沉闷、单调！因此，教师应适当在整个教室走动，这样可以使课堂变得有生气，并引起学生的注意，调动学生的学习积极性。

1　孙立仁．中学物理微格教学教程［M］．北京：科学出版社，2002：129-139.

2　卫建国，张海珠．课堂教学技能理论与实践［M］．北京：北京师范大学出版社，2008：209-211.

教师在课堂上的走动大体可以分为两类。一类是教师并不总是站在讲台后面，而是适当、适时地在讲台周围走动。另一类是在学生进行练习、讨论、实验时，教师在学生中间走动，这种走动能使教师与学生在心理上更接近，加强师生之间的情感交流；在走动过程中教师可以随时进行个别辅导、解答疑难、了解情况及督促检查。

在课堂上走动时，教师要注意以下几点：

第一，走动要有节制，不能分散学生的注意力，速度要慢，脚步要轻，要大方、自然。

第二，走动和停留的位置要方便教学。如，教师要在讲台上及周围走动，使学生都能看到黑板的各个部分；当让学生到讲台前读图时，应当把讲台让给学生，自己走到学生中间一起欣赏；当学生分组讨论时，教师可以走到某一组中间，参与他们的讨论，了解他们的讨论情况；个别学生注意力不集中时，教师可通过适当的走动给予暗示性批评，既不影响上课，又能达到教育目的。

第三，走动时间的选择要符合学生心理，尤其当教师走到学生中间去时，更要注意这个问题。比如，当学生在做练习或其他需要紧张思维的活动时，教师的走动就会分散他们的注意力；如果教师在学生身边停下来，还可能会造成学生情绪紧张，破坏他们连贯的思维过程。

第四，教师在学生中间走动进行个别辅导、解疑时要注意关心每一位学生，要对所有的学生给予同样的热情。

第五，要处理好局部与全局的关系。在学生进行小组讨论时，教师应在不同小组之间走动、倾听，及时帮助解决问题。如果发现某小组有问题，教师应在不影响其他学生的前提下回答问题或进行讲解；如果这一组的问题较普遍，需要全班学生明白或注意时，教师应快速走到讲台前，拍手请全班注意，面对全班学生进行解答；如果在学生讨论时要观察整个教室的情况，最好站在教室的前面或后面。

二、信息传输通道及教学媒体的变化

人对客观事物的感知是通过多种感官来完成的，为了获得对客观事物的全面了解，往往需要多种感官协同活动。因此，在物理课堂教学中应尽可能发挥学生不同感官的协同作用，充分利用不同的信息传输通道，有效、全面地向学生传递教学信息。这相应地要求教师根据教学需要适当地变换教学媒体，即使对同一种教学媒体也可通过转换功能对学生提出不同的要求。一般来说，根据信息传输通道的不同，可以将教学媒体大致分为视觉媒体、听觉媒体以及触觉、嗅觉媒体三类[1]。

1. 视觉通道和媒体

教学中视觉媒体是多种多样的，有板书、图表、照片、投影片、模型、实物、演示实验、录像片和电脑软件等。视觉通道是各种感官中效率最高的。视觉媒体是最能引起学生兴趣的教学媒体，具有直观、形象、易懂、生动的特点，能吸引学生的注意力、激发学生的学习动机。运用视觉媒体的变化配合讲解，对学生理解知识有很大帮助。但只使用一种视觉媒体容易使学生产生疲劳，应注意变换。

1　储育峰．谈物理课堂教学中的变化技能［J］．物理教师，1999（11）：29-31.

2. 听觉通道和媒体

听觉通道和媒体是物理教学中最常用的信息传输通道和教学媒体，是学生学习生活中使用最频繁的接收信息的方式，占中学课堂的70%（学生听讲主要是用听觉）。由教师讲解、学生发言、音频等听觉通道传递教学信息的效率虽不如视觉通道高，但学生不易产生疲劳，且能展开想象。当前使用的一些教学媒体，如录像片、电脑多媒体软件等，都是视听结合的。在教学中，教师要善于交替使用视听媒体与教师的讲解、提问，这样能最大限度地提高学生获取信息的效率，从而有效提高课堂教学效率。

3. 触觉、嗅觉通道和媒体

触觉和嗅觉感官能获得其他感官所不能获得的信息，在教学中注意让学生使用这两种感官，可为学生提供全面的信息。多为学生提供触摸实物、动手实验、练习等机会，通过实践活动培养和发展学生的动手能力、观察能力和思维能力。

以上介绍的不同信息传输通道和相应的教学媒体各有优缺点，在教学设计时，教师应根据教学内容、学生特点及学生已有的知识与经验选择不同的信息通道和相应的媒体。在实际教学中，为了照顾不同层次、不同认知风格的学生，教师往往不是单一地使用一种教学媒体，而是综合运用或变化以上各种通道与媒体，并通过精心设计教学程序或步骤来激发学生思维，帮助学生理解。

案例 4-5："多普勒效应"教学[1]

在进行多普勒效应教学时，一般的教师往往只是通过讲解或让学生回忆生活中汽车迎面开来或远离的听觉感受向学生介绍多普勒效应。李老师却充分利用多媒体动画演示，自制多普勒效应演示仪以及多普勒测速仪测跑步速度，让学生通过视觉、听觉来直观感受多普勒效应。如用发波水槽来演示多普勒效应，学生能清晰、直观地看到水波波长的变化；将蜂鸣器挂在一根长杆上，然后甩动蜂鸣器来演示多普勒效应，学生能清楚地听到声音频率发生变化，这样视听结合就能很好地突破教学重点和难点。

案例 4-6：卡文迪许扭秤实验介绍[2]

在"卡文迪许扭秤实验"课件中，提供了学生认识实验装置的形象材料，在对"金属丝""平面镜""T 形架"等实验装置部分的设计巧妙之处的讨论中，有的课件直接呈现答案。如果教师根据课件的原始设计一步一步播放，则学生只是作为接收者去了解实验装置的设计，并不能真正体会"放大法""转化法"的物理研究方法。因此，在这样的教学资源条件下，教师可以先提出问题，在学生积极思考讨论后，再让学生知道答案，学生经历了思维的碰撞，在自己的设想和物理学大师的设计方案的对比中领会卡文迪许扭秤的巧妙之处，加深对知识的理解和对物理学方法的认识。

三、师生相互作用形式的变化

在课堂上，教师、学生、教学媒体三者之间存在着相互作用，教学中的每个活动都可能以教师与全体或个别学生，学生与教学媒体或学生之间相互作用的方式进行。相互作用的变

1 摘自第五届全国中学物理青年教师教学大赛一等奖作品《多普勒效应》（李敏）。

2 林钦．物理微格教学［M］．厦门：厦门大学出版社，2008：204.

化主要有师生交流方式的变化和学生活动方式的变化[1]。学生长时间地进行一项活动后，大脑容易疲劳，思维的主动性、灵活性受到抑制。因此，教师在安排教学活动时，要做到有动有静、有张有弛，使教师讲学生听、学生练习、学生讨论、课堂复习等教学环节按照一定规律有机结合起来。例如，在教师讲解、师生问答之后，教师不妨来个总结板书，让学生记课堂笔记，使课堂气氛由动转静，既调节了学生的学习情绪，又加深了学生对知识的理解。

在课堂教学中，教师还应运用多种方式与学生交流（如让学生回答问题、发表见解、提出疑问等），了解学生的想法和存在的问题，以获得全面的教学信息反馈。有可能的话，还可以安排一定的时间用于学生的个别学习、小组讨论、练习和做实验等，这样有利于调节学生情绪，保持学生旺盛的精力，激发学生参与教学活动的主动性。

四、教学节奏的变化

教学进程要适宜、得当，应该根据教学内容的难易程度和学生认知水平的高低来处理教学进程，并创造出教学高潮，这是教学节奏对教学进程的要求。一堂课的教学内容有难有易，有重点与非重点，在整个课堂教学中，教师如不能有效地调整教学节奏，则易使学生产生紧张、疲劳、焦虑的感觉或使学生注意力分散、精神松懈、兴趣淡薄。因此教师在授课时一方面要按计划掌握节奏，另一方面要时刻注意学生的反应，随时调整节奏。一般来说，重点要突出，应反复地讲；难点需分散，应缓慢地讲；一般内容要交代，应相对简明、快速地讲。新课引入宜快，时间不能拖得太长，需要学生记笔记的地方，则应适当放慢速度，学生易懂的问题可以一带而过，学生易混淆的内容则要“重锤敲打”；两个小环节之间的过渡可以快一些，两个大环节之间的过渡就需慢些。

拓展阅读：如何把握课堂教学的节奏[2]

众所周知，课堂是学校素质教育的主阵地，课堂教学质量的高低取决于教师的教学行为和学生的学习行为的优劣。如果教师的教和学生的学相得益彰，教学的节奏调控得当，教师的教和学生的学达到和谐共鸣，那么，课堂教学的效果就一定非常好。然而，在课堂教学实际中存在着一些不和谐、低效率的现象，如何很好地把握课堂教学的节奏，从而保证课堂教学的高质量，笔者在这方面做了多年的实践、观察和思考。

一、课堂教学中的一些不良现象

现象1：头重脚轻。生怕学生不明白，课堂引入内容繁多，不能很快地切入主题，一直在引入上兜圈子，费了很多力气，花了很多时间，等到去讲解重点内容时，时间已经不够用。

现象2：头轻脚重。一心想在重点内容上多一点时间教学，忽视了学生的认知规律，总是站在自己的角度，以为学生一定能理解，没有由浅入深，直奔难以理解的内容，在难点上反复强调，殊不知学生第一步就没跨过，对后面内容的学习也就一头雾水。

现象3：颠倒主次。挺次贬主，在学生能理解的内容上花大力气，而在学生不易理解或根本不能理解的内容上轻描淡写。

现象4：杂乱无章。对教材分析不够，分不清哪些是重点内容，哪些是难点内容，哪些

1 储育峰．谈物理课堂教学中的变化技能［J］．物理教师，1999（11）：29-31.

2 焦健生．如何把握课堂教学的节奏［EB/OL］．https://wenku.so.com/d/79ed380ff61dbc4b434d22376055ce0b.

是次要内容，眉毛胡子一把抓，东一榔头，西一棒槌，课堂教学“一片混乱”，学生学得不明不白、不知所措。

现象5：喧宾夺主。总想多讲些内容，不管学生理解了没有、接受了没有，抱着传统教法不放，课堂上教师总是“一言堂”“满堂灌”“自问自答”，整堂课教师是主体，学生犹如“摆设”。

现象6：随手放羊，课堂教学冠以“生本课堂”的帽子，在学生没有预习或预习不充分的情况下，教师不进行引导和启发，一切由学生当家，学生学习的无目的性往往导致教学任务不能完成，教学质量极差。

不难看出，上述6种现象既违背了新课程教学理念，又严重影响了课堂教学效果。

二、课堂教学的一般流程

从图4-1中可以看出课堂教学至少有5个环节。下面简要说明在这5个环节中如何把握教学节奏。

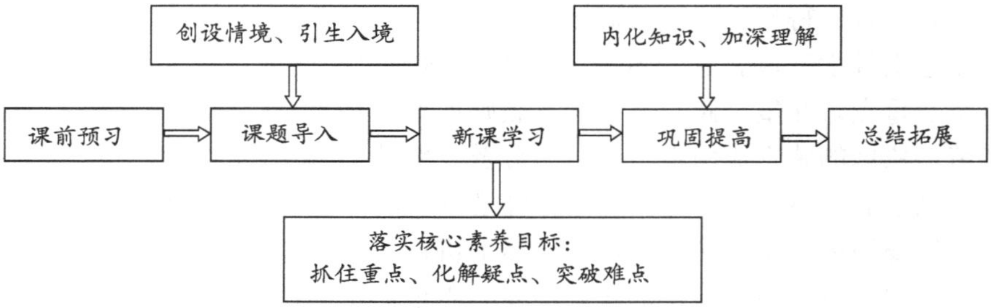

图4-1　课堂教学的流程

第一环节为课前预习环节，教师可做相应的预习指导，该环节不占用课堂教学时间，但有时要根据教学情况在课堂上作简要检查；第二环节为课题导入环节，该环节要能恰如其分地创设一些问题、故事、习题、实验等情境，让学生能很快进入学习新课的状态，对新课学习有一个初步了解，很多课题在引入方面不必大动干戈；第三环节是新课学习环节，该环节是落实教学核心素养目标的重要环节，要求教师在抓住重点、化解疑点、突破难点上进行教学，对该环节的处理可以根据学情采取“不拘一格，百花齐放”式的教学法进行教学，但过程要遵循“教为主导、学为主体，疑为主轴、动（练）为主线”的教学原则，在学习方式上多采用问题作引导的探究活动，该环节一般占用一节课近五分之三的时间；第四环节为巩固提高环节，该环节要在内化知识、加深理解上多下功夫，选题要切合实际、利于学生接受，不能选用偏题、怪题，导致学生产生挫败感、慌乱感；第五环节为总结拓展环节，该环节可使学生达到执一线而知全局。其中第二、第四、第五环节一般共占一节课近五分之二的时间。

三、怎样才能很好地把握课堂教学节奏

（1）把握教材。教师备课时要充分利用教材和教参，熟知教材内容，做到承上启下，分析教材的重点、难点、疑点，对教学内容的重点、难点一定要了如指掌。

（2）重视学生。要牢记学生是学习的主体，要充分利用新课程教学理念，转变学生的学习方式，要十分注重与学生的情感交流，善于倾听学生的发言，运用恰当的鼓励性语言评价学生，充分调动学生的学习积极性。

（3）把握教学方法。教学方法是把握课堂教学节奏的根本，教学节奏完全是由教学方法主导的。这就要求教师既要研究教材，又要研究学生，还要研究自己，进而决定一节课采用哪几种教学方法，以哪个为主、哪个为辅。教学方法的先进性、创新性往往可以加大课堂教学的信息量，激发学生学习的好奇心和想象力，大大增强课堂教学效果。

（4）分清主次。主要内容应该重点探究和讲解，对于学生能理解的知识要多让学生探究和讲解。防止出现主次颠倒的低效课堂。

（5）把握时间。要根据教学内容对课堂教学的时间进行分配，遵循“主多次少”的原则，重点和难点内容多花时间，次要的内容少花时间。做到心中有数，灵活应对课堂中的突发情况。

（6）注意教态。课堂教学行为要规范，语言生动、简洁，声音抑扬顿挫，教态亲切、大方，服饰美观、得体，板书精练、层次清晰、富有创意。

四、课堂教学中节奏教学案例

以人教版高一必修三教材中“电功和电功率”一节为例，本节内容是在九年级电功和电功率的基础上进一步的深化，在九年级教材中，对于什么是电功和电功率、它们的单位和计算以及焦耳定律与公式都有较为系统的说明。高一必修三教材在此基础上增加了以下内容：电功本质、电功公式的推导、电能转化为内能的微观解释、热功率、电功率与热功率的区别和联系。

重点：电功和电功率的概念及计算。

难点：（1）正确区分电功率和热功率并进行相关的计算。

（2）对电路中能量转化关系的感性认识。

疑点：（1）额定功率大的灯泡是否一定比额定功率小的灯泡亮？

（2）为何同一灯泡在傍晚时比深夜时暗？

教学方法是以探究法为主，复习法、讲授法、启发法等为辅。

教学思路如下：

对于初中已学过的知识，通过复习唤起学生记忆，一般占用 5 min 的时间。重点放在高中新增加的内容，对于新增的内容以及学生学习中存在的难点和疑点采用推理加实验的方法，通过推理引导学生有效地运用所学知识和规律引出新的知识和规律，提高学生抽象思维能力与逻辑推理能力。通过实验，学生获得具体、明确的感性认识，加深对概念和规律的理解，并在物理实验中学习提出问题、分析问题和解决问题的方法，培养自身的实践能力和创造能力。在教学过程中，着力体现以下三方面特点：

（1）充分利用教材文本，挖掘教材功能。

引导学生看书，并解决书后练习题，课后作业中还布置学生阅读教材内容，体会课本中研究问题的方法。

（2）与实际紧密结合，充分体现物理“以物说理，见物思理”的学科特点。

①作业中布置学生了解家庭用电器的额定功率，并估算家庭每月所耗电能和所需支付的电费；

②新课中介绍常见用电器额定功率；

③利用所学知识解释日常现象（如为何同一灯泡在傍晚时比深夜时暗）。

（3）充分重视实验在教学中的功能（教师设计了 4 个实验）。

过程中的节奏：

（1）复习九年级所学的电功和电功率知识。（一般占用 3 min）

(2) 运用高中新学知识探究得出电功的本质，并推导出电功的计算公式。（一般占用 6 min）

(3) 正确区分额定功率和实际功率。

①学生通过实验体会额定功率和实际功率的区别。（一般占用 6 min）

②从理论分析到实验演示解决学生的两大困惑，“是否 100 W 的灯泡一定比 60 W 的灯泡亮”“同一灯泡为何在傍晚比在深夜暗”。进一步体会额定功率和实际功率的区别，并能更清晰地体会到决定灯泡明暗程度的是其实际功率的大小。（一般占用 8 min）

(4) 阅读课本，理解为何电流流过导体时，导体会发热（从微观角度解释电流流过导体是怎样把电能转化为内能的）。（一般占用 5 min）

(5) 复习初中已学的焦耳定律，在此基础上引入热功率。（一般占用 2 min）

(6) 从能量守恒的角度切入，分析不同电路中电功率（电功）和热功率（电热）的关系，并进行实验演示，让学生对实验现象提出问题并解决问题。（一般占用 7 min）

(7) 综合应用所学知识，解决实际问题。（一般占用 6 min）

(8) 总结新课内容。（一般占用 2 min）

总之，教师要想驾轻就熟地把握课堂教学的节奏，必须在实践中不断总结和反思，在实践中不断提高自身的业务水平。

五、课堂气氛的变化

潮有涨落，山有峰谷，事物在运动过程中往往呈现波浪式状态。同样，课堂气氛也必须有起有伏，呈波浪式变化，既有张又有弛。事实上，课堂教学对师生双方来说都是强度很大的脑力劳动，这就要求教师合理安排思维的张与弛，创设教学高潮，使教学过程起伏有致，形成节奏，以增强教学的感染力，力求获得最佳的教学效果。因此，教师在课堂教学中，既要采用比赛、抢答等活动形式和使用紧张急促的语言促成紧张的课堂气氛，也要运用游戏、故事、实验、赏析等活动形式和使用幽默的语言使学生感到轻松愉快。这样，通过张与弛的互相错落，课堂教学活动才会产生韵律美。

上面讲了几种变化的技能。事实上，在实际教学过程中，教师教学方式的变化不只是某一方面的，而应是几种变化技能的组合。另外，教师在运用变化技能时，要注意把握目的性原则，即无论教学行为怎么变化，其中心目的仍是完成教学任务，即教学行为方式的变化应与教学任务和内容的转换同步，与学生的心理状态同步。

第三节　变化技能的设计与应用

一、变化技能的构成要素

变化技能是由具有“变化”特征的一类教学行为组成的。反映“变化”特征各个方面的各种典型教学行为，就是变化技能的构成要素。变化技能的构成要素主要有变化设计、做好铺垫、实施变化、协调变化和师生交流。

1. 变化设计[1]

变化设计的技能要素是指在教学设计中对教学活动中各种变化因素的预先设计。变化不是盲目的，所有的变化教学行为都要为培养学生的核心素养服务。为此，在进行变化设计时，首先要根据教学目标、教学内容和学生特点来进行，它体现为有目的、有计划的变化，比如教学节奏的变化、教学媒体的变化、相互作用形式的变化等。良好的变化设计是变化技能运用好的前提条件，因此教师应在这个环节上多加思考，将变化的大框架设计好。

（1）教学媒体变化的设计。教学媒体变化的设计是指教师在言语声音媒体的基础上变化运用其他媒体。教学媒体变化设计包括媒体的选择、运用媒体的时机选择和运用媒体过程中的控制。媒体的选择的一般操作方法是：首先，根据教学内容及学生的认知特点决定教学内容的各部分分别应该采用何种形式的信息通道。然后，考虑选择哪种具体的教学媒体。如，在听觉通道中是选择教师语言还是录音，在视觉通道中是选择板书板画还是实物、模型、视频等。最后，要考虑学校现有条件，从而最终确定所要使用的教学媒体。

（2）师生相互作用形式变化的设计。前面提到，师生相互作用形式有教师与全体或个别学生、学生与教学媒体或学生之间等形式。师生相互作用形式的变化设计是依据教学内容的特点和学生的身心特点以及学生的知识结构等确定的。一般在感性认识阶段，为让学生尽量多积累感性认识，教学媒体数量较多，因此适宜采用教师与全体学生或学生与教学媒体之间相互作用的形式，如讲授、学生实验等；在抽象理性认识阶段，通常采用教师与全体或个别学生、学生与学生之间相互作用的形式，如讲授、提问、讨论等；在应用阶段可以采用学生与教学媒体、学生之间相互作用等形式，如个别练习、小组讨论、分组小实验等。

案例 4-7：“光沿直线传播”变化设计

（1）光源与光线。以视觉通道为主，视觉媒体是沙画艺术视频、激光笔、教室内的电灯、投影仪、火柴以及各种光源（蜡烛、太阳、萤火虫、发光水母等）的图片，黑板板书光源概念及分类，板画光线模型，并辅以语言介绍。相互作用形式有教师面向全体学生讲授、师生讨论、学生讨论、学生回答等。

（2）光沿直线传播的现象及条件。以视觉通道为主，辅以听觉通道。视觉媒体是光在烟雾中传播实验（在透明盒子或大烧杯内放些烟雾，用激光笔照射）、光在水中沿直线传播实验（在装水的烧杯中滴两滴牛奶等有色液体，用激光笔照射）、光在装水的量筒中发生全反射实验、光在不均匀介质中发生偏折实验（如激光经过酒精灯火焰射在墙壁上的斑点会晃动）、光照射镜子发生偏折实验等，还有 PPT 呈现各实验相应的图片和归类用表格，最后是教师板书相关内容。听觉媒体是教师语言介绍。相互作用形式有教师实验、学生分组实验、师生讨论分析现象后归类等。

（3）光沿直线传播的应用。主要是利用视觉和听觉通道以及视听结合。视觉媒体有简易小孔成像实验（在卡纸上刺一个小洞，光源是一支点燃的蜡烛，墙壁作屏）、影子图片，听觉媒体有教师语言介绍（用光的直线传播原理解释现象），视听结合通道有手（皮）影戏、日晷及无影灯演示模型、日食演示模型。师生相互作用形式有教师对学生讲解、学生实验、学生解释、学生小组讨论、学生汇报、师生共同看视频等。

（3）教学节奏变化设计。在教学设计中就应该确定整个教学过程的节奏变化，但具体到

1　孙立仁．中学物理微格教学教程［M］．北京：科学出版社，2002：30-36．

一些细小环节的节奏变化则需要靠教师的教育机智及个人风格临场发挥。

2. 做好铺垫

教师要改变教学方式，需要在变化前做好铺垫，使变化的出现流畅自然。如在讲新课之前，可以用准确、简练的语言把上一节课的要点或与本节有关的知识叙述出来，以旧引新，为本节学习做好铺垫。

3. 实施变化

实施变化是指教师将设计的变化灵活地运用到实际教学中去。虽然教学媒体的变化、师生相互作用形式的变化及教学节奏的变化都是事先计划好的，但实际教学情况也是在随时变化的，所以教师应该根据实际情况实施设计好的变化。特别是在实施教学计划时，教师的语言、表情、动作不可能都事先设计好，这些变化更多的是教师在特定教学情境下的情感变化，是由情感支配的外部行为变化，而不是理智的计划行为变化。当然，理智的计划行为变化和情感支配下的外部行为变化并不是彼此独立的，它们相互协调、相互制约[1]。

4. 协调变化[2]

协调变化是指在教学中将各种变化方式有机结合，相互配合，自然过渡，协调应用。系统论表明，教学系统中的各因素不是彼此独立的，它们的有效作用是相互影响的。因此，各种变化方式也需要彼此配合，以帮助学生理解或激发学生的兴趣。比如，在语言表达时，声音的变化、手势、身体姿态就要相互配合应用；又如，在板书或实验演示时，辅助以语言、手势和表情，就会使板书或实验演示更形象、生动、传神，使学生更易理解实验现象。

在实施变化时，还要注意将计划中的变化与由情感而发的变化有机地结合起来。

5. 师生交流

在教学中，师生之间的语言、情感等交流是双向的。师生交流技能要素就是针对这一情况提出来的。在新课程理念中，学生处于主体地位，教师起引导作用，师生间的交流更加频繁、复杂，因此，掌握好师生交流技能就显得非常重要。

做好师生交流，首先，要知己知彼，了解学生的兴趣特点、知识水平等，并提供恰当的刺激变化让学生乐于与教师进行交流互动。如果不了解学生，就可能出现教师认为简单的内容学生却觉得很难，教师觉得幽默的事学生不觉得幽默，这样一来，教师再多的变化也是无效的。其次，要随时关注学生的变化，如情绪、情感等的变化，并根据学生的变化来变化。比如，在讲解过程中教师发现学生出现迷惘的眼神时就应该通过提问、重复等不同教学方式变化来弄清学生的疑难点，从而帮助学生理解所学内容。最后，要注意设置好教学情境，做好铺垫，为引导学生情感变化提供背景支撑，让学生的情感自然发生变化。在物理教学中，最好的情境就是能够引起学生认知冲突的情境，设置情境的方式可以是多样的，比如图片、视频、故事、实验、游戏等。

二、变化技能应用要点

（1）目的要明确。所有变化技能的运用都应当是有目的和必要的，过多或盲目的变化不仅不能促进学生学习，反而会起干扰作用。因此，在教学的各个阶段，教师要结合认识过程

1　孙立仁．中学物理微格教学教程［M］．北京：科学出版社，2002：129-139.

2　林钦．物理微格教学［M］．厦门：厦门大学出版社，2008：200.

的目标，利用各种具体的变化手段创造积极的情感效果。

（2）要有针对性。教师运用变化技能要有明确的针对性。首先是针对教学内容，在设计教案时要考虑到为完成教学任务而分几个层次，其中哪些是重点和难点，采用何种变化形式；其次是针对学生情况，考虑学生的认知水平、能力、兴趣以及学习过程中的思维活动方式和特点。

（3）要把握分寸。如果教师在一堂课中只用一种声调、一个姿势、一种教学方法上课，学生就会感到乏味。因此教学中一定要有变化，但运用变化要恰如其分，不宜夸张。尤其教态变化的强度和幅度都要恰当，否则会喧宾夺主，产生消极作用。比如教师应该在教室内适当走动，但不应不停地在教室空间来回穿梭。在引起学生的无意注意和有意注意之后，就应该进入教学过程。此时的变化，如身体的移动等要慎重使用，否则会分散学生的注意力。

（4）课前设计与灵活运用相结合。教学中主要的变化方式要在课前做好计划，上课时应根据具体情况灵活、自然地运用变化技能，帮助学生理解知识或解决疑难[1]。另外，在课堂上遇到突发情况时，教师也应用自己的教育机智，有针对性地灵活处理。

（5）流畅性。一堂课中教态、教学媒体、师生相互作用方式的变化都应该自然地融入教学过程中。各种变化均是为了保持学生的学习兴趣，激发学生的学习动机，增强师生间的交流，提高课堂教学效率。因此，运用变化技能要过渡自然，顺理成章[2]。

第四节 变化技能的训练与评价

一、训练目标

（1）了解变化技能的作用，熟悉变化技能的类型和构成要素，并能用于指导实际教学活动。

（2）初步掌握变化技能与其他技能的相互作用。

（3）客观、准确地依据变化技能评价标准评价自己或他人的变化技能，并不断修正不足，提高自己的变化教学效果。

二、训练内容

（1）根据变化技能理论，观看一节教学录像，记录教师所采用的变化技能，结合评价量表，学习并予以评价。

（2）选择一节物理教学内容的片段进行设计，写一篇微格教学教案。着重变化技能的运用，并在相应的地方注明变化技能的类型。

（3）分组进行教学模拟。小组成员分别将自己设计的教学片段进行教学模拟，重点训练

1 储育峰．谈物理课堂教学中的变化技能［J］．物理教师，1999（11）：29-31.

2 荣静娴，钱舍．微格教学与微格教研［M］．上海：华东师范大学出版社，2000：53.

师生相互作用的变化和教态的变化，结合评价量表分别对组内成员的表现进行评价、指正，并重教提高（重新进行微格教学以提高相关技能水平）。也可以通过重放教学录像，让训练者自我反馈、改正、重教提高。

三、评价量表

班级________ 姓名________ 学号________ 训练时间________ 课题________					
请您听课后对以下项目进行评价，在相应的等级处打“√”					
评价内容	评价等级				权重
	优	良	中	差	
1. 设计的各类变化活动符合实现教学目标的需要和教学内容的特点					0.15
2. 音量、语调变化适当					0.10
3. 讲话的节奏和速度、语言中的停顿恰当					0.10
4. 面部表情的变化适当、自然					0.10
5. 手势、头部动作及身体移动变化适当					0.10
6. 目光移动与学生接触适当、自然					0.10
7. 恰当运用教学媒体的变化					0.10
8. 师生相互作用方式变化自然、恰当					0.10
9. 教学过程中感情的发展有高潮、有平静，并取得积极的情感效果					0.15
总分					
评语：					

思考题

(1) 什么是变化技能？变化技能在物理教学中有哪些作用？
(2) 变化技能有哪些类型？
(3) 如何选择教学媒体？
(4) 如何处理理智的计划与课堂中的偶然事件间的关系？

第五章
物理教学演示技能

第一节　物理教学演示技能概述

一、演示技能的内涵

演示技能是指教师在教学过程中，配合讲授和问答，运用实验操作、实物及模型观察、现代教学媒体表演等直观教学手段，把所学对象的形态、特点、结构、性质或发展变化的过程展现出来，使学生获得充分的感性认识，形成表象及联系，并指导学生进行观察、思考和操作的一种教学活动方式[1]。教学过程中运用演示技能，能充分体现现代教学理论中直观性和理论联系实际的原则。

与其他演示手段相比，实验演示在物理教学中有极其重要的作用。这是因为从伽利略创造了实验、物理想象（理想实验）与数学演绎三者巧妙结合的近代物理学的研究方法后，实验就成了科学研究中最重要的研究手段和研究方法，很多物理理论都是通过实验研究获得的。反映到物理教学中，大量的概念和规律的获得也需要建立在实验和观察的基础上，所以实验演示技能是促进学生获得概念和规律、物理研究方法的一项重要教学技能。

需要注意的是，实验演示技能不只是实验设计和操作技能，物理教学中的实验演示过程要能激发学生兴趣，便于学生观察，要符合学生的认知规律，并引发学生主动思考。

二、演示教学的作用

研究表明，单纯通过视觉器官或听觉器官接收信息，信息的保存率都较低，但如果视听同步，则信息保存率可上升到60%，如果视、听与动作同步，则信息的保存率可达到90%。因此演示教学属于能让学生视、听与动作同步的最佳教学方法。演示教学的作用具体表现如下。

1. 提供丰富的直观感性材料，启迪学生思维

教育心理学指出，学生对知识的理解总是先通过感知获得感性认识，而感性认识主要是通过对直观材料的感知形成的。在物理教学中，物理概念和规律大多是在通过对大量的物理

1　孙立仁．中学物理微格教学教程［M］．北京：科学出版社，2002：121.

现象感知的基础上进一步归纳概括而来的。虽然很多中学物理的教学内容与日常生活有密切联系，但生活现象常常夹杂着很多与物理现象不相关的非本质因素，使学生无法从这些现象中获得对物理本质的认识，甚至得出错误认识（如错误的前概念）。这就要求物理教师在教学中为学生提供丰富、直观的感性材料，比如通过精心设计的演示，把物理现象的特征突显出来，使学生获得丰富、深刻、正确的感性认识，从而启迪学生思维。

另外，对于那些用语言难以讲清楚或学生难以理解的内容，如果采用演示的方法，就可以有效地揭示客观事物的本质和内在联系，帮助学生扫除对知识理解的障碍。

案例 5-1：光的直线传播（初中）

在学习之前，学生对光就有一定的认识，他们根据生活经验，往往认为光是沿直线传播的，却不知道光沿直线传播是有条件的。为此，教师可以通过正反两方面的事例演示让学生认识到光并不是任何时候都沿直线传播。比如正面演示可以用多媒体展示清晨森林中阳光穿透树林，夜晚城市上空的光柱、舞台的灯光等图片，还可以用激光笔照射滴了红茶（或牛奶、墨水）的清水，加了烟雾的透明饮料瓶、透明果冻等介质。而反面演示则可以演示激光从空气射向水中发生弯折，激光射过酒精灯火焰照在墙壁上的光点晃动，激光斜射入装了水的量筒内或透明的果冻条量筒内发生全反射（图 5-1）等现象。学生在对这些现象进行分析与归纳后，在教师的引导下就能自主发现光沿直线传播的条件——“在同种均匀介质中”。

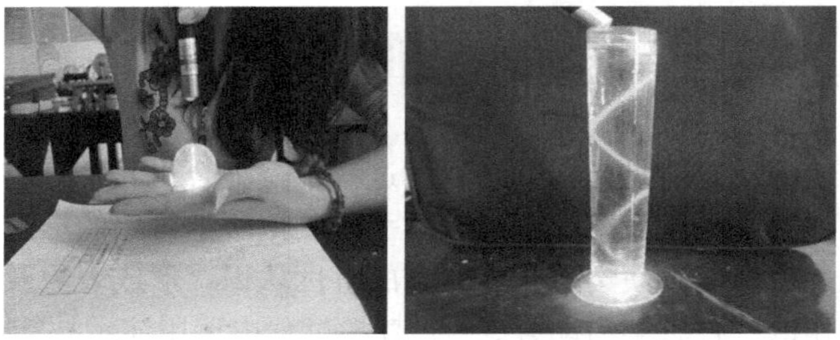

图 5-1　光在介质中的传播

2. 引起求知欲和好奇心，激发学生的学习兴趣和热情

学生很容易被新奇的事物吸引，对新奇的事物表现出明显的趋向特征。而物理的新奇有趣不但体现在物理能被用来解释很多生活现象，更体现在物理现象（实验）的新颖、有趣。所以在教学中，通过演示呈现给学生具体、生动、新奇、有趣的事物（实验），可以很好地激发学生的学习兴趣和热情。

案例 5-2：地磁场（高中）

学生在初中就已经学习过地磁场的知识，如果在高中阶段还是重复初中的介绍，学生就会觉得枯燥。但如果在进行地磁场教学时，教师通过将下面的演示实验引入教学，就能很好地激发学生的学习兴趣和学习动机，培养学生的探究能力。

图 5-2 呈现的是一个底面水平，四周有四个斜面的装置（倾角约 15°）。该装置由木板或透明玻璃板拼接而成［图 5-2a）是俯视图，图 5-2b）是侧视图］。如图 5-3 所示，将一纽扣状圆形强磁铁（钕铁硼磁铁）放在 B 斜面上，松手后纽扣状圆形强磁铁能沿直线顺利下滑到水平底面。但如果置于 C 斜面，则磁铁要么拐弯，要么一松手就倾倒在 C 斜面。在学生认为可能是板上有钉子之类的东西时，教师将装置顺时针旋转 90°，B 斜面朝向南方或北方，C 斜面朝向东方或西方，重新做实验，结果出人意料，这一次纽扣状圆形强磁铁沿 C 斜面能顺利下滑，沿 B 斜面却不能顺利下滑了。学生在探究过程中自然就回顾了地磁场的知识，并加深了对地磁场的理解。

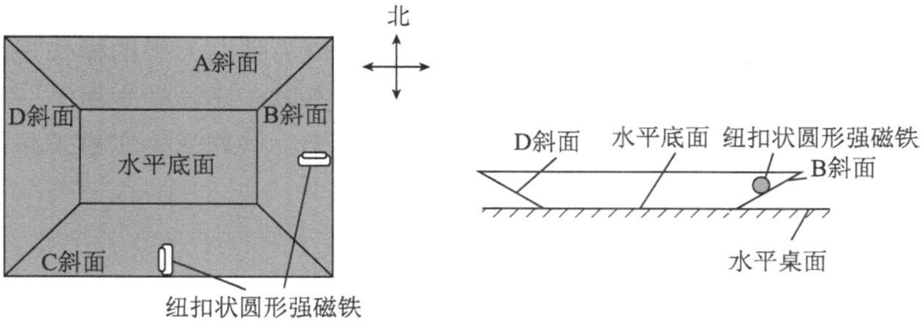

a）俯视图　　b）侧视图

图 5-2　地磁场探究仪

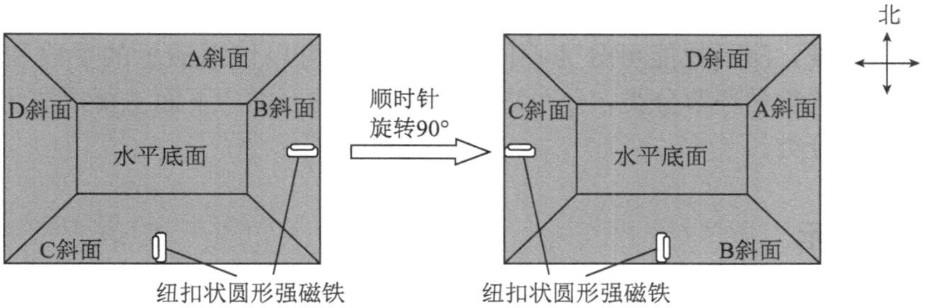

a）旋转前　　b）旋转后

图 5-3　地磁场探究仪的使用

此外，我们也可以利用导线做成跳绳来摇绳发电，通过灵敏电流计让学生感受地磁场的真实性。随着现代信息技术的发展，教师可以在教室里利用数字化微电流传感器将感应电流的实时变化呈现在大屏幕上（图 5-4）。

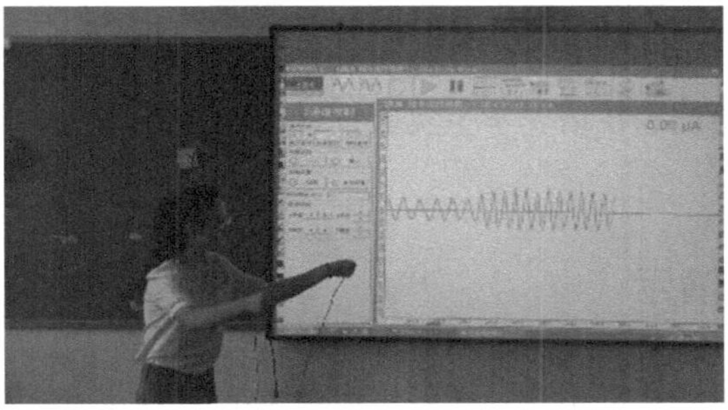

图 5-4　摇绳发电

3. 教授学生研究方法，培养学生探究能力

在演示教学中，通过教师的规范操作、记录和分析数据等的示范，可使学生了解基本仪器的使用方法、观察和记录数据的方法、依据分析数据作出实验曲线的方法等，从而使学生在潜移默化中掌握科学研究方法。另外，在物理教学中，教师应有意识地安排一些探索性实验，引导学生在实验过程中进行观察、提问、猜想、设计新的实验、测量、分类、推论、解释数据、预测等心智操作，这些都会发展学生的探究能力。

4. 为学生实验操作起示范作用

在进行实验演示时，教师的实验操作规范也会深刻地影响学生的实验操作规范。所以教师在进行实验演示时一定要认真按照操作程序和操作规范进行。比如，学生在初中最初接触到的相对较复杂的物理测量工具是天平，教师如果只是口头强调天平的操作规范，在实际演示时并不按规范进行，不但会给学生传递一种不认真的态度，还给学生做了一个非常糟糕的示范，让学生觉得操作规范根本没有必要遵循。这显然无法培养学生实事求是的科学态度以及严谨的科研作风和习惯。

第二节 演示技能的类型

根据不同的标准，演示技能可分为不同的类型。如可以依据演示的手段和方式进行分类，也可以按应用的教学环节分类，还可以按演示的目的分类。下面主要按演示的手段和方式对演示技能进行分类。

一、实验演示

实验演示是物理教学中最常用的一种演示手段，它也是物理演示教学活动中最常用、最重要的一种演示方式。它在课堂导入中具有极其重要的作用，每年的全国物理教学比赛课中，绝大多数通过实验演示导入。这是因为与普通的生活现象相比，实验的科学性强，能深刻揭示物理现象的内在本质规律。从直观性来看，实验的直观性强，效果显著，能强烈刺激感官，激发学生的学习兴趣；同时，意想不到的实验现象可引起学生的积极思考[1]。另外，它在建立概念与规律、巩固知识、应用知识等教学环节中都有极大的用武之地，在习题和复习教学中也逐渐显现出其重要性。值得一提的是，物理是一门实验科学，实验演示本身就是物理学的重要组成部分，因此不能仅把物理实验演示看作学习概念与规律的一种辅助手段，而是要充分发挥物理实验演示在培养学生实验设计与操作能力、思维能力、科学思维和科学态度等方面的作用。

二、实物、模型演示

物理本身与生产及生活紧密相连，许多生产及生活中的设备、装置就是学生需要学习的内容。因此，教学中可以将这些设备或装置带入教室进行展示。比如介绍杠杆时就可以带一辆自行车进行展示，介绍互感时可以带一个拆开的电磁炉给学生观看。

但实物展示也有其缺点，比如有些实物太大无法带入课堂，有些实物由于结构复杂，无法向学生展示其关键部件，这时就可以利用精心设计制作的直观形象的实物模型向学生展示和介绍其结构与原理。

1 卫建国，张海珠．课堂教学技能理论与实践［M］．北京：北京师范大学出版社，2008：130.

三、挂图演示

有些物理现象、仪器等受客观条件限制无法用实物和模型介绍，或即使用实物和模型也无法突出其本质特征，这时就可以用挂图进行演示。挂图是教学中最早使用的一种教学辅助工具，挂图既可以是印刷品，也可以是教师自制的图表等。由于挂图制作不易，一般只能由教学生产厂家配备给学校，数量和种类都有限，无法满足教学的需要。但随着现代信息技术的发展，挂图逐渐被多媒体动画和图片代替。

四、电化演示

电化演示是指教师利用幻灯片、投影、电影、录像等，再现事物、现象及过程的教学方式，是 21 世纪前教室里较常用的演示方式，其中投影最为常见。

幻灯片、投影能提供鲜明、生动的视觉形象，促进学生认知。电影、录像则声图并茂、视听结合，同时作用于两种感官，在影响学生学习态度和情感变化上比其他教学媒体具有更强烈的效果。随着时代的发展，电化演示逐渐被多媒体演示代替。

五、多媒体演示

随着媒体技术的发展，多媒体教学演示成为越来越重要的演示手段。多媒体教学技术把电光、电声、影视、动画等教学手段融为一体，极大地简化了演示手段。一套多媒体设备或一台一体机就可以代替几乎所有的传统电化设备，这也有助于教师操作演示设备。

多媒体技术可以演示一些课堂上无法完成的实验，从而弥补实验仪器或实验手段的不足。另外，危害学生身体健康的实验（比如托里拆利实验）也可以事先拍摄成视频，然后在课堂上用多媒体展示。随着互联网的迅猛发展，教师可以从互联网获得大量的图片、视频、动画等物理实验演示教学资源，这极大地丰富了演示教学内容。值得注意的是，随着虚拟现实（VR）和增强现实（AR）技术在课堂教学中的运用，学生可以突破时域、空域的限制，增强自身的感官感受，极大地提高自身的认知水平。比如，可以利用 VR 技术将内燃机实物的结构从内到外，全面、立体地呈现在学生面前；学生很难理解的带电粒子在三维空间的电磁场中的运动，也可以通过 VR 技术将其逼真地呈现。比如，可以利用 AR 技术将虚拟电路元件放置在真实的桌面上。

但多媒体演示也带来了不良倾向，那就是很多教师觉得现实中的实验演示往往费时费力，所以他们直接用实验演示视频甚至虚拟仿真实验代替真实的实验演示。众所周知，观看视频的效果和临场观看是不可相提并论的，况且，正如前面所述，物理实验并不仅是一个辅助教学的手段，还是培养学生科学素养的重要途径，更是学生学习的重要内容，体现在课程标准中就是将科学探究与实验作为内容标准来呈现。因此，教师在教学中应该尽可能进行现场实验演示，不要过分依赖多媒体演示。

第三节　演示技能的设计与应用

一、演示技能的构成要素[1]

演示，特别是实验演示，在物理教学中具有极其重要的作用。要保证演示具有前述的教学作用，就必须提高教师的演示技能。演示技能主要由如下技能要素构成。

1. 设计演示

演示效果的好坏首先取决于演示设计的好坏，所以设计演示是演示技能的核心技能要素。

在新课教学的各个环节以及在习题和复习教学中都可以应用演示教学手段。进行演示主要考虑以下几种情况：(1) 学生缺乏对所学内容的感性经验。如，学生在学习之前就知道光是沿直线传播的，但不知道光沿直线传播需要条件，这时教师就可以通过演示一些光不沿直线传播的实验来为学生提供感性认识，从而为得出光沿直线传播的条件打下基础。(2) 学生对所学物理内容具有错误的前概念。如，学生往往认为硬的物体不会发生形变。这时教师可以利用图 5-5 的椭圆形玻璃瓶制作的微小形变演示仪来演示，或利用图 5-6 光杠杆放大的办法来进行演示。另外，可以设计一些令学生感到惊奇、刺激，有强烈心理震撼效果的演示实验来暴露学生错误的前概念，引发学生认知冲突，从而激发学生的认知思维。(3) 教学内容难以理解，教师需要进行直观教学，减轻学生的学习负担。如在讨论汽油机、柴油机及发电机的结构及工作原理时，光靠语言讲解无济于事。这时如果通过实物、模型、挂图、多媒体动画甚至 VR 技术来进行演示，就能很好地突破教学难点。(4) 学生对所学知识理解不深，甚至产生错误认识。比如，在讨论串联在一起的两个功率不同的灯泡哪个更亮的问题时，学生总认为功率更大的灯泡就一定更亮。这时可以进行实验演示让学生亲眼观察到功率大的灯泡反而更暗的事实；学生不清楚滑动变阻器的分压接法和限流接法的适用条件，教师就可以进行实验演示来帮助学生理解；学生在讨论绳拉船模型时，往往认为绳的速度大于船的速度，这时教师可以制作一个简易绳拉船模型进行对比演示。

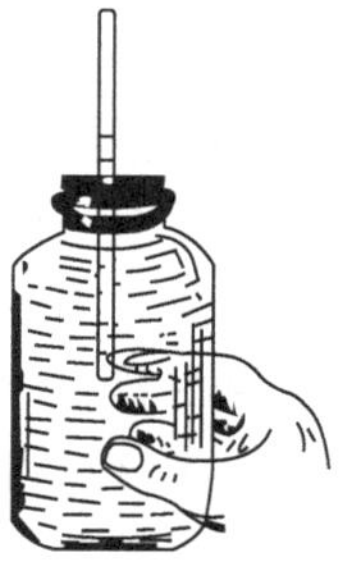

图 5-5　微小形变演示仪

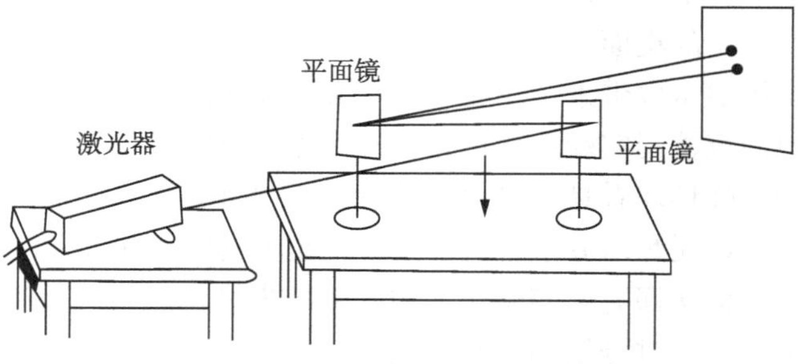

图 5-6　光杠杆放大演示微小形变

1　孙立仁．中学物理微格教学教程［M］．北京：科学出版社，2002：129-139.

在进行演示设计时，首先要考虑演示的目的是什么。根据演示的作用，可以认为演示的目的主要有为学生提供感性经验材料、引发学生的好奇心并激发学习动机与学习兴趣、创设情境产生探究问题、引导学生积极思考和提供操作示范等。

在明确了演示的目的后，就应该在考虑学生已有知识与经验以及教学条件的基础上按照学生的认知规律来选择演示媒体，并设计恰当的演示方式来实现演示目的。选择的演示媒体要能使演示清楚、客观，实验演示要力求简单明了，且不会对学生造成伤害。

案例 5-3：“胡克定律”教学演示

在“胡克定律”教学中，可准备三个不同的弹簧进行实验演示来帮助学生认识定律，在变式的运用中推广和明确定律的适用范围的认识过程。第一只弹簧可以用来得出胡克定律，将第二只弹簧与第一只弹簧对比可以用来说明不同弹簧的劲度不同，第三只弹簧可用细铁丝或保险丝绕成，来演示说明胡克定律的适用范围。

选定了演示素材后就应该根据科学规律、学生身心特点以及观察特点来设计演示形式、演示装置及操作步骤，使结论的得出建立在真实可信的观察基础上。演示时不但要确保学生能观察清楚实验现象，还要能最大限度地激发学生的学习兴趣，所以教师要精心设计演示形式，除常规方法外，还可采用魔术、游戏等。演示时应多让学生参与操作，同时应注意安全、环保。进行实验演示时最好将仪器置于讲桌的载物台上，便于全体学生观察，不留观察死角。在设计操作步骤时，要便于学生思考，以便通过分析、概括、归纳得出物理概念与规律。

案例 5-4：“失重”教学演示

在进行“失重”教学时，教师常会在饮料瓶侧刺些小孔，将瓶子装满水后松手来演示失重现象。在设计演示时，为便于观察，一般使用红墨水，但操作不熟练的教师，往往将红墨水弄得到处都是。因此可以在水中加入一点酚酞和食用碱来使水变红，以便清洗；为避免水漏出，可以事先装满水后拧紧瓶盖。为了增强趣味性，可以让两位学生相向站立，然后在他们中间松开瓶子，观看的学生就会很担心这两位学生会不会被有色水喷得全身都是。另外，由于实验过程较快，为能让学生观察得更清楚，还可以重复演示一次或者用相机的高速摄影功能拍下后进行循环播放。

案例 5-5：“机械能守恒定律”教学演示

在“机械能守恒定律”教学中，教师往往会将一个摆球拉开一定角度后挨着学生的鼻子放置，然后释放，学生很怕摆球在往回摆时砸到鼻子。这个实验惊险刺激，有很好的演示效果。但在演示时，应让配合演示的学生侧身站立（身体平面与黑板垂直），摆球的摆动面与黑板平面平行，这样下面的学生就能很清楚地观察到摆球并没有超过最初的位置。另外，为保证安全，应要求参与的学生站立好后保持身体特别是脑袋不晃动，或让学生紧贴墙壁站立不动，以防发生意外。如实在担心学生安全，可以考虑由教师站立演示。

案例 5-6：“浮力”教学演示

在演示浮力时，如果教师直接把弹簧秤吊着的重物放入水中，虽然学生能看出弹簧秤示数减小，但并不一定明白是怎么回事。如果在设计操作步骤时，教师首先用弹簧秤吊起重物，然后用手托着重物，在提醒学生观察弹簧秤示数是否变化的同时，引导学生分析示数减小的原因，学生容易说出是因为手给了重物一个向上的托力。在进行上述步骤后再把重物浸入水中，学生就很容易明白弹簧秤示数减小的原因是重物受到水对它向上的托力，由此自然引出浮力的概念。

最后，还应该考虑如何把讲解和演示结合，以便激发学生的学习兴趣，调动学生思考的积极性。

2. 指引观察

在设计好实验后，就要考虑如何指导学生观察。一般来说，对于相对复杂的仪器，一定要先介绍仪器结构及功能，在此基础上提出观察要求，然后进行演示，并引导学生观察和分析。为较好地引导学生观察，揭示本质，教师可以从以下几个方面进行把握[1]：

（1）突出观察重点，排除无关因素的干扰。科学观察一定是有目的的，没有目的的观察毫无意义。因此，演示前首先要让学生明确观察目的，在此基础上，向学生说明观察方法、观察中应思考的问题，使学生处于想观察的心理状态。在演示时，要有计划、有步骤地指导学生观察，并让学生思考现象与本质的关系，进而理解和掌握所学内容。必要时，应该重复进行演示，引导学生反复观察现象，强化观察印象。为使学生将注意力集中于重要观察点，在演示前还应该介绍演示用仪器、仪表、模型等的性能、用途及使用方法，以免学生在演示时被细枝末节吸引。其实，在物理教学中提倡用低成本生活化材料设计实验，除了能贴近学生生活、激发学生兴趣外，还因为学生非常熟悉这些材料，不会为了熟悉实验仪器而花费精力，注意力也就更容易集中于需要观察的现象上了。

（2）纵向、横向对比，揭示事物本质。观察的最终目的在于透过现象抓住事物的本质，而对比观察是使思维向纵深发展，从而深刻把握事物本质的好方法。在演示中，教师要善于引导学生通过比较发现条件差异和结果差异之间的联系。提醒学生注意区分自变量和因变量。要求学生在观察过程中不断进行猜想，预测可能发生的变化，通过观察激发思维，又以思维指导观察。

（3）正向、反向对比，深化认识。在指导学生观察时，可以多采用正向、反向对比的方法加深学生的理解，拓宽学生的思路。如，演示声音的产生时，既可以演示敲击桌子发声，也可以演示敲击一团棉花不发声；演示空气有重量时，既可以演示给饮料瓶充气后杠杆朝充气瓶一端倾斜，也可以演示抽气时杠杆向另一端倾斜；演示大气有压强时，既可以演示在空气中的覆杯实验，也可以演示在真空罩中纸片托不住水的实验；演示沸点与气压的关系时，既可以演示气压升高时沸点升高，也可以演示气压降低时沸点降低等。

3. 操作演示

在演示过程中教师要熟练、准确、有序操作，符合规范，不慌张，给学生以示范作用。特别是在物理实验演示中，学生可以通过教师的演示学习物理仪器的使用方法，学会正确获得和处理实验数据的方法，从而培养自身的实验操作能力。且教师在演示实验中严肃认真的态度和实事求是的作风，都会对学生的科学态度和习惯产生潜移默化的影响。

在操作过程中，教师还要注意媒体的摆放、自身站立的位置，便于学生观察。在学生观察时，教师要随时关注学生在观察演示时的反馈信息，根据学生反应调整自己的操作节奏甚至操作程序，以便学生把握实验现象的实质，进行分析思考。

另外，在操作演示时，教师可以请学生上讲台来做助手。这样学生会对其亲身经历过的事情印象更深刻，从而有力地增强学生的学习兴趣和学习意愿，并增进师生感情。

4. 启发思维

根据建构主义理论，学生是学习的主体，知识结构不是由教师灌输给学生的，而是由学

1　刘炳升，仲扣庄．中学物理教师专业技能训练［M］．北京：高等教育出版社，2004：40-41.

生通过思维加工自主建构而成的。因此，演示虽然能够给学生提供丰富的感性材料，但如果没有学生的积极思考，学生不可能真正建构起属于自己的知识结构。为此，教师在进行演示设计时应该考虑如何设计才能在学生的观察过程中启发学生的思维。在学生充分感知的基础上，教师要及时提出思维任务，使学生的思维完成从感性认识到理性认识的跨越。当学生遇到困难时，教师要及时进行必要的引导，包括对思考对象的范围的指引、思维任务与观察到的现象之间的联系的提示、思维任务所需的原有知识与经验的提示等。另外，在演示过程中要有意识地分析演示中的思维方法，并让这种思维方法显性化，从而对学生渗透科学思维方法教育。

案例 5-7："变压器"教学演示[1]

在讨论变压器初次级线圈的变压比关系时，如果只是将两个匝数不等的线圈套在示教变压器的两边，然后直接告诉学生每个线圈的匝数，并用电压表测出输入和输出电压，那么无法吸引学生注意，更不能调动学生的积极思维。如果在接上初级线圈后，再用一根长绝缘导线绕在次级铁芯上，边绕边用串联在这根导线上的小灯泡的亮度变化来显示输出电压的大小，那么学生一定会对"次级线圈匝数越多，电压越高"留下深刻的印象。当学生明确变压比关系后，还可以悄悄地把变压器上方的软铁拿掉，当学生发现电压与匝数关系不再成立时，再让学生找原因，这样理想变压器条件的学习就非常富有艺术性。

案例 5-8："弹力产生原因"演示

力看不见摸不着，判断力是否存在是通过观察力的作用效果来实现的。弹力产生的原因是物体发生了弹性形变，但很多情况下形变并不明显。那么，如何在看不见形变的情况下引出学生对弹力产生原因的猜想呢？教师可以通过一个实验演示来进行铺垫。首先，教师将一物块置于一根竖直放置的弹簧上，然后请学生分析物块所受支持力产生的原因。由于弹簧形变明显，学生不难说出是因为弹簧被压缩而对物块产生了支持力。在此基础上再将物块置于桌面，并提出问题：桌子对物块的支持力是如何产生的？在前述演示实验的基础上，学生自然会猜测桌子给物块的支持力可能也是因桌子发生形变产生的。最后，引导学生利用光杠杆放大演示方法对桌子是否发生形变进行验证。

案例 5-9："液体压强与流速的关系"导入演示[2]

教师在桌子上立一块塑料泡沫板（图 5-7），并提出问题：大家有什么办法让塑料泡沫板倾倒在桌子上吗？

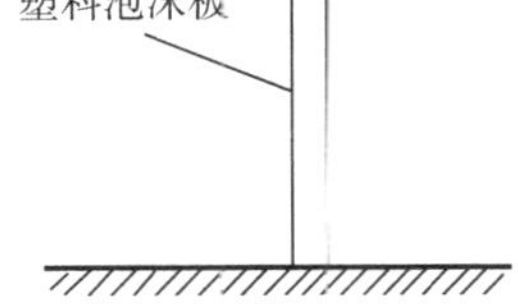

图 5-7　竖立的塑料泡沫板

对这个简单的问题学生很快提出了几种方法。

生 1（上台演示）：用力向右推，塑料泡沫板向右倾倒。

生 2（上台演示）：用嘴巴对着塑料泡沫板向右吹气，塑料泡沫板向右倾倒。

教师（演示）拿出一台吹风机，让吹风机在塑料泡沫板右侧平行处向塑料泡沫板吹风，结果塑料泡沫板也向右倾倒了。

从而引发学生的疑问和猜想：吹风是否会造成板两边的空气产生压力差？

1　梁旭．中学物理教学艺术研究［M］．杭州：浙江大学出版社，2005：233.

2　选自第五届全国青年教师创新大赛一等奖作品《神奇的升力》的视频（刘闽）。

二、演示技能的应用原则

1. 目的性和针对性原则

演示是课堂教学有机整体的一部分，必须与完成整体教学任务和目标紧密相连。是否需要进行演示，选择什么方式和手段进行演示，要从具体教学目标出发。演示要能突出教学重点、突破教学难点，对于针对性不强、与课堂教学目标无关的演示，即使非常精彩，也不应该选用，否则只会分散学生注意力，降低其学习效率。比如，在某次教学比赛中，有教师在光的色散导入实验中演示了伪 3D 全息投影实验（图 5-8），实验采用的是大电视机屏幕，效果非常震撼。该实验所涉及的知识是平面镜成像，与光的色散没有任何关系，这样的演示即使再吸引眼球也是无效的，但如果放在平面镜教学中，那就是一个非常优秀的实验演示。

图 5-8　伪 3D 全息投影实验

2. 直观性和鲜明性原则

演示的效果取决于学生观察的效果，因此，演示的过程应该直观、清晰，现象应该明显，既能让所有学生看清楚需要观察的关键现象，又能激发学生好奇心和学习兴趣。为达到这个要求，在能达到同样教学效果的情况下，仪器或操作越简单越好，仪器或物品越大越好。比如在电学实验演示中就不能用学生用电表，而应选用示教电表，目前有些示教电表能直接吸附在黑板上，这就更便于学生观察；在演示碰撞实验时，大型保龄球碰撞就比小铁球碰撞要震撼得多。在保证安全的条件下，实验的趣味性越强越好。比如，在演示水流星实验时，用瓷碗装水后放在一个塑料盘里来旋转演示就比单纯地拿一个塑料碗装水演示要好。常见增强趣味性的方法还有变演示为小游戏或魔术表演。比如在讲摩擦力时，有教师就在木棍一端涂油，然后让学生进行拔河比赛，或者将两书的书页依次交叠后进行拔河比赛。

此外，装置的放置角度、实物与背景的对比、教室的明暗程度（最好有遮光窗帘）都是需要考虑的。在条件限制无法使全班学生同时看见或看清楚时，应考虑其他办法。比如，实验装置简单、能用手拿，则可以将它拿在手上在教室转一圈，进行测量读数时可以请学生上讲台来协助教师读数，这也可以增强学生的参与感。随着现代信息技术的发展，教师也可用实物投影仪或（手机）摄像头将实验现象投射到屏幕上，也可用相机的高速摄影功能把实验现象的快速发生过程拍摄下来。

下面再说说如何增强学生对演示实验的感知效果[1]。为达到增强感知效果的目标，可以从信息源开始考虑，信息源要力求做到“有声有色”，提高有用信息强度，降低背景噪声，使感知对象与背景之间有明显的对比。再从信息传递通道来看，应保证信息传递通道不受阻，像前面提到仪器应该放置在较高的位置，就是为了防止前面的学生阻挡后面学生的视线。最后从信息接收端考虑，应力求使学生以多种感官感知，以“有准备的头脑”进行积极观察。

1　刘炳升，仲扣庄．中学物理教师专业技能训练［M］．北京：高等教育出版社，2004：39.

案例 5-10：用“火光”来增强实验演示的直观效果

演示焦耳定律实验时，是用电热丝加热煤油，通过煤油在细玻璃管中上升的高度得出其发出热量的多少。但由于液柱较小，不易观察，现象不够直观明显，因而对学生的感官刺激不够。于是有教师将电阻丝绕成圈，并把火柴放在圈内，通过火柴头先后燃烧来比较，还有教师在电阻丝上盖一张纸，利用纸的先后燃烧或冒烟来比较。

为说明玻璃是热的不良导体，教师可以用手抓住试管上部，用酒精灯给试管底部加热，手部逐渐感到烫，但加热的试管底部有多烫，学生很难有直观的感受。这时可以将试管从火焰中移开，并立即用火柴头触碰试管底部，火柴在瞬间燃烧起来，明亮的火焰会给学生以深刻的印象。

有人将口香糖的铝箔纸剪成条状，并将铝箔条中间剪得很窄，然后用铝箔条使干电池短路（可以用两节干电池串联），铝箔条中间很窄的位置由于电阻更大，产生大量热量，从而燃烧起来。这非常形象、直观地说明了短路的危害，也可以用于电阻定律导入的实验演示。

案例 5-11：气体膨胀做功实验演示

在做气体膨胀对外做功，内部温度降低实验时，一般的做法是在烧瓶（或塑料饮料瓶）内稍加一点水，然后用带玻璃管的胶塞塞住瓶口并通过橡胶管连接打气筒向瓶内打气，当瓶内气体压强增加到一定程度时塞子被冲开，瓶内出现雾，由此说明瓶内温度降低。但该实验现象往往不够明显——雾不够浓。因此可以在瓶内加点酒精，这样塞子冲开时瓶内会产生非常浓的雾。

可是由产生雾到得出温度降低还需要有一个推理过程，为此，可以在瓶内放一温度计，通过观察温度计示数变化就可以直观看出温度的变化。如果条件允许，还可以用数字化温度计直接把整个实验过程的温度变化显示出来。比如，有教师用红外测温仪直接测量气球放气时的气球表面温度的变化，就能直观发现气体对外做功时温度降低（图 5-9）。如果条件允许，还可以直接用红外摄像仪进行拍摄观察，就能从气球颜色的变化直接观察到温度的变化。

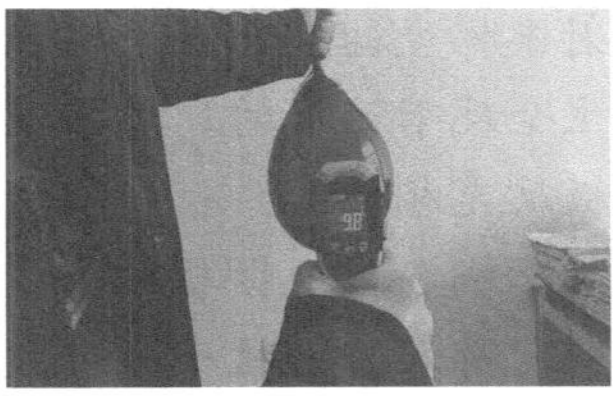

图 5-9　气体对外做功温度降低

有教师利用大塑料瓶演示时还特意在瓶中放一束花（图 5-10），并给实验取名“雾里看花”。当塞子冲出瓶口后，朦胧的雾气中一束鲜花若隐若现，极具美感，实现了科学与艺术的融合，让学生在学习知识的同时感受到了物理之美，也增强了演示实验的趣味性。

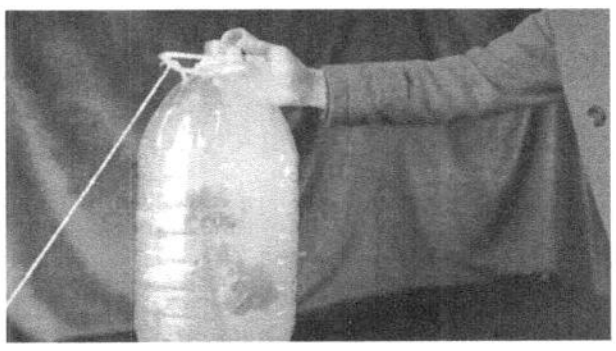

图 5-10　雾里看花

案例 5-12：“互感与自感”导入实验演示[1]

教师：上课，同学们好。我是来自××中学的物理老师××，今天老师带着一颗真诚的心（展示心形线圈）与大家共同学习，这颗心是一个接有 LED 灯的线圈。请同学们检查下线圈中是否接有电源。

学生：没有。

教师：此刻，老师的心情非常激动，同学们，你们觉得我这颗激动的心能将它点亮吗？

（教师操作：将接了 LED 灯的心形线圈远离和靠近自身心脏处两次，接近时 LED 灯发

1　选自信丰中学邹晓南老师教学课例《自感与互感》，该课例曾获江西省青年教师教学技能比赛一等奖。

出红光）

教师：我们看到这颗真诚的心，真的被××老师点亮了。

教师：（拿出喇叭）老师手中还有一颗心，这颗心是一个接有喇叭的线圈，老师激动的心能否也使喇叭发声呢？请仔细听。

（语速放慢，让学生安静下来）

教师：同学们听到了吗？

（演示时线圈初始离心脏较远，声音较小。然后靠近心脏处，声音突然增大）

教师：是什么原因使灯泡发光、喇叭发声呢？这与我们要学习的课题“互感和自感”有关。

（语气转换，回到课堂，眼神对视）

（点评：该演示实验现象明显，有声有色，具有艺术性和趣味性，同时拉近了陌生师生之间的情感距离）

3. 科学性和示范性原则

首先，演示的科学性要求演示的内容与要进行教学的内容具有内在一致性，不能张冠李戴，在实验演示时特别要注意这个问题，这要求教师在设计演示实验时仔细分析相关实验现象，并用理论进行分析，确保现象符合理论。

案例 5-13：沙漠蜃景演示实验分析[1]

沙漠蜃景的模拟演示往往都是通过加热一块金属板使金属板上方的空气受热，形成具有折射率梯度的空气层来实现的。但通过理论推导发现，看到的倒影并不是由光通过热空气后发生全反射造成的，其根本原因其实是入射角度非常大时呈现出的镜面反射现象，其道理与黑板反光相似。

案例 5-14：阴极射线（接高压平行金属板）使小磁针偏转实验分析

曾有人将一枚小磁针放在阴极射线管附近，当接通高压感应圈产生阴极射线后，小磁针即发生偏转，由此说明阴极射线能产生磁场。但阴极射线管产生的电子流强度很小，不超过数十个微安，就算电子流强度达到 1 mA，并设小磁针离射线管中心 5 cm，在小磁针处产生的磁场的磁感应强度也只有 4×10^{-9} T，比地磁场的数量级 10^{-5} T 还小 4 个数量级。这说明磁针偏转并不是电子流造成的，而是另有原因[2]（注：原作者认为是由高压感应圈产生的磁场造成的，笔者认为是由高压感应圈产生的电场造成的，属于电吸引）。所以该实验不能说明阴极射线能产生磁场。

另外，也有人将两平行金属板接上韦氏感应器电机产生高压，将小磁针放在两平行金属板间的边缘，结果发现小磁针偏转，并由此说明平行金属板间放电时变化的电场产生了磁场。笔者发现，这个实验结果也有问题，如果用一个铝片代替小磁针，铝片也一样会发生偏转，这说明小磁针偏转原因更可能是电吸引。

其次，演示的科学性要求有实事求是的科学态度。为保证演示成功，教师一般都会在课前进行预演示，以发现问题。但即便如此，也难以避免在课堂上出现问题甚至演示失败，这时教师应实事求是，不能敷衍搪塞，更不能弄虚作假。事实上，纵观科学发展历史，会发现在研究过程中出现各种意想不到的问题甚至失败都属于科学研究的常态，科学实验的几次失

1 刘剑锋．加热空气法能演示沙漠中的“海市蜃楼”现象吗［J］．物理教师，2013，34（4）：61-62，66.

2 梁旭．中学物理教学艺术研究［M］．杭州：浙江大学出版社，2005：68.

败并不能判定一个理论的生死[1]，因此演示不成功正好给了教师一个进行科学本质教育的好时机。而教师在分析演示失败的原因、排除故障的过程中所呈现出来的沉着应对、一丝不苟的态度，不达目的不罢休的精神，甚至是面对问题时的凝神思索，解决问题时的轻松微笑无不在给学生以无声胜有声的示范教育。

再次，演示的科学性还要求演示的设计符合学生认知规律，不让学生感到迷惑、产生误解。在进行实验演示设计时，要考虑演示的实验现象明确指向教学内容，而不要涉及太多其他无关的内容。比如，将乒乓球放入水中会上浮，而硬币放入水中会下沉来导入密度，就会让学生摸不着头脑。教师的本意是利用浮沉来突出它们的密度不同，从而引入密度，但如果考虑到该实验虽然涉及了密度的问题，但物体的浮沉与浮力知识联系更紧密，且学生又是在学习完密度后才会学习浮力，教师就会发现该实验并不能有效地导入密度概念，反而会把学生引到对物体浮沉的探究上去。

案例 5-15：“大气压强”导入演示实验分析

在进行大气压强教学时，一般采用如图 5-11 所示的覆杯实验来进行导入。但有教师认为该实验不新颖，于是考虑换一个实验导入。比如，把塑料饮料瓶加热水烫一下后倒出瓶内的水，盖上瓶盖后让学生观察瓶子如何变化，或者向一个易拉罐中加点水后用火加热，然后用面团或其他东西堵住易拉罐开口，让学生观察易拉罐的变化。上述方法中，教师试图在学生发现瓶子或易拉罐变扁后引发学生疑问来导入新课。表面上看，实验现象刺激有趣，能调动学生的学习积极性，但由于实验现象涉及的知识不仅有大气压强，还有水蒸气液化后造成瓶（罐）内气压减小等学生还没有学习过的知识，这就造成学生只能看个热闹，而无法深入分析实验现象背后的原因，达不到导入实验应有的效果。

图 5-11　覆杯实验

其实，演示实验的选择并不在乎该实验是否新颖，更关键的是这个实验的设计是否符合学生的认知规律，是否能达到教学目标。经典的覆杯实验之所以具有强大的生命力，原因就在于其现象明显，能吸引学生注意力，且通过教师引导很容易把学生导向“大气也会有压强”这个猜想上去，从而顺利完成教学任务。目前对这个实验的改进主要针对解决“是不是纸片蘸水后粘在杯子上”这个疑惑进行的，一般改进方法是：先在透明塑料杯杯底上打个洞，然后用蜡堵住，当学生有疑惑时用针刺开小洞，纸片和水就掉下来了。另外，如果还想更新颖些，也可以在演示手法上创新。教师可以学习魔术师的表演手法，声称自己有“特异功能”，能让重力消失，然后在纸片上再叠加一片与杯口一样大的透明塑料片，当杯子倒过来的时候把纸片拿开，结果水没有流下来，似乎重力真的消失了，但用手一抖，重力又回来了，于是水就哗地一下全流下来了，在此基础上进行揭秘（其实是一片透明塑料片盖在杯口），并提出问题“老师真的使重力消失了吗？为什么水不流下来呢?”，这样就能非常好地启发学生积极思考。

案例 5-16：自感实验演示分析

在进行自感教学中，教师一般首先通过师生共同参与的千人震实验（图 5-12）来导入教学内容，然后通过演示教材中的通电自感实验（图 5-13）和断电自感实验 1（图 5-14）进行

1　罗星凯．有理的科学知识被无理地“验证”——从理科教学中实验结果与理论的不相符谈起［J］．人民教育，2007（7）：36.

自感的教学。但利用这些演示实验进行教学会使学生产生一些误解：(1) 学生可能会认为通电自感装置不会有断电自感现象，而断电自感装置不会有通电自感现象。(2) 千人震实验中学生受电击后跳起来以及断电自感实验1中灯泡闪亮一下的实验现象给学生留下了极其深刻的印象，但也正因如此，很多学生也形成了断电自感会产生高压的错误认识。为避免学生产生错误认识，可以进行如下演示设计。

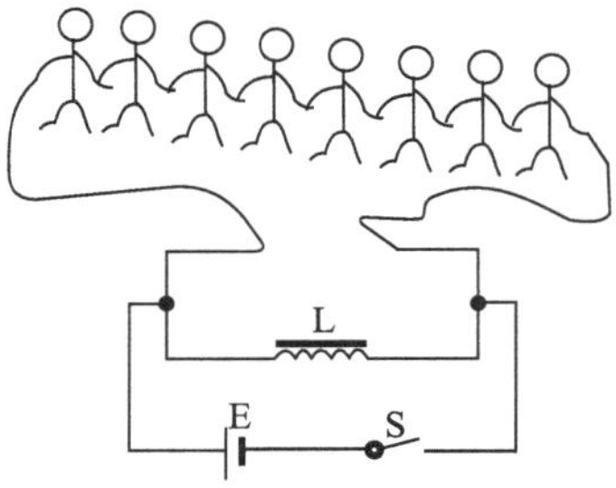

图 5-12　千人震实验

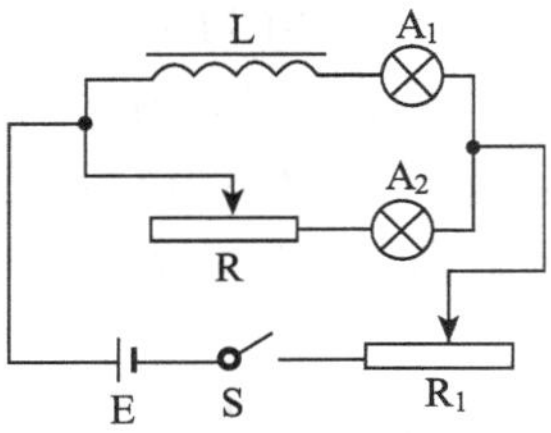

图 5-13　通电自感实验

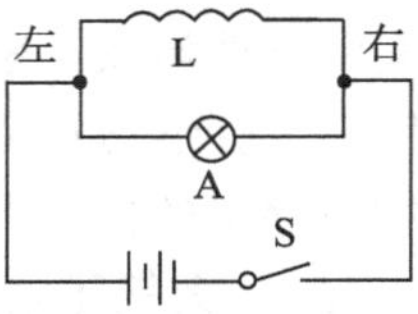

图 5-14　断电自感实验 1

在进行通电自感实验前先让学生预测开关闭合时会出现什么现象，这样既调动了学生思考的积极性，又能将学生的观察聚焦于灯泡是否会延迟变亮。实验后，请多个学生描述他们看到的实验现象，并再次与学生一起分析该现象背后隐含的信息，由此师生共同总结自感的定义，得出感应电动势会阻碍线圈中原电流变化的结论。

为了避免学生认为通电自感实验装置不能产生断电自感，也为了让学生理解真正的科学，渗透科学本质教育，可适当设计失败的实验，让学生经历挫折，体会科学家的研究并不总是一帆风顺的，并让学生明白实验只有加上理性的思维才真正具有力量。接下来教师应继续引导学生思考：刚才通电时灯泡延迟发亮，那么如果断开开关会有什么现象发生呢？接着，在学生分析猜测灯泡将亮一会儿再灭的基础上进行实验演示，然而演示后学生发现并不能看到这种现象。由此引导学生讨论断电时到底是没有自感现象，还是现象不明显；是否可以设计一个能显示出效果的实验来证实断电自感现象的存在。在讨论的基础上，再采用图 5-15 的装置进行断电自感验证。由于采用通断电时使不同颜色的发光二极管发亮来呈现断电自感现象（通电时红色发光二极管亮，断电时绿色发光二极管亮），这就排除了灯泡闪亮一下的非本质干扰，而将学生的思维集中在自感的本质是阻碍电流的变化上。在最后讨论千人震实验现象的原因时，教师还应适时引导学生更深入地思考：线圈产生的自感电动势是否一定大于电源电动势？符合什么条件才会大于电源电动势？

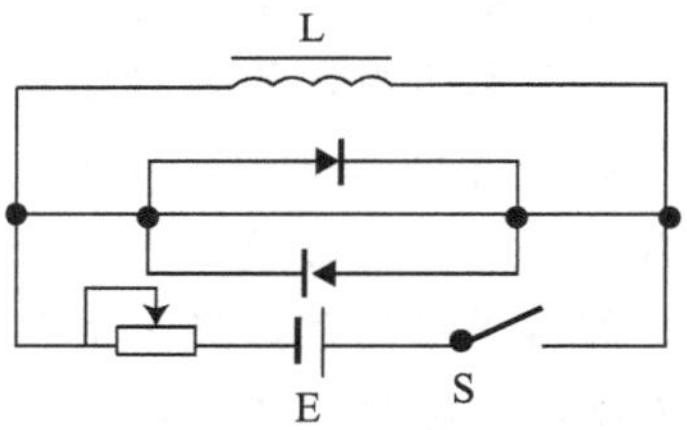

图 5-15　断电自感实验 2

最后，教师演示时的操作应该科学规范，具有示范性，从而培养学生规范的操作能力。

4. 讲演结合、启发思维原则

演示虽是实现视听结合的最佳方式，但毕竟只是视觉刺激，必然需要与教师的语言讲解相配合。教师演示前的讲解，能使学生有准备、有目的地去观察物理现象，抓住关键和本质；演示过程中的讲解，能引导学生边观察边思考，把各种感知转化为积极的思维活动；而演示后的讲解则能深化学生对演示的认识，便于顺利得出相关结论。另外，演示所体现的科学思想方法以及操作技巧也只有通过显性的语言讲解才能让学生掌握。

在演示和分析讲解时，应根据学生的心理特征把握“讲”和“做”的时机，争取最佳教学效果。在实验演示中，如果是提供感性认识的实验，应该先演示后分析，这是因为实验现象是学生分析归纳的基础。现象出乎学生意料的实验，也应先演示后分析，因为意料之外的实验现象可以很好地激发学生的好奇心和求知欲，如果先分析，则由于学生预测不到实验结果，在分析时往往启而不发，故效果不佳。对于现象明显但不令人意外且容易得出结论的实验应该先分析后演示，因为演示时是学生大脑最兴奋、精力最集中的时候，如果先演示，则由于现象不新颖，学生好奇心尽失，大脑的兴奋中心随之转移，这时教师再进行分析就不易于集中学生的注意力。对于复杂的实验，可以边演示边分析，演示时可以分解成几个层次，逐层演示，逐层分析，由浅入深、层层递进。在分析过程中，教师可以反复运用假设、质疑、提问、反问等方法，引导学生思维定向，帮助学生认清事物本质，从而完成演示实验的教学任务[1]。在实际教学中教师应该根据具体情况灵活处理，让演示成为一门艺术。

案例 5-17：微小形变演示[2]

前面介绍了微小形变演示仪，但它应该用椭圆形玻璃瓶来演示，演示过程如下。

师：我们知道，拉弹簧时，弹簧会伸长。（演示）掰橡皮块时，橡皮块会弯曲。请问手拿住玻璃杯时，玻璃是否会产生形变？

（点评：演示弹簧和橡皮块受力形变的现象，进而提出坚硬的玻璃杯是否产生形变的问题，使学生明确观察目的）

生：不会。因为玻璃杯是由坚硬的材料制成的。

师：是吗？请看下面的实验。

[取出微小形变演示仪（图 5-16），用笔杆对着瓶子敲两下]

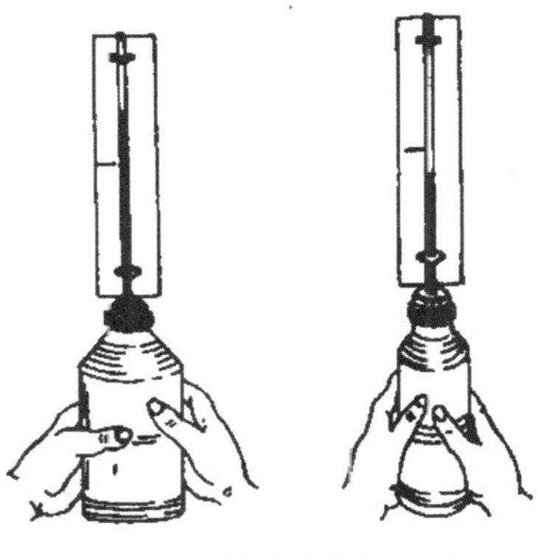

图 5-16 微小形变演示仪

（点评：如果不敲这两下，学生对后面的现象就不会感到奇怪，因为他们可能会认为这是塑料做的，这为学生产生认知冲突做了铺垫）

师：瓶塞中穿了一根两端开口的玻璃管，瓶中装满了红水，水面在玻璃管中间。（用手指示水面的位置）下面，我准备用手压玻璃瓶了，请大家注意观察玻璃管中液面的位置。

（点评：展示装置，说明装置结构，使学生明确观察对象）

（沿玻璃瓶短轴方向压瓶子，玻璃管中水面上升）

师：难道这瓶子不是玻璃做的？（用笔杆重新敲两下）千真万确，是玻璃做的瓶子，那为什么会产生这种奇怪的现象呢？

（点评：沿短轴方向施加压力，管内水柱上升，学生对此感到惊奇，从而产生思维冲突，引发学生思考，前后两次敲玻璃瓶，更是把学生带到了认知冲突的最高点）

（学生议论纷纷）

生 1：这有点类似于挤牙膏。用手压玻璃瓶后，瓶子发生了形变，使瓶内的容积变小，于是水柱就上升了，只是形变太小，我们肉眼看不出来。

---

1 刘炳升，仲扣庄．中学物理教师专业技能训练［M］．北京：高等教育出版社，2004：35.

2 刘炳升，仲扣庄．中学物理教师专业技能训练［M］．北京：高等教育出版社，2004：36-37.

生2：不一定，会不会是老师手握着瓶子，手的温度更高，把热量传递给了瓶子，使瓶里的红水膨胀造成的。

师：说得好。请大家注意，我下面准备从瓶子两侧压它。

（沿玻璃瓶截面长轴方向压瓶子，管中的水面下降）

（点评：仪器虽简单，但设计精妙，不愧是物理教学中的经典实验）

师：大家还认为是膨胀吗？

生（信服）：不是，应该是玻璃瓶发生了形变。

师：是呀，这是因为玻璃受力产生了形变，只不过形变太小，我们看不出来。为此，老师利用瓶子容积变化一点点，玻璃管内的液柱就会变化很大的特点来显示出这种微小形变。前面我们还使用了激光放大微小形变的方法，在科学研究中，我们把这种研究方法称为放大法，放大法曾经在物理学的发展历史上起到了非常重要的作用，它也是我们在物理研究中常用的一种研究方法，在后面的学习中我们还将用到这种研究方法。

（点评：用显性的语言进行科学方法教育）

师：其实任何物体在受到力的作用时都会产生形变，只不过有的明显，有的不明显。在有些情况下，我们可以不考虑物体的形变，这样研究起来更方便，这种物体，物理学上称为刚体。

（点评：回应开始提出的问题，得出结论）

案例5-18："浮力"导入演示[1]

师：大家好！

生：老师您好！

师：早就听说重庆人杰地灵，今天看到朝气蓬勃的同学们果然是不同凡响。大家看，认识画面中的这座桥吗？（播放重庆桥梁的图片）（图片演示，操作控制）

生：……

师：这是重庆的……朝天门，嗯，很好，重庆是长江沿岸桥梁最多的城市，老师来到重庆两天后也感觉重庆的桥梁名不虚传。下面还有几座桥，知道的话，请大家说出来。（师播放桥梁图片，师生共同说出名字）（图片演示）

师：看着重庆这些美丽的现代化大桥，老师不禁想起了家乡的一座古老的小桥。（师播放江西赣州贡江江面上浮桥的图片）（图片演示）

（看到小浮桥的图片，学生笑了）

师：这座桥已经有几百年的历史了，它和现在的横跨在河面的桥不一样。它由许多小船拼接在一起，浮在河面上，我们把它叫作浮桥。浮桥能浮在水面上，但有些东西却会下沉。为此老师带了生活中常见的物品，大家不妨根据生活经验来猜猜看它在水中是浮还是沉。（启发思维）

师：一块木块。（师展现一块木块）

生：浮。

师：一块石头，（师展现一块石头）

生：沉。

师：分别把木块和石头放入水中。（实验演示，操作控制）

1　本教学片段选取自江西赣州陈源樟老师执教的《浮力》，该课例曾获全国青年教师教学技能比赛一等奖。

师：同学们生活经验还是比较丰富的，那么老师带了家乡特产——赣南脐橙。老师先给脐橙削一块皮，大家猜猜这一小片皮放入水中是沉还是浮。

生：浮。

师将皮削好后放入水中，结果皮下沉。

（学生发出疑惑的声音。）

师：仔细观察，怎么样？

生：沉。

师：如果把大脐橙放入水中呢？

生：沉。

（师将脐橙放入水中）

师：咦，浮起来了，看样子凭生活经验判断事物还不一定可靠。

（形成认知冲突，激发兴趣和学习动机，启发思维）

师：最后一个问题，老师带了一个装了红墨水的玻璃瓶，装红墨水是为了让大家看得清楚。如果老师把它放到水里，是浮还是沉？

生：浮。

师：我要松手了，让我们一起仔细观察，见证奇迹诞生的时刻。（教师先将瓶子用夹子夹住放入水中）怎么样？它浮了吗？

生：浮了？

师：没有沉？那我把它放下一点。（放下一点）可以放在水中任何一个地方，它既不上浮又不下沉，其实这些知识它都蕴含着一个力的知识，是什么？

生：浮力。

师：好，这节课就让我们一起走进浮力世界，认识浮力。

案例 5-19：“摩擦力”（初中）实验演示[1]

上课时，教师首先在导入过程运用自行车在水平道路上滑行时逐渐变慢的现象，指出接触面上会产生一种阻碍相对运动的力，以此引出摩擦力的概念，然后演示两个实验。

演示实验（1）：如图 5-17 所示，将长木板一端抬高 30 cm 左右，形成斜面，将火柴盒及木块同时放在其上，提示学生观察木块和火柴盒的运动情况。

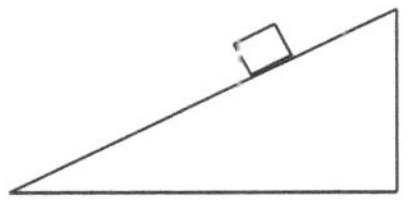

图 5-17　斜面上的火柴盒

（火柴盒和木块都不下滑）

师：木块和火柴盒受到摩擦力没有？

生：受到摩擦力。

师：朝哪个方向？

生：沿斜面向上。

演示实验（2）：将长木板抬高到 40 cm 左右，将同样的火柴盒和长木块同时平放在斜面上，观察木块和火柴盒的运动情况。

（这时火柴盒下滑，木块不下滑）

1　孙明智．物理教学案例分析［EB/OL］．https://wenku. baidu. com/view/1361fd4d463610661ed9ad51f01dc281e53a56f7. html? _ wkts _ ＝1701006628093&bdQuery＝%E5%B0%86%E7%81%AB%E6%9F%B4%E7%9B%92%E5%8F%8A%E6%9C%A8%E5%9D%97%E6%94%BE%E5%9C%A8%E5%85%B6%E4%B8%8A.

师：木块和火柴盒受不受摩擦力？

（学生产生争论，多数学生说受摩擦力，少数学生说火柴盒不受摩擦力，原因是火柴盒下滑了）

（教师建议学生让橡皮从他们的手臂上滑下，体会感觉）

师：为什么火柴盒有时不下滑，有时下滑？

生：火柴盒倾斜大，压长木板轻一些。

师：为什么火柴盒下滑，木块不下滑？

（学生互相讨论，有的学生说火柴盒受摩擦力小）

[教师将木块侧放（面积减少），进行观察。（还是不下滑）火柴盒侧放，进行观察。（不下滑了）]

师：木块和火柴盒受不受摩擦力？

生：受到摩擦力。

师：为什么火柴盒平放下滑，侧放不下滑？

（学生互相讨论，有学生提出要看一看实验器材）

师：你们觉得摩擦力的大小跟什么有关？

学生回答气氛热烈，大致的几种结果是：①接触面的大小；②物体的运动速度；③压力大小；④接触面的粗糙程度；⑤物体的重量。

接下来，教师成了旁观者和导师，学生开始为了验证自己猜想而进行实验操作，秩序井然。最终虽然由于时间紧凑，没有将设计的巩固练习完成，但大部分学生从自己的操作中知道了影响摩擦力大小的因素。

5. 安全性原则

演示过程中要注意按照安全操作规程进行操作，并按有利于操作的方式摆放好仪器设备，以确保演示中人身的安全和仪器设备的安全。比如电学实验在用生活电源进行实验时要注意用电安全，使用电表时要注意挡位及量程的选择；在利用激光笔进行光学实验时绝对不能对着人的眼睛照射；在利用有毒物品（如水银、乙醚、碘）进行实验时要注意不靠近学生进行实验，实验时不洒出，尽量不吸入这些有毒物质；在用酒精灯加热物体时要注意用火安全，为防万一，应做好应急预案，准备好湿毛巾、沙和水，不是必须用酒精灯时也可改用其他加热方式，如固体酒精或安全性更高的小电炉；进行气体对外膨胀做功等实验时应让射出物对准天花板或无人的地方，避免撞击到学生；水火箭应在空旷处发射，不建议在教室内进行实验；撞击后易碎的磁铁、玻璃器皿应注意轻拿轻放，强磁铁用后要及时放回盒子里，以免撞碎或夹伤手指；加工或切割玻璃时要戴好手套，防止烫伤或割伤；做暴沸实验时要注意戴好手套。

对有学生参与的演示实验更要特别注意学生的人身安全，确保万无一失。比如前面提到的机械能守恒定律教学中让铁球撞击学生鼻子的实验，如果学生一直晃动，铁球就可能撞伤学生的鼻梁，造成伤害，这就要求教师在实验前反复叮嘱学生或者直接由教师自己完成实验。

第四节　演示技能的训练与评价

一、训练目标

（1）熟悉演示技能的常见类型、要素和原则。

（2）能根据教学目标及教学内容确定演示目的，并在相关教学理论指导下进行演示（实验）教学设计。

（3）能安全、熟练地进行演示（实验）操作。

二、训练内容

（1）选择适当的课题，根据教学内容要求，选择适当的演示媒体进行演示教学设计。

（2）根据演示教学设计准备演示器材，并实际进行演示教学训练。

三、评价量表

班级＿＿＿＿＿＿ 姓名＿＿＿＿＿＿ 学号＿＿＿＿＿＿ 训练时间＿＿＿＿＿＿ 课题＿＿＿＿＿＿＿＿＿＿＿＿＿＿＿＿＿＿					
请您听课后对以下项目进行评价，在相应的等级处打“√”					
评价内容	评价等级				
	优	良	中	差	权重
1. 演示目的明确、内容紧密结合教学任务					0.15
2. 演示设计符合学生认知规律，具有启发性					0.25
3. 演示设计的观察方向和程序清楚					0.10
4. 演示装置较简单、可靠、安全					0.10
5. 演示现象明显，直观性好					0.15
6. 演示中操作示范性好，步骤清楚					0.10
7. 演示与讲解配合恰当，能启发思维和进行有效观察					0.15
总分					
评语：					

思考题

（1）什么是物理演示技能？演示技能在课堂教学中有哪些作用？

（2）演示技能的类型有哪些？为什么说实验演示在物理教学中具有极其重要的作用？

（3）请结合例子谈谈该如何进行演示教学设计。

第六章
物理教学提问技能

第一节　物理教学提问技能概述

一、提问技能的内涵

提问在我国教学中的应用可以追溯到春秋战国时期，汉代刘向的《说苑·敬慎》上记载：春秋时期，中国教育家常枞弥留之际，他的学生老聃（即老子）前来探望，并讨遗教。“常枞张其口而示老子曰：‘吾舌存乎?’老子曰：‘然!’常枞又曰：‘吾齿存乎?’老子曰：‘亡!’常枞曰：‘子知之乎?’老子曰：‘夫舌之存也，岂非以其柔耶?齿之亡也，岂非以其刚耶?’常枞：‘嘻，是已！天下之事尽矣，何以复语子哉!’”常枞以刚齿比柔舌先亡的事实，通过不断地提出问题来启发老子概括出柔弱胜刚强的结论。这是中国古代教育家运用启发式教学的一个实例[1]。孔子则往往通过提出问题让学生思考，然后“不愤不启，不悱不发”，从而让学生最终解决问题。古希腊教育家苏格拉底则主张通过“产婆术”，抓住学生思维过程中的矛盾，启发诱导，不断提问，步步深入，最后导出正确的结论，使学生发现真理。德国教育家第斯多惠曾说：“他们（教师）从学生现有发展水平出发，通过一些影响学生认识能力的问题来引起学生的主动性，并且不断地激发他们，引导他们获得新认识和生产新的思想。”由此可见，提问在教学中应用的历史非常久远。

不同的人对提问技能的含义有不同的说法，以下是三种典型的说法。

（1）课堂教学中教师根据学生已有的知识或经验，对学生提出问题，并启发引导学生经过思考，自己得出所提问题的结论，从而获得知识、训练思维能力的教学活动[2]。

（2）教师运用提出问题，以及对学生的回答做出反应的方式促进学生参与学习，了解他们的学习状态，启发思维，使学生理解和掌握知识、发展能力的一类教学行为[3]。

（3）教师根据一定的教学目的与要求，针对有关教学内容，设置一系列问题情境，要求

1　马执斌．启发用在愤悱时　夫子循循善诱人［EB/OL］．https://wenku.so.com/d/9938cef0bac47b3faca13de0a706301d.

2　荣静娴，钱舍．微格教学与微格教研［M］．上海：华东师范大学出版社，2000：58.

3　孙立仁．中学物理微格教学教程［M］．北京：科学出版社，2002：91.

学生思考回答，以促进学生积极思维，提高教学质量[1]。

这三种含义有不同之处：(1) 强调了提问要根据学生已有的知识和经验，(2) 强调了通过提问来了解学生的学习状态，(3) 强调了要设置问题情境。但其共同点也很明显，那就是通过提问启发学生思维，从而让学生获得新知，发展能力。

综上所述，可以认为提问技能是教师为了探查学生学习状态，启发学生思维，以及根据一定的教学目标和教学内容要求，并依据学生已有知识和经验设计问题或问题情境的教学活动技能。

提问是教师最重要的语言活动，是一种相对复杂的教学技能。无论上什么课，用何种教学媒体，上好课的一个关键是设计好课堂提问。问题设计是一堂课的灵魂，它决定着教学的方向、顺序，关系到学生思维活动开展的深度与广度、知识结构建构的精细与稳固程度及学习策略的获取。

二、提问的作用

提问是教师在课堂教学中启发学生思维、评价教学效果以及推动学生实现预期目标的重要教学手段，也是贯彻启发式教学的有效形式。对教学提问功能的全面认识，有助于教师富有成效地在实践中运用教学提问手段，并逐步使教学达到艺术化的境地。

1. 引起注意，激发兴趣

在新课开始或教学内容过渡时的提问能很好地吸引学生的注意力，激发学生的学习兴趣，促使学生产生强烈的求知欲。如，在进行牛顿第一定律教学时，教师先提出问题："一艘作匀速直线运动的船的船尾上站着一个人，如果他竖直向上跳起，他还能待在船上吗?"这类问题不一定要求学生马上得出正确结论，而是通过提问使全班学生的注意力集中，并激发学生的学习兴趣和学习动机。

另外，随着新课程教学改革的实施，在教学中越来越重视情境教学，一个好的问题情境更具有趣味性，往往能够从多种感官刺激学生，因而更容易吸引学生注意，激发学生的学习兴趣。

案例 6-1："浮力"导入提问[2]

（观看轮船、天鹅浮在水面的画面，播放视频《死海不死》）

引出问题：为什么会有这种现象发生?

案例 6-2："光的反射"导入提问[3]

（教师将激光笔对着墙壁照射，在墙壁上出现一个光点）

教师提出如下问题：

(1) 如果激光笔不直接对着墙壁照射，能否将光照射到这面墙壁上？你们能利用桌上的工具做到吗？比比哪组先做到。

(2) 墙壁上出现了很多光点，你能确定哪个是你们小组照的吗？怎样确定?

2. 探查旧知，温故知新

奥苏伯尔说："假如让我把全部教育心理学仅仅归结为一条原理的话，那么，我将一言

1　许高厚．课堂教学技艺［M］．北京：北京师范大学出版社，1997：85.

2　庄英莉．走进名师课堂（初中物理）［M］．济南：山东人民出版社，2010：182.

3　庄英莉．走进名师课堂（初中物理）［M］．济南：山东人民出版社，2010：210.

以蔽之曰，影响学习的唯一最重要的因素，就是学习者已经知道了什么。要探明这一点，并应据此进行教学。”[1] 因此，在课堂教学中，为了更好地进行教学，教师往往需要了解学生的前概念或学生已经学过的相关知识的掌握情况。而通过提问就能很好地探查到学生的前概念以及对学习过的知识的掌握情况。另外，教师精心设计的问题往往既是前面所学知识的重点和难点，又是后续学习的关键部分，它们承上启下，既是对以前所学的知识复习、巩固，也为学习新内容打下了相应的基础，从而起到温故知新的作用。

3. 启发思维，培养能力[2]

孔子说“不愤不启，不悱不发”，但只有处于疑问状态时学生才可能有“愤、悱”的思考状态，朱熹在《学六·读书法》中说：“读书无疑者，须教有疑，有疑者，却要无疑，到这里方是长进。”亚里士多德也提出：“思维自惊奇和疑问开始。”从这些名言中不难看出，要调动学生的积极性，必须先让学生产生疑问，疑问可以说是思维的第一步。没有疑问就不会有思考，就不会收获，就不会有智力的发展和能力的培养，也就没有学生创造力的养成。而让学生产生疑问的一个最重要的方法就是教师提问。在课堂教学中，好的提问能够激发学生的认知冲突，启发学生积极思维，从而使学生形成强烈的学习欲望。如果没有教师提问，学生限于知识不足很难提出问题，就会不清楚自己所学知识的重点、难点。

一般说来，对教师提出的问题，学生单纯靠课本或教师提供的材料无法回答，必须积极进行思考，明确物理情境，寻找依据，并组织语言进行表达才能正确回答，这可以说是一种创造性的活动。即使问题有现成的答案，学生也面临着回忆、比较、判断、组织、表达等学习活动，这些活动也能够发展学生的思维能力。学生在回答问题时，要面对全班同学，而且要把思考的内容条理清楚、逻辑分明地阐述出来，会有一定的心理压力，还需要有良好的语言表达能力。因此，回答问题能很好地锻炼学生的表达能力。

所以说提问能很好地启发学生思维，培养学生各种能力。

案例 6-3：探究小灯泡的伏安特性曲线[3]

师：我们大部分同学认为温度可能会影响电阻，谁能设计一个实验来验证猜想？

（把一个课题摆在同学面前，激发学生要验证猜想的积极性）

生：可以改变灯泡的环境温度。

师：怎么改变环境温度？

（这个实验的关键点就是如何改变温度，学生开始的设想会比较粗浅，认识不深刻，教师通过提问促使学生进一步思考更关键的问题）

生：把灯泡放在热水中，给水加热就可以改变灯泡的环境温度。

师：这是我们在热学中常用的方法，通过给水加热改变实验对象环境温度。那用水加热能使灯泡的温度升到多高？

生：100℃。

师：大家觉得灯泡正常工作时的温度和100℃差不多吗？

生：应该不止这么多。

师：那你们觉得用水加热的方法可行吗？这里我给大家提供一个数据，灯丝正常发光的

---

1 奥苏伯尔．教育心理学：认知观点［M］．余星南，宋钧，译．北京：人民教育出版社，1994.

2 许高厚．课堂教学技艺［M］．北京：北京师范大学出版社，1997：85.

3 郭玉英．物理新课程教学案例研究［M］．北京：高等教育出版社，2008：191-192.

温度在 2000～2500℃之间。

（教师没有直接否定学生的方案，而是通过提问引导，让学生自己去思考这种实验设计方案是否可行）

生：刚才的方案改变温度的范围太小。

师：还有什么办法?

生：可以用代换法，找另外一个电阻，用酒精灯加热就可以使温度达到 2000℃。

师：就是用一个电阻丝吗?

生：是的。

案例 6-4：“牛顿第一定律”教学提问[1]

2009 年 11 月全国中学物理教师首届名师赛上，北师大实验中学的王运森老师利用斜面实验和恰当的问题设计使学生受到启发，并进行理性的思考。

演示 1：先在对接斜面上铺一块棉布，从一侧斜面上的某一高度处释放一个小钢球，观察小钢球的运动情况，用一面小红旗标记出小钢球到达另一侧斜面最高点的位置。

演示 2：把棉布拿下来，在比较平滑的轨道上再做一遍。

演示 3：在从同一高度释放小钢球之前，先把另一侧斜面的倾角减小，用小红旗标记小钢球运动的最远距离的位置。

演示 4：从斜面的同一高度释放小钢球，小钢球从斜面上滑下，在水平面上运动，最终从水平面上飞出。

王老师所做的这组演示实验，很有层次、很有逻辑，为学生理解伽利略理想实验打下了基础，两面小红旗使实验大为增色。

恰当的问题设计，使学生进行深入的思考：“进一步减小斜面倾角，小钢球运动的距离会变得更大。当一侧斜面的倾角减小至 0°时，会有什么现象呢?”面对这样的问题，学生需要进行理性的思考。这种思考显示思维的力量，对学生来说，这种思考是提高思维能力的很好途径。

“伽利略能够超越前人的认识，原因之一就是他在研究方法上与亚里士多德不同，有什么不同呢?”这是一个非常深刻的问题，对学生来说有较大难度。基于前面教学的效果，同学们比较顺利地回答了这个问题。在笔者看来，回答这个问题是本节课教学最成功的标志之一。

4. 信息反馈，调整教学

在课堂上，教师要不断进行形成性教学评价，以便及时获取反馈信息，了解学生接受知识的情况和阻碍学生思考的困难所在，从而根据情况及时调整教学计划、教学方法以及教学节奏，以巩固知识或弥补不足。虽然课堂上的教学评价还可以有其他方式（如练习反馈），但提问无疑是简单易行且最具灵活性的评价方式。

5. 增进交流，使关系融洽

教学活动是教师和学生共同参与的双边活动，师生之间在教学活动中应该存在着大量的知识信息和情感意向等方面的交流。但很多新教师不善于与学生交流，甚至只顾在讲台上讲课，毫不理会学生的反应，学生只能处于被动接受的地位，整个教学过程单调乏味，课堂气氛沉闷。但如果教师在进行教学设计时有意识地设计提问环节，那么在教师提问后，师生之

1　陶昌宏．以培养学生思维能力为核心——“物理教学的基本特征”之三［J］．物理教学，2010，32（3）：5-9.

间、生生之间在对问题的回答、修正、补充、评价的过程中必然要产生多向的信息交流和情感的交流。而且，在促进学生思考、使师生关系融洽的同时也减慢了教学节奏，更好地体现出以学生为主体、教师为主导的新课程教学理念。

案例 6-5：“浮力产生的原因”教学提问 [1]

师：浮力产生的原因是什么？都不知道？没关系，老师先做一个实验。

师：老师做了一个双层的容器（图 6-1）。外边一层，里边一层，里边一层中间开了一个方孔，手可以从孔中伸下去，能看到我的手吗？

生：看到了。

师：老师从容器外层也可以把手伸进去，看到了吗？好，看到了。

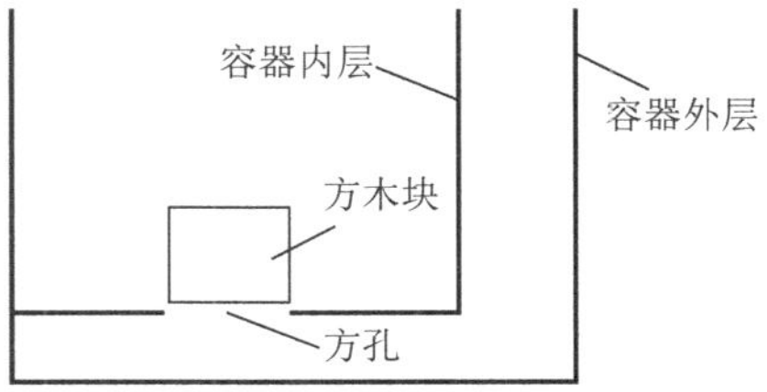

图 6-1　浮力产生原因探究仪

（教师举起仪器，并介绍实验仪器，同时把手伸入内层和外层，仪器由透明有机玻璃制成，中间隔层涂成红色，非常醒目）

（教师打开摄像头，把实验装置投影于大屏幕，增强实验可视性）

师：（边做边说）我们要把这个方木块放到这个容器的方孔中，让木块刚好把这个孔盖住。现在我要给这个装置加水，看看它会不会上浮。

师：（随着水的加入）浮起来了吗？

生：没有。

师：我再加点水，把它完全浸没掉。（方木块还是没有浮起来）怎么回事呀？谁来说一下。

生：仪器有两层，里面一层有水，外面一层没有水。

师追问：哪一层呀？

生：最外一层。

师：（边用手伸入容器外层边说）是这一层吧，这一层和哪里相通？

生：方木块下面。

师：下面这一层有没有水，也就是说方木块的下表面有没有水呀？

生：没有。

师：怎样让它浮起来？

生：加水。

师：往哪里加？

生：往容器外层加水。

师：也就是说让方木块的下表面有水，我们试一下。

（师倒水）

师：有水了，浮了吗？这怎么回事？

生：水不够。

师：哦，还要再加。大家仔细观察。

（师继续加水，但还没浮）

1　选自第九届全国中学物理青年教师教学大赛一等奖作品《浮力》，授课者为江西赣州四中陈源樟老师。

师：哦，有空气在里面。

（教师想办法排出空气，木块上浮了）

师：刚才漏了一些空气在里面，但没有关系。大家想一下，开始它没有上浮，加了水后它才上浮，那么一个物体放到液体里，它受不受液体对它的压力？

生：受。

师：那么液体对物体的压力有什么特点？

（教师请一位学生回答）

生：物体四周都有压强。

（教师重复学生的话：液体内部物体四周都有压强）

生：而且物体四周的压强都相等。

师：四周压强都相等，有没有什么前提？同意吗？

生：同一深度。

师：哦，液体同一深度向各个方向的压强相等，不同深度呢？

生：不一样。

师：怎么不一样？

生：越深的地方压强越大。

（教师重复：越深的地方压强越大）

师：我们看得到这个物体受到的压力吗？你知道它的压力有多大吗？

生：看不到。

师：看不到，看不到怎么办？老师另外做了一个透明正方体，我在它的侧面、上表面以及下表面的中央开了圆孔，并都盖了一层橡皮膜，如果用力压橡皮膜它会怎么样？

（边说边举起来展示并指点相应的部位，压橡皮膜）

生：会变形。

师：越用力呢？

生：形变就会越大。

师：很好，那我们就用它来代替方木块，放入水中后水就会给它的各个方向施加什么？

生：压强。

师：有压强，就会发生形变，我们只要根据形变的程度就能看出什么？

生：压强的大小。

（师重复：压强的大小）

师：好，老师先把水倒掉，重复一下刚才的过程。我们看一下会发生什么。

（教师操作实验）

师：慢慢加水，把它完全浸没掉，同学们仔细观察橡皮膜，有没有变化？

生：有。

师：哪里的橡皮膜发生变化？哪几个位置？

生：上面，左右。

师：下面有没有？

生：没有。

师：说明下表面受不受到压力？

生：不受。

师：它可不可能浮起来？

生：不可能。

师：好，我们给外层加水，大家注意观察下表面的橡皮膜，有变化吗？

生：没有。

师：（接着加水，浮起来了）说明浮力产生的原因到底是什么？

生：水的向上的压强。

师：水的向上的压强？仅仅只有向上的压强吗？

生：各方向都有。

师：各方向都有，而且关键是什么？越深的地方压强越大，所以向上的压强一定是最大的。下面我们分析一下。

（用 PPT 呈现图片进行分析，分别呈现下表面没有水、有一些水、加水到一定深度三种情况）

师：下表面没有水的时候物体受到的合力朝哪个方向？

生：向下。

师：左右侧面深度相同，受力……平衡，合力向……下。当我们往它下面加上一些水后，下表面有没有压力？

生：有。

师：但它为什么不浮呢？

生：压力比较小。

师：压力还比较小，所以合力还是向哪里的？

生：向下。

师：最后我们继续加水，发现它的形变越来越大，这个时候当它的上下表面压力差比重力还要大的时候它就会浮起来，所以浮力产生的原因其实是什么？

生：是液体对物体向上和向下的压力差。

第二节　提问的类型

提问的分类方法有很多，可以按对学生认知水平的要求来分类，按布鲁姆的认知分类系统，可以粗略把提问分为回忆、理解、应用、分析、综合、评价六种类型；也可以按提问的技巧分为诱导、疏导、台阶式、对比式和迂回式。此外，提问还可以按教学顺序结构分为引入性提问、启发性提问和巩固性提问，按开放程度分为开放性提问和封闭性提问等。

一、按提问对学生的认知水平要求分类

1. 回忆提问

物理知识往往逻辑性强，概念、规律之间联系密切，往往需要在旧知识的基础上展开新知识的学习。因此，在讲授新课或教学过程中，就需要用提问的方式考查学生对学过的知识的掌握情况，这种提问称为回忆提问。回忆提问要求学生再现或再认已经学习过的信息，这

些信息除了物理概念、规律、公式外，还包括物理事实、现象以及科学研究方法等。

回忆提问不需要学生对问题进行深入思考，因此不容易发现学生对知识的掌握情况，但它能集中学生注意力，活跃课堂气氛，激发学生兴趣。另外，因为这种提问只是识记性的，所以这种提问是即问即答的，不需要停顿等待。

案例 6-6：“光的直线传播”提问 [1]

师：同学们欣赏到了许多美丽的图片，从中你发现了哪些光现象？除此之外，你还知道哪些光的现象和光的知识？能告诉大家吗？

生 1：从图片中看到了三棱镜折射出的像彩虹一样的光。另外，生活中有日光灯的光，肥皂泡上有像彩虹似的光，天空中有时会出现光晕。

生 2：我从图片中看到了日食。

生 3：我从图片中看到了北极光，这是自然现象。

2. 理解提问 [2]

理解就是运用已有的知识与经验去认识事物的种种关系，直至认识其本质、规律的一种逐步深入的认识过程。理解提问要求学生能用自己的话叙述所学的知识，能比较、对照和鉴别知识的异同，能把知识从一种形式转变为另一种形式。理解提问的目的是帮助学生组织所学的知识，解释所学知识的含义，把握知识之间的内在逻辑关系，从而探查学生对所学知识的理解程度。因此，理解提问一般用于某个概念、规律讲解之后，用于检查学生对新学到的知识与技能的理解情况。

（1）对现象、概念、规律、方法等进行描述的一般性理解提问。这类提问要求学生用自己的话来描述相应的概念、规律等，以便考查学生对所学知识是否理解。如：请说明惯性的含义。请举例说明有用功的含义。请用通俗易懂的语言给大家介绍一下楞次定律的内容。

（2）将新知识与原有知识建立联系的深入理解提问。这类提问要求学生首先要真正理解所学的知识，然后在理解的基础上将新知识与原有知识联系起来，并最终理解整个知识结构。如：按运动的加速度特点分类，平抛物体的运动属于哪种运动？这个问题只有学生在正确理解平抛运动特点和掌握按运动的加速度特点分类方法的基础上才能正确回答。再如：为什么金属环在磁铁两极间下落时会比它自由下落时速度要小呢？大家能否用学过的楞次定律来解释一下？

（3）对现象、概念、规律、方法等进行对比的深入理解提问。这类提问要求学生在观察、概括和归纳的基础上对物理现象、概念和规律进行比较，以区别它们本质的不同，从而更深入地理解这些物理知识。如：平衡力与作用力、反作用力的区别关键在哪里？再如，学完电势后可以提问：我们发现电势与前面学习的电场强度有很多相似之处，当然也有区别，请说说电势和电场强度的区别与联系。

3. 应用提问 [3]

应用提问是在新的物理情境中用物理知识去分析和解决新问题，常用于各种概念内涵的界定或规律、原理的应用，它要求学生能把已内化的信息再外化。它与理解提问的区别在于：考查应用水平的问题需要学生主动地去应用一般概念或规律，而考查理解水平的问题是

---

1 郭玉英．物理新课程教学案例研究［M］．北京：高等教育出版社，2008：149.

2 林钦．物理微格教学［M］．厦门：厦门大学出版社，2008：139.

3 孙立仁．中学物理微格教学教程［M］．北京：科学出版社，2002：110.

学生在已经指定了概念或规律的条件下去应用它们。所以教师已经事先给出了理解提问中需要运用的知识和方法，再提学习任务；而应用提问时一般只给学习任务，由学生自己去选择所用的知识和方法。如，前面提到的金属环在磁铁两极间下落更慢的现象，如果没有明确提出用楞次定律来解释，那么它就属于应用提问了。再如，“小鸟站在裸露的高压电线上并未受到伤害，可以用学习过的哪些概念解释这个现象?”也是应用提问。

4. 分析提问[1]

分析是指把一件事物、一种现象、一个概念分解成较简单的组成部分，并找出这些部分的本质属性和彼此之间的关系。它是在研究复杂问题时的常用的一种科学研究方法。分析提问要求学生对一些物理现象、概念进行分析，其目的是要求学生识别条件与结果，或者找出条件与条件之间、结果与结果之间的关系。这类问题教材没有直接介绍，没有现成答案，所以不能靠阅读课本或记忆结论来回答。它要求学生进行批判性思维，利用已有知识和经验来重新分析所提供的材料并进行推论，找出根据、原因，进行解释或鉴别，然后组织自己的语言进行回答。这类问题的回答是在记忆、理解的基础上完成的，可以帮助学生概括、整理所学知识，使所学知识系统化。在分析提问时，教师常用的词是：为什么？哪些因素？什么原理？什么关系？得出结论、论证、证明、分析等。

案例 6-7：“分析带电粒子的运动规律”提问[2]

师：一个带电粒子射入匀强磁场中，其运动轨迹受哪些因素的影响？

生：带电粒子的运动轨迹受粒子的初速度、粒子的带电量和电性以及磁场的强弱和方向的影响。

（接下来教师分别对各因素对带电粒子运动轨迹的具体影响提问，使学生在分析的基础上形成完整的认识）

案例 6-8：“牛顿第二定律的应用”提问

（教师呈现一道题目：一个静止在水平地面上的物体，质量是 8kg，在 40N 的水平拉力作用下沿水平地面向右运动，物体与水平地面间的动摩擦因数是 0.2，求物体在 4s 末的速度）

师：这道题告诉了我们什么条件？我们要解决什么问题？

生：告诉了我们物体的质量、水平拉力的大小以及运动方向，还告诉了动摩擦因数和运动时间。题目要我们求物体在 4s 末的速度。

（教师在学生说的时候在事先画好的运动分析图上标出已知条件和要求的条件）

师：还有什么条件？静止表示什么意思？

生：哦，告诉我们初速度为 0。

（教师标出初速度为 0）

师：求末速度我们应该挑选我们学过的哪个公式？

生：用速度公式。

师：那速度公式中还有哪个物理量我们不知道？

生：加速度。

师：这个物理量通过题目中的哪些条件可以得到？

1　卫建国，张海珠．课堂教学技能理论与实践［M］．北京：北京师范大学出版社，2008：69.

2　孙立仁．中学物理微格教学教程［M］．北京：科学出版社，2002：111.

（教师通过提出这些问题引导学生主动思考这道题目的各要素及解答它的方法和步骤）

5. 综合提问

综合是把事物各个部分按内在联系有机地统一为整体，以掌握事物的本质和规律。分析与综合是互相渗透和互相转化的，在分析的基础上综合，在综合指导下分析。分析与综合循环往复，推动认识的深化和发展。综合提问要求学生在分析的基础上对物理对象的各要素、关系进行统一考虑，形成整体认识，提出解决问题的新途径、新方法、新见解，它能激发学生的想象力和创造力，有利于培养学生的创造思维[1]。

综合提问属于高层次提问，需要学生掌握较多的信息和进行较复杂的思维加工后才能得出答案，因此，综合提问可以在课程开始时进行，然后层层分析，最后解决。当然也可以在一系列问题之后出现。综合提问的一般表达形式有：根据……你能想出解决问题的方法吗？为了……我们应该怎么办？如果……会出现怎样的一些情况？假如……会产生怎样的后果？

案例 6-9："原子的核式结构模型"提问[2]

师：α粒子散射实验结果是大部分α粒子几乎不改变运动方向，少数α粒子发生了运动方向偏转，极个别的α粒子被反射回来。这些事实可能使我们对原子构造形成怎样的认识？

案例 6-10："库仑定律"提问[3]

师：在初中我们学过两个电荷之间的作用力特点是同性相斥、异性相吸，但这只是一个粗浅的定性规律。那么两个电荷之间的作用力到底和哪些因素有关？又和它们有着什么样的关系呢？

6. 评价提问[4]

评价是指衡量评定人或事物的价值，所以评价是一种价值判断。在物理教学中，评价一方面是对学习内容的科学性、内在逻辑的和谐和使用方法的优劣进行评价；另一方面是对学习对象的科学价值、社会价值和学习者个人的观念进行评价，它属于高层次的认知活动。

评价提问是教师为了培养学生判断能力而进行的提问。它可以用来鼓励和帮助学生根据一定的标准来判断材料的价值，它要求学生对一些观念、思想、问题解决办法或伦理行为进行判断和选择，并能解释判断的理由，提出自己的见解。

在分析提问或综合提问后，无论答案如何，都应提出评价问题，要求学生分析理由是否充分、结论是否正确、表述是否准确。要注意的是，在进行这种提问前，教师应该帮助学生树立起正确的价值观和科学思想观念，或者给出评价的标准，以作为学生评价的依据。评价开始时学生的回答可能质量不高，可以通过问"为什么？""还有其他原因吗？"等问题进行探询，让学生意识到问题的复杂性，从而促使他们能从多角度去认识和分析问题、评价事物。

案例 6-11："闭合电路欧姆定律"提问[5]

师：在初中学习电路时，总是说电源两端电压不变，今天我们学习了闭合电路欧姆定律之后，知道了路端电压随着外电路电阻而变化，对这种差别你们有什么看法？

生：初中学习中认为电源两端电压不变是错误的。

1　卫建国，张海珠．课堂教学技能理论与实践［M］．北京：北京师范大学出版社，2008：69.
2　孙立仁．中学物理微格教学教程［M］．北京：科学出版社，2002：111.
3　郭玉英．物理新课程教学案例研究［M］．北京：高等教育出版社，2008：89.
4　卫建国，张海珠．课堂教学技能理论与实践［M］．北京：北京师范大学出版社，2008：69.
5　同 2。

师：若电源的内阻较小或者电路中电流较小时呢？

生：这时的路端电压几乎不随外电路电阻变化。

师：所以说，认为路端电压不变的说法只是与实际情况有误差，而且在一定的条件下误差很小，这不能说是错误，只是在初中时我们能力和水平有限，所以简化了研究对象，舍去次要因素，这是物理学上常用的理想化方法。

案例 6-12：“提高对科学本质认识”提问 [1]

（在分析了一个习题的多种解决方法之后）

师：这个习题可以用牛顿运动定律来解，也可以用动量定理来解，还可以用功能关系来解，对一题多解你们有什么看法？

生：解物理问题真有意思！看来学无止境，我们不能满足于用一种方法解题，在解题时应该多考虑几种方法。

师：对同一问题，应用了不同的知识，使用了不同的方法，然而得到同一结果，对这你们有什么感受？

生：科学知识本身和多种认识方法是不矛盾的、协调的。

师：对，这称为和谐。和谐是美的，这是物理学理论的一个美学特点。

二、按提问技巧分类 [2]

1. 诱导提问

诱导提问是指教师的问题含有诱导信息，学生在教师的诱导启发下获得问题的答案。诱导的方式可以是提供思路、暗示，或进行比喻、类比。诱导提问的重点在于“诱”，教师提供的信息不能太具体，需要学生主动思考才能利用这些信息获得正确答案。

案例 6-13：“库仑定律”提问 [3]

师：两个电荷间的作用力应该和哪些因素有关呢？我们不妨回忆以前学过的力，有哪一种力和电荷之间的力有相似之处，比如说，这两个电荷之间的力需要接触吗？

生：不需要。

师：那我们学过哪一种力不需要接触？

生：万有引力。

师：万有引力和哪些因素有关？是怎样的关系？

生：万有引力和物体的质量及距离有关，它的大小和物体的质量乘积成正比，与它们的距离的二次方成反比。

师：那大家能否类比一下，想想两电荷之间的作用力可能和哪些因素有关。

案例 6-14：“浮力”提问

师：老师手里有一个乒乓球，一松手就会落在桌子上（同时演示），那么我现在再松手（演示时用左手托住乒乓球后右手再松开），这回为什么不掉呢？

生：因为老师的手给乒乓球施加了一个向上的力，这个力和乒乓球的重力抵消了，它们

1　孙立仁．中学物理微格教学教程［M］．北京：科学出版社，2002：111.

2　孙立仁．中学物理微格教学教程［M］．北京：科学出版社，2002：112-113.

3　郭玉英．物理新课程教学案例研究［M］．北京：高等教育出版社，2008：89.

可以使乒乓球静止。

师：那这个乒乓球（指浮在水面的乒乓球）老师也没有用手托着，为什么它不掉呢？

生；因为水给了它向上的力，像手一样。

师：是的，水托着乒乓球，使它不掉下来，水对乒乓球的力就是浮力。

2. 疏导提问

疏导提问是指学生在遇到知识障碍或思维障碍时，教师帮助学生绕过障碍的提问。疏导不是攻坚，而是绕道而行。如一道让学生画出人的一只眼通过平面镜能看到的另一侧一个直尺的刻度范围的题目，学生往往无法下手，得不出答案。教师这时可以提问：从光的可逆性考虑，能否将人的眼睛当作点光源呢？

3. 台阶式提问

台阶式提问是指当内容比较困难或层次较多时，将其分解为几个连贯性的问题，由易到难依次提出。前一个问题是后一个问题的基础，后一个问题是前一个问题的深化，组成了层次分明的思维台阶。

案例 6-15：“温度计”提问 [1]

在讲“温度计”摄氏温标的规定时，学生普遍觉得 0℃和 100℃的规定比较好理解，而对 1℃是怎么回事难以快速理解。其中一位沈阳教师的问题设计得就很好，在讲完 0℃和 100℃的规定后只搭了一个小台阶，多问了一个问题：50℃的位置在哪里？学生答：在 0℃和 100℃的中间。教师再问：1℃是怎么规定的？学生很快就能理解到位。这说明该教师对学生的认知水平了解得到位。可以说，准确的、恰到好处的提问来自教师对教材的充分理解，也来自教师对学生认知水平的了解。

4. 对比式提问

当学习内容与学生熟悉的知识或以前所学内容相似而容易混淆时，教师设计两个并列问题让学生对照回答，这就是对比式提问。对比式提问在复习时使用较多。物理学上相似的概念、规律很多，比如前面提到的库仑定律和万有引力定律在形式上就很相似，除此之外，还有作用力、反作用力与平衡力的联系与区别，动能与动量的关系，电场和磁场的对比关系，速度（速度的变化、加速度）与磁通量（磁通量的变化及变化率）的相似，卫星绕地球旋转与电子绕原子核运动的相似等。

如对动量和动能对比提问可用以下问题：动量和动能的定义和公式各是什么？它们谁是矢量？谁是标量？它们的单位各是什么？在一个过程中，动量的增量与动能的增量各自怎么表示？过程中与动量变化、动能变化相联系的物理概念是什么？动量变化了动能一定变化吗？反之呢？动量改变、动能改变过程中的物理规律各是什么？既然它们都可以描述运动过程，只要一个定理就可以了，这样说对吗？

5. 迂回式提问

当学生学习遇到困难而无法直接克服时，教师以迂回曲折的方式围绕障碍设计问题，帮助学生越过障碍而采取的提问，称为迂回式提问。迂回式提问与疏导提问有所不同。疏导提问强调不同的方法，不同的思路；而迂回式提问强调以障碍困难为核心，围绕困难层层深入。

1　摘自第五届全国中学物理青年教师教学大赛点评报告。

第三节 提问技能的设计与应用

一、提问技能的构成要素

好的提问能有效促进学生思维，不好的提问则无法激起学生的学习兴趣，甚至误导学生。因此，提问技能是每位教师都应具备的基本教学技能之一。它的构成要素如下。

1. 设计

特级教师顾长乐说过："我备课主要是思考应对学生提出哪些问题，怎样引导他们去想。"由此可知，要充分发挥提问的教学功能，提高教学效果，事先对问题进行精心的组织与安排是十分必要的。特别是在探究学习已经成为一种重要的学习方式和教学方式的今天，问题设计就显得更加重要了。一般来说，在教学前教师应该根据教学内容的内在逻辑结构、学生的认知水平来事先设计好一些大问题或关键性问题，并在教学过程中根据当时的教学情况，灵活运用提问技能和教学机智来设计问题。总之，要能通过问题的结构化设计使学生积极思考，促使其认知水平不断提高到教学目标要求达到的水平。另外，在训练学生解决问题的能力时，应该按照解决问题的步骤设计相应的系列问题串。

案例 6-16："大气压强"问题设计

问题 1：液体产生压强的原因是什么？

问题 2：你觉得空气有重量吗？怎么检验？

问题 3：既然空气有重量，那它会产生压强吗？

问题 4：如何设计方案检验大气是否会产生压强？

问题 5：如何利用手头材料来测量或计算大气压强的大小？

问题 6：大气压强会随高度发生变化吗？

问题 7：你觉得生活中有利用大气压强的事例吗？

本案例中的问题串很清晰地向我们呈现出这节课的教学是如何进行的。整节课通过一个个问题来驱动教学前进，层层递进，逻辑分明，同时又考虑了学生的认知水平，所提问题由易到难，能很好地提高学生的认知水平，优化学生的认知结构。

案例 6-17："功能关系解题教学"问题设计 [1]

问题 1：题中的研究对象应该选谁？

问题 2：题目中涉及哪几个运动过程？

问题 3：每个运动过程中物体运动的初状态如何描述？它的能量怎样表示？

问题 4：每个运动过程中物体运动的末状态如何描述？它的能量怎样表示？

问题 5：每个物体运动过程的性质是什么？

问题 6：物体运动过程中它所受的各个力的功怎样表示？

问题 7：如何建立以上各物理量的方程式？

---

1 孙立仁．中学物理微格教学教程［M］．北京：科学出版社，2002：98.

案例 6-18："电流表的构造和原理"问题设计 [1]

问题 1：如果磁场是匀强的，线圈又只受磁场力的作用，那么线圈将静止在什么位置？

问题 2：这个位置和电流的强弱有关系吗？这样的装置能否测出电流的强弱？

问题 3：电流表中的螺旋形弹簧起什么作用？

问题 4：如果磁场仍是匀强的，线圈的偏转角度 θ 与电流强度 I 是什么关系？这样的电流表刻度是均匀的吗？

问题 5：怎样使角 θ 与 I 成正比？

在教学过程中，教师不可能把所有的问题都事先设计好，但不管如何，提问都应该针对思维的关键点。这些关键点表现在以下几个方面：①提问应该针对新旧知识的衔接处，如，与"速度"概念比较后，引入"功率"概念，在衔接处可提问"怎样比较做功的快慢?"；②在学生的思维障碍处提问，如，"静止的物体不受力，力能使静止的物体运动，力是否就是物体运动的原因呢?"；③在实验的要害处提问，如，在浮沉条件的教学中用盐水和鸡蛋进行实验，浓盐水倒入清水中，鸡蛋由浮到沉，接着问"如何使鸡蛋上浮？为什么?"；④在问题的变通处提问，如，学生用刻度尺测量长度后，提出"如何简单地测量从家到学校的路程?"。这样的提问容易克服思维定式，培养学生思维的灵活性和广阔性，也是培养创造性思维的有效途径。还要注意，提问设计不能只注意结论，不关注对学生思维过程的考查。比如，要少问"对不对?""哪个不对?"，而要多问"为什么这个对?""你为什么这样回答?""这个问题你是怎么想的?"这类问题。

2. 引入

在提问前，为了让学生有一个心理准备，教师应该用指令性语言由讲解转入提问。例如，"请同学们思考这样的问题……""下面请哪位同学回答一下……""通过刚才的讨论和分析，请大家思考……""下面请大家认真听清楚老师提出的问题……"等。

3. 陈述

陈述所提问题，并做好必要的说明。表述问题应清晰、准确，对问题中的某些概念要进行必要的解释或给予适当的提示。陈述时的措辞应该科学、准确，能明确问题的物理情境和条件，指明思考方向，通俗易懂、简单明了。

案例 6-19："电流与电流强度的关系"提问 [2]

师：电流强度有没有方向？

生：有。

师：如果有，方向是怎样的？

生：正电荷定向移动的方向。

师：什么叫电流强度？

生：通过导体横截面的电量跟这些电量通过所用时间的比值，叫电流强度。公式是 $I=Q/t$。

师：电量 Q 是标量，时间 t 也是标量，那它们的比值是矢量还是标量？

生：标量。

师：标量有方向吗？

---

1 孙立仁．中学物理微格教学教程［M］．北京：科学出版社，2002：99.

2 梁旭．中学物理教学艺术研究［M］．杭州：浙江大学出版社，2005：274.

（学生等待教师分析讲解）

师：电流与电流强度是两个不同的物理概念，电流是指电荷定向移动这样一个物理现象，并习惯规定正电荷定向移动的方向为电流的方向。电流强度是表示电流强弱的物理量，它是标量，没有方向，只不过有时将电流强度简称为“电流”。

4. 停顿与分布

新教师刚面对学生时常常感到紧张，怕冷场，于是往往以提问后马上叫学生回答来避免冷场，但结果事与愿违，由于学生没有思考时间，无法参与到讨论中去，反而造成更长时间的冷场。由此可见，教师在提出问题后停顿几秒看起来是个简单的教学行为，实际上是提问技能的一个重要因素。

由于学生的反应速度和表达能力存在差异，教师提问后停顿的几秒能给学生更多的反应机会。另外，对于较复杂的问题，学生需要时间去思考和组织回答的语言，这要求教师有更长时间的停顿，而学生也能从教师停顿时间的长短获知问题的难易程度。而在学生参与回答时，一个学生回答后的停顿能给其他学生留出思考时间，从而鼓励了学生间的交流。对教师而言，停顿也是非常有意义的。教师提问后停顿一下，可以环顾全班，观察学生对提问的反应，这些反应一般是非语言的身体动作或情绪反应。比如，学生举手就表明他已经考虑清楚，希望回答问题。还有一些学生准备回答又不敢举手时，便会微微张开嘴，身体前倾，眼睛也睁得更大一些，还可能抬起头来注视着教师[1]。另外，停顿也给了教师一个思考新问题的机会。因此，停顿是衡量提问技能的重要依据。

还应注意的是，不能总是让某几位学生回答问题，而应让尽可能多的学生参与问题的回答。这样既能够鼓励所有学生积极思考，也便于教师了解学生的学习情况。如果长时间只让某几位学生回答，那么其他学生将逐渐失去思考的意愿。

对于害羞、不敢或不愿回答问题的学生，教师要以和善的语调和充满关爱的眼神鼓励他们回答问题，还应该在课外多与其进行交流沟通，取得学生信任。有一个故事：教师与一个内向的学生在课外交流后定下了一个规矩，每次教师提问学生都要举手，如果是能回答的问题就举右手，不能回答的问题就举左手，一段时间后，这个学生的学习状态发生了明显的变化，人也变得开朗了。

5. 介入

学生在回答问题时往往不够全面、准确，甚至有错误。因此，在遇到学生回答问题有困难、不能作答或回答不完整的情况时，教师应该适时介入，用不同的方式、方法来启发引导、鼓励帮助学生回答问题。适时介入，教师不仅能帮助学生得出正确的答案，而且也是一个能体现过程与方法目标的极佳机会。在介入过程中，教师能帮助学生厘清思路、加深对问题的认识，同时使师生关系融洽，促进师生感情的升华。在介入阶段，教师的行为主要考虑以下几点[2,3]：

（1）核查：核查学生是否明白所提问题的意思，以确保问题的含义无异议。

（2）重复：在学生没听清楚题目时，原样重复所提问题。

（3）重述：在学生不理解题意或对题意产生误解时，教师应用不同的词语重新表述问题。

1　卫建国，张海珠．课堂教学技能理论与实践［M］．北京：北京师范大学出版社，2008：85.

2　卫建国，张海珠．课堂教学技能理论与实践［M］．北京：北京师范大学出版社，2008：83.

3　孙立仁．中学物理微格教学教程［M］．北京：科学出版社，2002：104-107.

（4）催促：鼓励学生尽快作出回答或重新回答。

（5）提示：提示问题的重点和答案的结构，协助学生作出完整的回答。一般来说，可以从以下五个方面来进行提示：①如果已有知识遗忘太多，不能把已学知识和现有问题有机联系，则提示学生回忆已有知识或生活经验；②如果是对已学过的知识没有理解，则通过提示学生对与问题相关的知识进行叙述、比较、说明来让学生理解已学过的知识；③如证据不足，理由不充分，则应提示学生分析、思考、回答问题的依据和理由，如与问题有关的事实、概念等；④如学生不能把问题与学过的概念、原理等联系起来，则应提示学生回忆其内涵与外延，并运用它们解决问题；⑤提示学生通过思考产生新的想法或提示学生进行判断和评价。

（6）澄清：学生回答问题后，教师如果觉得答案较混乱，或感觉学生并没有清晰地表达出自己的想法，教师应该采用策略，让学生进一步清晰、简明地概括他的答案，在学生仍说不清时，教师也可以将学生的答案提炼、简化并表述出来。在澄清时教师常常这样问："你能简单地概括一下你的意思吗?""你的意思是……，对吗?"

（7）支持：要求学生对他提出的答案提供支持的例证或论据。教师可以这样问："你为什么这样说?""你是如何得到这个结论的?""为什么会出现这种现象?""你能举个例子说明一下吗?"

（8）鼓励学生交流：在学生集体讨论中适当停顿，给学生机会来表达他们的观点。如教师可以说："你们同意这种说法吗?""你们有不同意见吗?""你们能明白他的意思吗?"在这个过程中，教师要真诚地支持学生讨论，热情邀请其他学生对某一学生的答案进行评论和交换意见。

6. 评价

在学生对问题作答后，教师应该积极地进行评价、说明或应用介入技能要素再次提问。具体有以下一些方式：

（1）重复：教师重复学生的答案。

（2）复述：教师以不同的词语复述学生的答案。

（3）追问：根据学生回答中的不足，追问其中的要点。

（4）更正：纠正错误的回答，并给出正确的答案。

（5）评论：教师对学生的回答进行评论。

（6）延伸：根据学生的答案，引导学生思考另一个新的问题或更高层次的问题，以便探查学生的实际水平，并使讨论的问题更深入、更全面。

（7）扩展：将学生的答案加入新材料或见解，扩大学习成果或展开新的学习内容。

（8）核查：检查其他学生是否理解某学生的回答。

二、提问技能应用的注意事项

课堂提问能唤醒学生的意识，集中学生的注意力，引发学生思考，培养学生能力。但并不是所有的提问都能达到上述目的，这要求教师在运用课堂教学提问时注意以下一些问题。

1. 设问的重点

在课堂教学中，提问可以激发学生学习兴趣，引发学生思考，促进学生对知识的理解，但并不是满堂皆问就是好。提问要紧扣教学内容和中心环节，分清主次和轻重。一般来说，提问应在以下三处进行[1]。

（1）问题设在教材的关键之处。教材的关键之处对学生的思维有统领作用，牵一发而动全身，在此处设疑提问，容易抓住重点。

（2）问题设在学生认知矛盾的焦点处。学生感到困惑的地方，往往也是教材的重点或难点，在此处设疑提问，容易激起学生兴趣，帮助学生突破难点。

案例6-20："电表的改装"提问

要理解用灵敏电流计改装成电压表的关键是认识到灵敏电流计的内阻太小。如何解决这个矛盾呢？教师可以提出以下两个问题。

问题1：如果把灵敏电流计并联在电路两端，用电流计测出的电压是不是原来电路两端的真正电压？

问题2：通过电流计的电流不允许太大，如果把它并联在电压较大的电路上，电流计本身会出现什么问题？

（3）问题设在无疑却有疑之处。看似无疑、实则有疑的地方往往是学生思维没有深入的地方，不是没有疑问，而是学生没有发现隐藏其中的问题。教师在这个地方提问，可以促使学生深入思考，从而有助于培养学生发现问题、解决问题的能力。

案例6-21："电磁场与电磁波"提问[2]

教师演示一个电磁感应现象。实验如图6-2所示。第一次在A线圈通入直流电，接次级线圈B的小灯泡不亮。第二次在A线圈中通入交流电，小灯泡亮，这个实验在交流电教学中做过，学生很熟悉。如果问学生，为什么第二次小灯泡亮，第一次不亮。学生回答肯定是因为第二次磁通量发生了变化，第一次磁通量没有变化。这个看似完美的回答，却没有揭示问题的本质，如果不通过问题来引导学生深入思考，学生的思维只能停留在表面。为此，在后续教学中，教师时不时地抛出预先设置的下列探究引导问题，从而引发学生的深度猜想——磁场是否会产生电场？

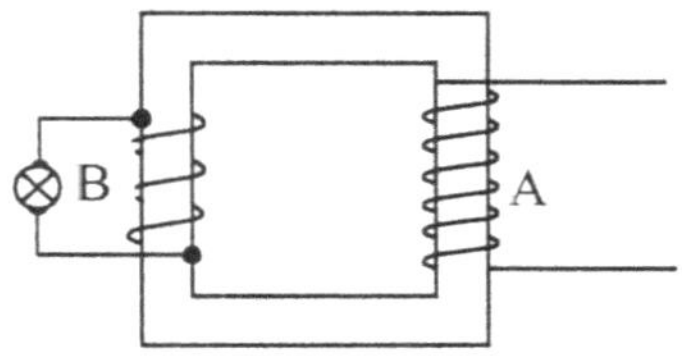

图6-2　互感变压器实验

问题1：小灯泡亮，意味着什么？——学生很快意识到B线圈中有电流。

问题2：B线圈中有电流又意味着什么？——学生相互讨论之后，认识到是电子的定向移动。

问题3：什么力驱动B线圈中电子做定向移动？——学生感到困惑，但是学生从电子带电这一特征，还是猜想电子可能是受电场力的驱动作用。

问题4：电场力需要电场存在，A线圈中电流只产生磁场，那电场又从何而来？——这个问题是一个关键问题，一番讨论之后，终于有个别学生将信将疑地猜测：难道是磁场产生了电场？

2. 提问目的要明确，内容要具体，语言要简洁

提问总是有其目的的，如检查学生学习效果、激励学生参与教学、调动学生已有知识来解决问题、引导学生进行创造性思维、诊断学生学习情况和了解学生前概念、激发学生学习

1　卫建国，张海珠．课堂教学技能理论与实践［M］．北京：北京师范大学出版社，2008：83.

2　陈鲁文．《电磁场与电磁波》探究教学设计的前后思考［EB/OL］. https://wenku.so.com/d/b90d02f360c7ee22106c53adb6ea38ba.

兴趣、控制学生行为、鼓励学生在课堂上作出踊跃讨论等[1]。如果提问随心所欲、漫无目的，就可能扰乱学生思维，打乱教学进程，致使课堂教学失去和谐，影响教学效果。比如[2]，很多教师在进行欧姆定律的应用教学时，往往兴之所至，中途突然话锋一转："对了，大家还记得电阻的单位吗?"在学生回答是欧姆后，教师接着说："对，是发现欧姆定律的人的名字，大家想一想，欧姆是哪个国家的人？他发现欧姆定律期间从事什么职业?"这样的问题既不是针对本节课的教学目标，也不是增长学生见识，对课堂教学毫无意义。

提问的内容要明确、具体，不能过于笼统或虚无缥缈、捉摸不定。此外，问题还应简洁明了，如果一个问题虽然具体，但过于冗长繁杂，那么即使教师把问题设计得再好，也达不到希望的效果。最好的效果是学生在听到问题后能迅速明白问题的含义，从而进行积极思考。比如，有教师在复习牛顿三大定律时，提问："牛顿第一定律和第三定律谁的作用更大?没有牛顿第二定律行不行?"这样的问题学生不知道怎么思考，回答就很困难。也有教师在讲解"碰撞"时本想提问碰撞中机械能是否守恒，可提问时却说："碰撞时能量守恒吗?"这就成了一个毫无意义的问题，因为任何时候能量都是守恒的，这样教学效果自然不会很好。

3. 提问要难易适度，具有逻辑性和层次性

提出的问题应遵循学生的认知规律，要从学生的认知能力、已有知识和经验出发，针对学生的差异，设计出不同层次的问题。如果问题的难度过低，学生不用思考就能立刻回答，那么课堂从表面上看可能气氛活跃，实际上则流于形式，无助于学生对教学内容的理解，久而久之，反而容易使学生形成思维惰性，不利于学生的发展。如果难度太大，超出了学生的能力范围，则学生会无从下手，也不能产生有效思维，从而使教学无法继续进行下去，时间一长，还容易使学生产生畏难的心理。最好的问题应该是符合学生认知的"最近发展区"，让学生能够"跳一跳就摘下桃子"，从而激发学生思考和回答的兴趣。比如，教师要探查学生对电场强度、电势、电势能等概念的掌握情况，就不能直接提出"什么叫电场强度"之类的问题，而应该设计一个理解或应用层次的问题来考查。问题可以如下：电子射入如图 6-3 所示电场中，先经过离上板 $d/2$ 的 a 点后，再经过离下板 $d/3$ 的 b 点，问：a 点的场强、电势和电子在 a 点的电势能各为多少？电子从 a 点到 b 点，场强、电势、电势能三者如何变化?

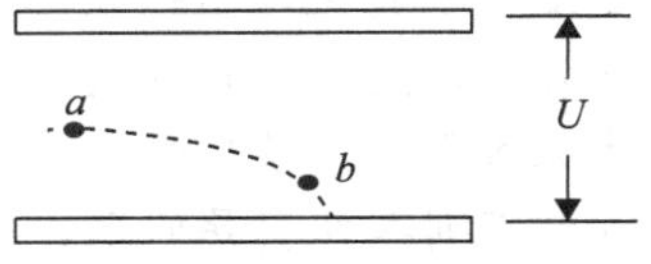

图 6-3 带电粒子偏转

物理是一门逻辑性非常强的学科，一节好的物理课也一定是一节逻辑性强的物理课。同样，提问也应注意逻辑性和层次性，要按照教材的顺序，层层设问，环环相扣，使问题与问题之间具有内在逻辑性。在进行问题的层次设计时，一般应由易到难，由简到繁，由小到大，层层推进，步步深入。

4. 提问要面向全体学生，把握最佳提问时机

新教师提问时容易犯两个错误，一个是提问只针对某一个学生（先点名后提问），另一个是提问后不留时间给学生思考。要纠正这些错误就要注意把握提问的语气、方式、方法。

一般来讲，提问的语气要和缓，态度要恳切，不能用居高临下的态度面对学生，要以与学生一起思考的心情提问。对于简单的问题提问的语速可快些，对于比较复杂的问题则应仔

---

1 许高厚．课堂教学技艺［M］．北京：北京师范大学出版社，1997：99.

2 梁旭．中学物理教学艺术研究［M］．杭州：浙江大学出版社，2005：269.

细、缓慢地叙述，以使学生对问题有清晰的印象。

问题应该面向全体学生提出，提完问题后要留一定时间给学生思考。如果先点名让学生回答后提问，其他学生会觉得事不关己不用思考。提问后，如果没有思考时间，学生轻则答得不完整、不准确，重则语无伦次，从而打击学生的自信心。此外，所提问题应该要与全班大多数学生的智力和知识发展水平相适应，要满足不同智力水平学生的差异性需要，要能在不同层次和不同角度激发起学生学习与探究的欲望。临时想到的问题不要脱口而出，应该考虑问题是否有意义，提问语言最好用学生熟悉的语言，对陌生的术语教师须进行适当的解释[1]。

提问的时机应选择学生处于“愤”“悱”的心理状态时。从学习心理角度看，课堂提问应使学生处于以下三种心理状态：一是有一部分答案，但不完整；二是有解决问题的思路和方法，但没有答案；三是虽然一时不能回答，但有回答的自信心。这三种状态正是学生处于“心求通而未得，口欲言而未能”的“愤”“悱”的状态。

5. 教师要沉着应对、客观评价学生回答

教师在设计问题时就应该对学生的回答情况进行一些预设，并针对可能的回答设计好应对的方式和方法。提问后，教师要沉住气，不要随意重复和解释，干扰学生思考。当学生理解不了问题的含义或抓不住重点而回答不了问题时，教师应该从不同侧面进行启发引导，而不是直接代替学生回答，以培养学生独立思考的意识和解决问题的能力。

点名回答问题时要加“请”字，如果学生实在回答不出，也应有礼貌地请他坐下，再请其他同学回答。新教师在学生回答完问题后往往忘记请学生坐下，为此，新教师可以在初次上课时告诉学生，回答完问题后可以自行坐下。对学生的回答应以鼓励为主，对回答正确的学生应肯定和表扬，即使学生回答错误也不能讽刺挖苦、咄咄逼人，打击学生的积极性和参与热情，而应通过启发、提示、追问、让其他学生补充等方法来引导学生得出正确的答案。

教师还应学会控制学生回答。对于不想参与回答的学生，在提问时应与其进行眼神交流，促使他们进行积极思考。如果回答问题时，几个学生同时说答案，不是一个一个回答，则无论答案对错，教师都不应该回应，如果纵容他们破坏课堂纪律的行为，提问和教学都会无法控制。

第四节　提问技能的训练与评价

一、训练目标

（1）熟悉提问技能的常见类型、要素和应用要点。

（2）根据教学需要，运用常见类型中的任意一种提问方式，设计出启发学生思维、促进教学深入的问题。

（3）客观、准确地依据提问技能评价标准来评价自己或他人的提问技能，并能不断修正不足，提高自己的提问教学效果。

1　卫建国，张海珠．课堂教学技能理论与实践［M］．北京：北京师范大学出版社，2008：83.

二、训练内容

（1）选择自己熟悉的一节物理教学内容，根据教学目标要求，选择适当的提问类型和提问方法，设计一个约 10 min 的训练提问技能的微格教学教案。

（2）根据教案，先进行独自训练，然后以小组为单位进行实际的教学训练，并在小组讨论和评价后进一步修改教案。

三、评价量表

<table>
<tr><td colspan="6">班级________ 姓名________ 学号________ 训练时间________
课题________</td></tr>
<tr><td colspan="6">请您听课后对以下项目进行评价，在相应的等级处打“√”</td></tr>
<tr><td rowspan="2">评价内容</td><td colspan="4">评价等级</td><td rowspan="2">权重</td></tr>
<tr><td>优</td><td>良</td><td>中</td><td>差</td></tr>
<tr><td>1. 问题目的明确，重点突出，能紧密结合教学</td><td></td><td></td><td></td><td></td><td>0.15</td></tr>
<tr><td>2. 问题设计有层次，能适应学生的认知水平，并能使多数学生参与回答，问题在学生中的分布合理</td><td></td><td></td><td></td><td></td><td>0.15</td></tr>
<tr><td>3. 问题有启发性，能使学生积极思考，能激发学生的想象力和创造力</td><td></td><td></td><td></td><td></td><td>0.15</td></tr>
<tr><td>4. 问题表述清晰，语言简明易懂，能使学生明确学习情境和学习任务</td><td></td><td></td><td></td><td></td><td>0.15</td></tr>
<tr><td>5. 问题提出的时机符合教学内容的需要，并适应学生不断提高的认知水平</td><td></td><td></td><td></td><td></td><td>0.10</td></tr>
<tr><td>6. 教师提问的态度亲切热情，适当停顿，给学生思考和组织答案的时间</td><td></td><td></td><td></td><td></td><td>0.10</td></tr>
<tr><td>7. 教师对学生的回答积极回应，能使用恰当的介入和探查策略，引导学生纠正错误，加深认识，以获得高质量的答案</td><td></td><td></td><td></td><td></td><td>0.10</td></tr>
<tr><td>8. 学生回答问题后，教师能及时进行评价，且评价合理。同时还能很好地引导学生进行评价</td><td></td><td></td><td></td><td></td><td>0.10</td></tr>
<tr><td>总分</td><td colspan="5"></td></tr>
<tr><td colspan="6">评语：</td></tr>
</table>

思考题

（1）什么是提问技能？提问在物理教学中有哪些作用？

（2）按认知水平分类，提问可以分为哪些类型？理解提问和应用提问有什么区别？

（3）应用提问技能时，需要注意哪些问题？

（4）讨论：在课堂提问后出现下列情况时该怎么办？

①学生对提问没有反应。

②提问后学生对问题感到很迷惑。

③学生回答得既快又正确。

④学生答非所问，但所答内容与所提问内容有一定关系。

⑤学生的回答啰唆，重点不明确。

第七章
物理教学导入技能

第一节 物理教学导入技能概述

一、导入技能的内涵

从字面意思看，“导入”就是引导进入。因此，可以认为导入技能就是教师应用教育教学、心理学理论以及教育智慧进行有效的导入设计和实施所必需的教学技能[1]。

俗话说“万事开头难”，文学家高尔基谈到创作体会时说：“开头第一句是最难的，好像音乐里的定调一样，往往要费好长时间才能找到它。”[2] 同样，在物理教学中，一节好课也应该有一个好的开始，导入就是课堂教学的第一步，是紧扣学生心弦、激发学生学习兴趣最关键的一步。巧妙的导入，能集中学生的注意力、激发学生的兴趣、激起学生的好奇心和求知欲，也有利于教师教学活动的顺利展开，从而使教学达到事半功倍的效果。因此，也可以说导入技能是教师在进入新课时，运用多种手段，建立问题情境，引起学生注意，激发学习兴趣，明确学习目标，形成学习动机的一类教学行为[3]。

导入包括课程导入、单元导入、课时导入、环节导入。课程导入是整个课程的开始，也称为绪论课，它的作用是让学生明白学习物理课程的目的、意义、内容以及学习方法等，使学生在物理课程学习开始就产生极强的好奇心和求知欲，并带着极浓的学习兴趣进入课程的学习。单元导入是指一个单元学习的开始。课时导入是指一节课学习的开始。而在一节课的各个环节之间进行承接时的导入则称为环节导入。本章主要介绍课时导入和环节导入。

二、导入技能的作用

好的开端是成功的一半。一堂课的课堂气氛与课堂效果，很大程度上取决于课堂的开始。如果一堂课在一开始就给学生特别的印象或感觉，接下来就容易达到预先设置的教学目的和教学效果。可以说，好的导入不仅可以集中学生的注意力，激发学生的学习兴趣，使学生明确学习目的和任务，还能点燃学生思维的火花，为学好新知识创造良好的条件。下面介

---

1 林钦．物理微格教学［M］．厦门：厦门大学出版社，2008：150.

2 荣静娴，钱舍．微格教学与微格教研［M］．上海：华东师范大学出版社，2000：65.

3 孙立仁．中学物理微格教学教程［M］．北京：科学出版社，2002：40.

绍导入在课堂教学中的作用。

1. 集中学生注意力，激发学生学习兴趣和学习动机

中学生正处于活泼好动的年龄阶段，注意力难以集中。特别是初中学生，上课铃声过后依然难以安静下来。这时通过呈现丰富多彩的图片和视频、演示有趣的实验、讲一个新颖有趣的故事、做一个出人意料的小游戏、介绍一段热点新闻等导入形式，就可以很快把学生的注意力吸引到所要探讨的教学内容上来。

在唤起学生的情绪反应、吸引学生注意力的同时，教师因势利导，自然就能激发学生的学习兴趣和学习动机。

案例 7-1：在"自由落体运动"一节课的导入中，教师与学生做一个"抓百元纸币"的游戏，游戏时教师将一张百元纸币竖直悬置在学生的大拇指和食指中间，教师随机释放纸币，让学生捏住。可事实是教师松手后没有一个学生能捏住纸币。在这种情况下，为了弄清失败的原因，学生的学习兴趣和学习动机自然被激发出来。（注意：为确保学生捏不住纸币，必须要求学生尽可能张开两手指，且手腕不移动，纸币中间部位放在两手指之间）

2. 明确学习目标，指明学习方向

研究表明，有明确目标的学习比无明确目标的学习效果要好得多，其原因是明确的学习目标为学生的学习指明了方向，也为学生进行自我学习评价提供了标准。因此，在课堂开始就让学生明白本节课的教学目标非常有利于学生的后续学习。虽然在教学导入时，教师一般不会直接告知学生本节课的教学目标，但一个好的导入本身也应与教学内容密切相连，其不仅可以用来导入教学，无形中也向学生暗示了教学目标。

案例 7-2：在"自由落体运动"一节课的导入中，百元纸币所做的就是自由落体运动，当学生仍处于"为什么我抓不住纸币"的疑惑中时，教师顺势指出："纸币的运动有其特殊运动规律，今天学完这节课后大家就可以揭晓谜底了。"这样学生自然就明白了今天的目标是学习一种具有特殊运动规律的运动。

3. 激活已有经验，提供先行组织者

物理知识具有很强的逻辑性，可以说新知识都是在原有知识与经验的基础上建构起来的。而导入在整个教学流程中往往起着从旧知到新知的引导作用，发挥着新旧知识的逻辑衔接作用。所以，教师在讲授新知识之前，往往会利用各种手段和方式提供先行组织者，引出学生原有知识及经验，再引导学生从新旧知识的逻辑联系中发现新旧知识的不同点及其内在联系，从而帮助学生主动建构物理认知结构。

案例 7-3：在进行"万有引力定律"一节教学中，教师首先让学生在纸上画一个地球，再画一座山，然后提出问题：如果你在山上用不同的力扔石头，石头会怎样运动？如果你的力气可以非常大，石头又会怎样运动？请在图上画出你认为的石头的运动轨迹。

4. 引发探究问题，点燃思维的火花

科学探究指的是科学家们用研究自然界并基于这种研究获得的证据提出解释的多种不同途径。对学生而言，科学探究指的是学生用获取知识、领悟科学的思想观念，领悟科学家们研究自然界所用的方法而进行的各种活动[1]。《义务教育物理课程标准（2011 年版）》明确指出：科学探究既是学生的学习目标，又是重要的教学方式。显然，探究学习不再是可有可无的一种

---

1 《国家科学教育标准》科学探究附属读物编委会．科学探究与国家科学教育标准——教与学的指南［M］．罗星凯，等，译．北京：科学普及出版社，2004.

教学方式，而是必需的教学内容。此外，《义务教育物理课程标准（2022 年版）》还提出要拿出 10%的教学时间用于跨学科实践学习，最佳的学习方式应该是基于项目的跨学科实践学习，其本质也是探究学习。

探究学习的本质是问题解决。可以说在探究学习过程中，学生是围绕一个科学问题展开讨论的。因此，在教学中一个好的导入往往能引出一个好的探究问题，从而为这节课的探究学习打下良好的基础。

案例 7-4：在进行电阻定律教学时，教师先播放一段电热水器造成死亡事故的新闻报道。然后请学生提出本节课的研究项目：由于不时有电热水器造成的死亡事故发生，这严重威胁到电热水器厂家的生存。虽然厂家生产的电热水器符合国家用电安全规范，但很多家庭在安装电路时却不按照规范安装，比如不安装地线等。面对这种情况，如果你是厂家的工程师，你能否发明出一种安全的防触电装置？

案例 7-5：在进行初中物理"大气压"新课引入时，教师先请全班同学推荐力气最小的学生和力气最大的学生上台进行比赛。让两个学生上台用吸管喝饮料，结果力气小的学生轻松喝到，而力气大的学生却没有喝到。然后教师让学生仔细观察两个瓶子的区别，从而引发探究问题：开口瓶与闭口瓶的区别在于开口瓶和大气相通，那么为什么喝饮料时液体表面要与大气相通才能喝上呢？

5. 增进师生感情，营造良好教学氛围

当一位教师来到新的班级上课时，师生之间都很陌生，这时教学导入还会起到增进师生感情的作用。比如，在很多物理教学大赛中，教师面对初次见面的学生，在导入的过程中往往会增加一些拉近师生距离、增加亲近感的教学环节或语言。

案例 7-6：在重庆进行的全国物理教学比赛中，有一位参赛教师在询问学生行不行时，用四川方言问了句"要得不?"，在得到学生满意的回答"要得"时，引发了一阵会意的笑声，很好地拉近了师生之间的距离，消除了师生之间的陌生感。

案例 7-7：同样在重庆，赣州教师陈源樟在以"浮力"为课题的参赛课中，先是用 PPT 播放重庆几座有名的大桥，然后顺势播放家乡的浮桥，从而巧妙地引出课题——浮力。听课的学生在面对自己熟悉的桥梁时，自然而然对授课教师产生了一种亲近感和认同感，这为后面的教学活动营造了良好的教学氛围。

第二节　导入的类型

导入的类型有很多。在进行导入教学设计时应注意根据教学设计理论，在充分分析学生身心特点、知识水平，充分分析教学内容和教材的基础上，根据教师自身的教学水平、个性特点、思维方式等方面的差异以及学校的教学条件来确定使用何种类型或方法导入新课。比如在初中进行电磁感应现象教学时，就可以利用初中学生对实验演示反应强烈的特点，用实验导入；而在高中进行电磁感应的教学时，就从电生磁和磁生电的互逆关系入手，利用高中学生能够进行理性思考的特点进行求异思维和联想，教师以讲述物理学史上的一段事例进行导入教学[1]。

导入的类型主要有联系实际导入，实验导入，设置认知冲突导入，复习导入，对比和类比导入，故事和笑话导入，游戏、竞赛与有奖竞猜等活动导入，直接导入，利用诗歌、影视等艺术形式导入等。

一、联系实际导入

一般来说，联系实际导入主要是以学生已有的生活经验和某些熟悉的事物为出发点，通过描述式的讲解、提问，引起学生的回忆，或通过图片、视频等方式再现生活经验和生产实际，从而引导学生发现问题的导入方法。

现代教育理念强调教育生活化、生活教育化，应该在生活的世界里学物理，而不应该在科学的世界里学物理。事实上，科学本身就源于人类对自然的好奇与追问，所以物理学也确实与人们的生产、生活密不可分。雨后天空的彩虹、路面的彩色油污、蓝色的天空、早晚的霞光、水杯中弯折的筷子、戴在耳朵上的眼镜、七彩的肥皂泡包含着各种光学知识；生活中常见的雨雾、冰霜中包含着物态变化的热学知识；更不用说学生对力与运动中压力、压强、摩擦力、惯性、速度、速度变化的体验以及转弯时对离心运动的亲身感受。如果教师在教学中恰当地应用学生的这些已有生活经验，就能创设良好的物理学习情境。这样的教学会使学生感到亲切，觉得物理就在自己身边，而不会觉得物理知识脱离生活实际，枯燥难懂，与自己无关。因此，联系实际导入就成为很多物理教师导入新课的常用方法。

案例 7-8：“牛顿第一定律”导入

教师提问学生：“维持物体的运动是否一定要有力的作用?”“速度大的物体是不是一定受一个大的力的作用?”

教师引导学生举例：静止的车，人推它才动；静止的树枝，风吹它才动；静止的球，脚踢它才滚；等等。指出如果不推、不吹、不踢，这些物体是不会动的。

案例 7-9：“动量定理”导入

教师先问学生是否在街头玩过套圈游戏，激发学生的好奇心，然后播放一段在街头拍摄的套圈游戏视频。在学生仔细观察和讨论后，引出问题：为什么看似容易的套圈游戏实际做起来却很难？其中有什么奥妙？在此基础上，教师提问：学过今天的定理后大家是否能想到提高命中率的办法？由此进入定理内容的教学。

案例 7-10：“变阻器”导入[2]

在学习“变阻器”之前，教师根据日常生活中学生非常熟悉的事例和现象提出：为什么在调电视上某个旋钮时，可使画面忽明忽暗，也会使音量变大变小呢？在看话剧时，为什么调节舞台上的某个装置可使剧场里的灯光逐渐由亮变暗呢？这一连串的事例和现象，像谜一样吸引着每个学生的注意力。这时，教师就将电源、开关、小灯泡、滑动变阻器等元件拿出来组成串联电路，在调节滑动变阻器的滑片过程中有目的地使小灯泡的亮度发生十分明显的变化。当学生惊奇地发现小灯泡的亮度发生变化是由推动变阻器的滑片所致时，注意力一下子集中到了变阻器上，由此教师把充满好奇的学生引入了“变阻器”的学习中。

1 孙立仁．中学物理微格教学教程［M］．北京：科学出版社，2002：40.

2 任宪明．怎样导入物理新课［J］．基础教育课程，2007（4）：25-26.

二、实验导入

实验导入是指以进行演示实验或学生实验等方式设置学习情境的导入方法。物理学本身就是一门实验科学，实验在物理教学中具有重要的地位和作用。而中学生天生就有好奇心，他们喜欢观察一些新奇的事物，引人入胜的实验不仅能激发学生强烈的求知欲，而且可以为学生提供建立概念与规律所需的感性材料。

运用实验引入新概念，包括教师演示实验和学生边学边实验两种形式，不论采取哪种形式，都应使学生对概念、规律所涉及的物理现象和物理过程产生生动、鲜明的感性认识，进而从实验现象的特征出发，引出物理概念和规律。

运用实验创设学习概念与规律的环境既有助于学生得出正确的概念和规律，又可以培养学生的观察能力、注意力和动手实验能力。采用这种方法导入教学应注意以下三个方面：

（1）设计的实验不仅要新奇、生动、有趣、引人入胜，而且呈现的实验现象要与将要学习的概念、规律有密切联系，能反映事物的本质属性；

（2）要引导学生把注意力集中到被研究的对象上来，注意观察物理实验现象及其产生条件，以便发现物理概念与规律；

（3）要由实验现象启发学生思考，鼓励学生提出问题，通过汇总学生的问题切入新概念的学习上来。

案例 7-11：“安培力的方向”导入

第八届高中物理全国青年教师讲课大赛中，教师田慧颖在讲课时，开场白为：“同学们你们相信吗？我具有超能力，现在我就用一个简单的物理现象展示一下，大家看屏幕。两个彼此绝缘的金属铜环被固定在有机玻璃杯内，将它们分别接在高压直流的正负极上，教师打开电源可以看到在金属铜环间由于高压作用激发空气导电，形成一个放电电流。现在我就用手上的指挥棒指挥电流按我的要求开始顺时针运动或逆时针运动……”学生虽然很快说出教师是在指挥棒上加装了磁铁，但之后教师邀请一名学生到台上亲自体验一下指挥棒的“魔力”时，指挥棒却似乎不太听话，无法让火花放电电流按意愿顺时针或逆时针运动。这时教师抛出了问题：“为什么我能预测、控制电流的走向？是因为我能够提前判断出电流所受力的方向。”从而在揭秘实验的同时自然地引出本节课的课题，实在是本课的亮点。

案例 7-12：“电荷 库仑定律”导入

演示实验：取一块硬质泡沫塑料板（至少一面是平的，便于摩擦），用塑料薄膜把它包好，再取一块较大的硬质泡沫塑料板放在桌面上。

用包着塑料薄膜的泡沫塑料板在硬质泡沫塑料板上迅速摩擦数次后分离。手拿氖泡与泡沫塑料板接触，氖泡非常明亮。这说明摩擦后的泡沫塑料板上带了电，而且电荷较多，电压较高。

把一片薄的金属片放在泡沫塑料板上，金属片的一端稍向上翘起。用手指头靠近翘起的一端会听到“嚓、嚓”的放电声。

用少许棉花团捏成小球，放在泡沫塑料板上，棉球会上下跳动。

案例 7-13：“大气压强”导入[1]

有两个橡皮半球，用力将它们挤压合在一起后，请两个力气大的学生上台来，看他们能

1　案例来源于歧河二中教师郑建锋。

不能把两个半球拉开。他们费了九牛二虎之力都没有拉开，这是为什么？其实，早在17世纪的时候，德国马德堡市市长、科学家格里克就当众做了一个精彩的实验：他所用的两个黄铜半球直径约20cm，两个半球合起来抽气以后两边共用了16匹马才把两个半球拉开，这就是轰动世界的马德堡半球实验。而刚才的实验，教师可以不费吹灰之力就把它拉开（演示）。谁知道教师是怎样把它拉开的？（学生回答：放气）为什么抽气以后就拉不开呢？（板画）球的周围有什么？（学生回答：空气）显然是空气对球施加了压力。这些实验生动地告诉学生，大气存在压强。

案例7-14："感应电流产生条件"导入

教师将一段长导线与微安表串联成一回路，请两位同学沿东西两方向站好，各执导线绳子一端，摇动导线后发现微安表有微弱电流产生（如果有数字化微电流传感器，则只需要一小段导线切割地磁场，更方便教室演示）。然后请学生利用初中所学的切割磁感线知识解释现象，并提出新的问题：除了切割磁感线，还有别的方法产生感应电流吗？

案例7-15："动量定理"导入

教师先拿出一枚鸡蛋，问掉在地上是否会破。然后又拿出一块床单，让四位学生各拿一角后拉开，再问学生如果用力把鸡蛋砸向床单，鸡蛋是否会破。在学生满怀疑问时，让全班力气最大的学生站在桌子上，用力把鸡蛋砸向床单，鸡蛋完好无损。由此引发思考，并顺利引出本课内容。

案例7-16："串联和并联电路"复习导入

师：这里有两个灯泡，一个是家里用的灯泡，220V，60W，另一个是实验室用的灯泡，3.8V，0.3A，把这两个灯泡串在一起接在220V的电压上，会发生什么情景呢？

（学生中有人说两个灯泡都会坏，有人说小灯泡会炸了，有人说先是两个亮，后来小灯泡会炸）

师：那我们用实验检验。（把电路连接好，插上电源，发现两个灯泡都亮了，但大灯泡没有正常发光）

（学生觉得很惊奇）

师：大家思考一下，这属于什么问题？能不能利用我们学过的知识来解释？

生：应该是串联问题，两个灯泡分压，电流小于0.3A所以不会烧掉。

师：如果把这两个灯泡并在一起再接入220V电压，会出现什么情况？

生：小灯泡会炸掉。

师：（插上电源，小灯泡炸掉）因为什么呢？

生：两个灯泡并联，220V的电压远远大于小灯泡的额定电压，所以小灯泡烧毁了。

师：这里我们运用到很多串联和并联的知识，我们来复习一下。

…………

三、设置认知冲突导入

根据"概念转变"理论，学生在正式学习科学知识之前，头脑中并不是一无所有，而是已经有了基于自身生活经验、自发学习而积累下的前概念与思维方式。当学生学习的新知识与原有知识结构基本一致时，学生就会将新知识纳入自己原有的知识结构，使原有的知识结构得到丰富和发展，即"同化"；如果新知识与原有知识结构相矛盾，那么就需要学生进行艰苦的比较、辨别，承认新知识的合理性后，改变自己原有的知识结构，即“顺应”。帮助学生完成“顺应”过程最有效的策略就是“激发认知冲突”，即教师想方设法让学生暴露自己的原有认知，使其发现矛盾，形成认知冲突，从而发现问题、解决问题，形成新认知。

“学起于思，思源于疑”，疑是学习的起点。因此，在课堂教学一开始的导入中就通过实验、图片、视频、游戏等各种方式设置问题情境，引发学生的认知冲突，无疑是激发学生兴趣、调动学生学习积极性、启发学生思维的一种好方法。

案例 7-17：“气体等温变化”导入

教师先演示初中大气压强教学时做过的覆杯实验，然后提出问题：如果杯子中的水不是满的，而是有一部分空气，这时纸片还能被大气压托住吗？在学生认为不能被托住时，教师将杯中的水倒掉一部分，然后重做实验，结果纸片竟然没有掉下去，这到底是怎么一回事呢？学生自然进入求知状态。

案例 7-18：“汽化”教学导入

虽然沸腾是经常见到的现象，但学生对沸腾的了解并不多。于是教师在每个组的桌上都放一张白纸，纸上画了一个烧杯，烧杯里有水，烧杯里的水正在沸腾。教师请每个组结合平时的观察，将水沸腾的现象画在图中，并在旁边用文字说明。在此基础上，让学生进行实验，仔细观察沸腾的过程，并与自己画的进行对比，当学生发现自己画的与观察到的现象不一致时，就形成了认知冲突，从而发现问题、解决问题。

案例 7-19：“电磁场与电磁波”导入[1]

电磁波对学生而言，既熟悉又陌生。虽然人们生活离不开它，但是学生还是不知道它的“庐山真面目”。如何创设一个情境引发学生思考，从而把本质暴露出来，这是教师课前要琢磨的。首先，教师考虑的是所设计的情境要有哪些方面的要求？——尽可能是实验情境，真实性要强、简单熟悉、生活化、现象明显、可操作性强、参与面广，最好能带给学生惊喜，与电磁波有密切联系等。于是教师想到了用收音机来设计探究实验的方案，但是如何用收音机设计一个能揭示电磁波本质的实验呢？教师发现电灯开与关时，收音机出现“喀喀”干扰声，并从中得到启发——这就是一个绝妙的情境！所以教师在这节课导入环节，要求每一位学生自带一台小收音机，上课时要求学生打开收音机并调节到中波无台处，然后请每一位学生用一根导线与一只旧干电池配合收音机做两次实验。

第一次实验：在靠近收音机处，让导线的一端与干电池一个电极始终接触，导线另一端与电池的另一个电极断断续续接触。第二次实验：让导线的两端与干电池两个电极持续接触。实验后请学生描述现象，学生发现只有断断续续接触干电池时，收音机才发出“喀喀”声，而导线两端持续接触电池电极时收音机中则无“喀喀”声。此时，学生并不是十分惊讶。（可能在平时生活中出现过类似现象）教师也不动声色，只是以平常心泛泛地提了一个问题：如何解释上述现象？

问题一出，学生就开始了议论，并且大多认为，因为有电所以有“喀喀”声。议论的焦点大多集中在第一个现象上，对第二个现象没特别注意。至此，教师感觉到学生观察、思维中存在的不足已经暴露出来了，学生没有抓住关键现象进行比较、思考。现在就到了教师在学生与现象之间“穿针引线”的时候了，于是教师及时抛出了一个问题：“两次实验同是所

1　陈鲁文：《电磁场与电磁波》探究教学设计的前后思考［EB/OL］. https://wenku. so. com/d/b90d02f360c7ee22106c53adb6ea38ba.

谓有‘电’，为什么现象是一次有声一次无声?”学生先前不以为意的表情一扫而光，取而代之的是满脸的困惑。这激发了学生探究问题的极大兴趣和欲望，达到了预期的效果——激发学生更深一层的思考，进入理性思考。

四、复习导入

复习导入是指对旧知识进行复习，然后对照新的学习情境发现问题，明确学习任务的导入方法。物理学科是一门系统性很强的学科，学科中的各个知识点之间都或多或少地存在着一定的联系，特别是很多高中物理概念本身就是初中物理概念的深化和发展，如重力、摩擦力、功、能、速度、电磁感应、光的折射等。因此新概念往往与已学过的概念、规律间存在着有机的联系，抓住新旧知识间的联系，从已有知识出发，通过逻辑展开，可以创设良好的物理学习环境，把新概念自然地引出来。

在认知结构中，新旧知识间的类属关系大致分为 3 种：上位关系、下位关系及并列结合关系。比如加速度与向心加速度、效果力与离心力的关系属于上位关系，匀速直线运动与直线运动的关系属于下位关系，而复习旧知识引入新概念时，对于上下位关系，可以从它们的相互包容关系切入。对于并列结合关系，要从它们的联系或区别切入。

应注意复习旧知识引入新概念，不是简单回忆旧知识，而是通过如提问、练习等方式进行温故，再启发引导学生寻找新旧知识间的联系和转承关系，利用逻辑推理的方法，把学生的思维引向新的知识层次，从而达到引入新概念的目的。只有在抓住新旧知识的联系时引入新知识，才能使知识系统连贯，帮助学生理解、掌握和不断深化所学知识，同时也有利于发展学生的逻辑思维能力。

案例 7-20：“远距离输电”新课导入

前面学习了交流发电机。发电机的电能要向远处输送，在输送导线上，由于电流具有热效应，有一部分电能将转化成热能损失掉，先用已学过的知识分析、计算这种损失。例如，以一台发电机为例，若它的发电功率为 5000kW，用发电机提供的 10000V 电压直接向外输电，那么电功率除以电压，得到电流为 500A。架设输电线路上的电阻为 2Ω，大家注意，这个电阻值并不太大，在输电线路上损失的功率为 500kW。通过计算可以看出，在输电线路上损失的功率是输出功率的 10%。如果全国的发电量有 10%损失在输电线路上，这个损失是相当惊人的。如何减少输电线路上的电能损失呢?这就是我们今天要讲的内容——远距离输电。

案例 7-21：“光的全反射”导入

师：前面我们学了光的折射，来看这样一道题。

一束光从水入射到空气中，已知 $n=1.33$，请问：①当入射角是 30°时，折射角是多少?②当入射角是 60°时，折射角是多少?

(学生感觉很容易，代入公式计算，解第一小问很顺利，解第二小问时发现不对，左顾右盼地对着答案，而后发现大家计算结果一样，于是向老师提出疑问)

师：其实在这样的简单问题中，有一个重大发现。大家发现了吗?60°的入射角其折射角是大于 90°的，计算结果是不存在的，那到底有没有折射呢?

(学生激动地猜有或者没有)

师：我们再用实验来检验一下。(做实验)这种现象我们称为全反射。

案例 7-22：“洛伦兹力”导入

师：上节课我们学习了安培力，它是什么性质的力？公式是什么？

生：安培力是电流在磁场中受到的力，公式是$F=BIL$。

师：回答得很好。既然安培力是电流在磁场中受到的力，而自由电子定向运动形成电流，大脑想象一下这个画面，然后有什么猜想？

生：安培力有可能是磁场作用在自由电子上的力。

师：那我们来检验下。方法有很多，首先从理论入手。我们知道$F=BIL$。前面学习过，设电子定向移动速率是v，n为单位体积该金属材料中自由电子数，e为电子电量，s为导线的横截面积，电流的微观表示方法为$I=nesv$，代入得到$F=BLnesv=n（Ls）eBv$，其中Ls是体积，nLs表示自由电子的个数，$n（Ls）e$表示自由电子的总电荷量q。所以$F=qBv$，证明我们刚才的猜想是正确的，$F=eBv$表示一个电子受到的力，我们把它称为洛伦兹力。（板书课题）事实上，在宏观上我们称为安培力，在微观称为洛伦兹力。

师：还是有一些同学不是很信服，我们再用实验来检验一下。

…………

（点评：孔子云，温故而知新，可以为师矣。先引导学生回忆先前学习的内容，巩固先前学习的知识，通过教师的引导，提出新的问题，进而导入新课，承上启下，建立新旧知识之间的联系，既扫除旧知识的障碍，又建立起新知识正确的思维过程）

案例 7-23：“功”导入

师：研究表明，功和能量有密切关系，如果物体在力的作用下能量发生了变化，那么这个力一定对物体做了功。

师：（图片）货物在起重器的作用下，什么能量改变？什么力做功？

生：重力势能增加，重力做功。

师：（图片）列车在机车的牵引力下运动。

生：动能增加，牵引力做功。

师：（图片）握力器在手的压力作用下。

生：弹性势能增加，手的压力做功。

师：这些实例表明，物体在力的作用下能量发生了变化，那么这个力一定对物体做了功。

五、对比和类比导入

有对比就会有差异，有差异就容易引起学生的注意。要凸显某事物的某个特性，通常采取的方法就是进行事物的性质比较。类比是从事科学研究最普遍的方法之一，对科学的发展具有重要的作用。在物理学中，有不少概念是用类比推理方法得出的。对这类物理概念的教学，其最佳引入方法就是类比法。只有这样，才可以使学生以类比事物为“桥”，从形象思维顺利过渡到抽象思维，从而深刻理解新概念。

在类比导入中一种情况是将已知的物理现象、方法进行对比，比如物理学中有很多用比值法进行定义的物理量，在教学中可以用类比速度定义的方法导入。类比导入中的另一种情况是以简单的物理现象类比复杂的物理现象，使抽象的问题形象化，引发学生丰富的联想，比如用电流类比水流、电容器类比水容器、高度（差）类比电势等。

案例 7-24：“电势能”导入

师：电场力做功有什么特点？

生：与路径无关，只与初末位置有关。

师：我们以前学过的哪个力做功也有这个特点？

生：重力做功。

师：重力为什么会做功？

生：物体具有重力势能。

师：物体在重力场中具有能量，叫重力势能，电荷在电场中运动，电场力对电荷做功，说明电荷在电场中也具有能量，我们用一个什么物理量来描述这种能量呢？

生：电势能。

…………

（点评：类比重力势能，得出电势能。引入了电势能的概念。整个过程自然、亲切，没有牵强的痕迹）

六 、故事和笑话导入

科学史故事或生产及生活中感人的小故事，甚至笑话，能够很好地激发学生学习的兴趣，且将科学史引入教学具有很重要的意义。在物理教学中渗透科学史教育，可以开阔学生的视野，让学生了解科学家研究问题的思路和方法，学习他们的科学态度和科学精神，从而对科学本质有更深的理解。教师向学生讲述物理学史上那些脍炙人口的故事，如科学家的逸闻趣事、重大发现的来龙去脉等，既可以达到引入新课的目的，又有助于开阔学生的视野，启发学生科学思维，使学生掌握科学研究方法。

利用物理学史资料引入新概念，语言要简练生动，富有启发性，既要让学生感到有趣，又要能启迪学生的思维，提出步步深入的问题。切不可轻描淡写地介绍物理学史料，而后直接提出要学习的新概念，这样会使教学拘泥于形式，而不能充分发挥物理学史的教育功能。教师应该在讲述史料的基础上，引导学生分析、猜想其中涉及的物理现象、物理过程，在学生发表自己的看法时，抓住学生的疑惑点，导入新概念的学习。

案例 7-25：“平均速度与瞬时速度”导入

一位教师上课时先介绍著名物理学家费恩曼曾经讲过的一个笑话：一位女士因驾车超速而被拦住，警察对她说：“太太，您刚才的车速是每小时 60 英里！”女士反驳说：“先生，这是不可能的，我刚才只开了 7 min，还没有 1 h，怎么可能每小时走 60 英里呢？这真是天大的笑话！”“太太，我的意思是说，如果您继续像现在这样开车，在下一个小时您将开过 60 英里。”“这也是不可能的，”女士接着说，“我只要再行驶 10 英里就到家了，根本不会开出 60 英里的路程。”在学生的笑声中教师提出问题：是这位女士在狡辩，还是警察的测量仪器有问题？这是怎么一回事呢？由此引出平均速度和瞬时速度的讨论。

案例 7-26：“热辐射”新课导入

师：同学们，在讲新课之前，我给大家讲一个“煤灰救命”的真实故事。1903 年，在南极探险的“高斯”号轮船，被茫茫的冰原封住了归路，船员们想了很多的办法，挖、炸、锯、砍，冰层岿然不动，一切“武力”解决办法都无济于事。最后，有个学者提议，把船上的煤渣、黑灰都铺在冰原上，奇迹出现了，冰开始融化，航线重新开通。为什么煤渣、黑灰能使轮船摆脱困境，挽救船员的生命呢？大家学了这一节课后，就一切都明白了。

案例 7-27："动量定理"导入

师：2009 年 1 月 15 日，美国全美航空的一架飞机在起飞几分钟后发动机失灵，驾驶员选择将飞机迫降在纽约哈德逊河上。（播放图片）幸运的是飞机上 151 人全部获救，驾驶员名叫切斯利·萨利·萨伦伯格，由此成为美国英雄。

（学生认真、投入地听）

师：飞机飞行几分钟，大约距地面 1100 m 时，机上人员听到一声巨响，马上闻到一股焦味，检查发现两边引擎失灵，疑似撞到飞鸟。（问学生）为什么撞到飞鸟会产生这么大的破坏力？

（学生疑惑不解）

师：我给大家一些数据，飞机起飞时飞行速度大概是 240 km/h，鸟的体重大概 0.9 kg。不足 2 kg 的鸟碰上正在飞行的飞机，怎么会产生这么大的破坏力呢？这种破坏力相当于被炮弹击中呀！上完这节课我们就明白为什么了。补充一下，飞机在低空飞行时比较容易撞上飞鸟，一般起飞或降落过程中概率更大，每年飞鸟撞机导致的损失大致在 12 亿美元，是个很庞大的数字。这个驾驶员降落时选择水面，而不是陆地，主要是因为水表面有张力，有兴趣的同学课后可以去查找一下资料。下面我们进入动量定理的学习。

…………

（点评：通过一段真实或虚构的故事，在一种比较轻松活泼的气氛中，激发学生的兴趣，启发他们思考相关的物理问题，导入新课，自然流畅）

案例 7-28："磁现象"新课导入

师：下面我们要开始新的一章的学习。大家来猜猜它是谁？早在先秦时期就有很多记载它的故事。《管子》最早记载了："上有慈石者，其下有铜金。"《山海经》中也有类似的记载。《吕氏春秋》也有："慈招铁，或引之也。"

生：是磁铁。

师：磁石的吸铁特性很早就被人发现。西汉有一个名叫栾大的方士，将磁石做成两个棋子，他利用磁石的这个性质，通过调整两个棋子磁极的相互位置，使两个棋子有时相互吸引，有时相互排斥，其实是利用什么原理？

生：同性磁极相互排斥，异性磁极相互吸引。

师：是的。战国时期人们就利用天然磁石做出一种样子像汤勺、圆底、可以放在平滑的"地盘"上并保持平衡，且可以自由旋转的物品。当它静止的时候，勺柄就会指向南方。（利用多媒体放出照片）古人把它称为司南。同学们知道司南是谁的前身吗？

生：是指南针。

师：司南最开始时是鱼的形状。北宋时，曾公亮和丁度在《武经总要》中载有制作和使用指南鱼的方法："用薄铁叶剪裁，长二寸，阔五分，首尾锐如鱼型，置炭火中烧之，侯通赤，以铁铃铃鱼首出火，以尾正对子位，蘸水盆中，没尾数分则止，以密器收之。用时，置水碗于无风处平放，鱼在水面，令浮，其首常向午也。"这是一种人工磁化的方法，它利用地球磁场使铁片磁化，即把烧红的铁片放置在子午线的方向上。烧红的铁片内部分子处于比较活跃的状态，使铁分子顺着地球磁场方向排列，达到磁化的目的。蘸入水中，可把这种排列较快地固定下来，而鱼尾略向下倾斜可增大磁化程度。（播放图片）

师：然后是指南龟，（播放图片）它才是指南针。之后做出可以判定方位的罗盘，盘面周围刻二十四方位，内中盛水，磁针横穿灯草，浮于水面。有了罗盘就可以做什么呢？

生：航海。

师：我们都知道郑和下西洋，说明当时领先世界的先进的航海技术都是依赖指南针和罗盘。随后指南针通过阿拉伯人传入欧洲，我们一起进入磁场的学习。（板书课题）

…………

（点评：物理学史含有丰富的科学方法、科学思维方式、科学态度，通过物理学史的学习，学生了解到科学家的伟大事迹，艰苦执着的物理精神，能够树立正确的人生观和价值观。14—16世纪，文艺复兴将欧洲从中世纪封建社会中解脱出来，促进了16—17世纪科学革命的发展，而中国的发明也为推动物理学发展做出了贡献，在讲到物理学史时引用中国古代人的研究成果，可增强民族自豪感）

七、游戏、竞赛与有奖竞猜等活动导入

游戏是儿童生活中的基本活动，又是儿童在成长过程中不可缺少的一部分，可以说儿童是在游戏中学习、成长的。进入中小学后，虽然游戏不再是学生学习的主要方式，但其对学生的吸引力仍然非常大，很容易调动学生参与的积极性，激发学生的兴趣。

在游戏导入时，所玩游戏应该与所授新课的内容有紧密联系。同时有趣味性、启发性，能激发学生认知冲突，引发学生思考。游戏的方式也应该灵活多样。比如，可以通过小组竞赛、团队竞猜等形式的游戏活动来激发学生的学习热情，提高他们参与课堂的积极性。

基于学生的心理特点，游戏导入应以低年级为主，在高中教学中如果要用游戏导入，则一定要注意游戏除了要具有一定的趣味性之外，还要具有一定的深刻性，以免引起学生的反感。

案例7-29："光的折射"导入

教师针对本节导入提出的"河水为什么比看起来更深"这一问题进行解释时，没有直接画光路图解释原因，而是先请学生做一个小游戏。如图7-1所示，教师用两束光模拟水底物体发出的光线，但将水中的光线用白纸遮住，然后请学生用红色纸条来把自己认为的水底物体位置标记出来。接着教师揭开白纸，学生发现标记位置在实际物体位置的上方。该游戏能诱发学生前概念，引起认知冲突，让学生明白人眼的局限性，同时为画光路图做铺垫。

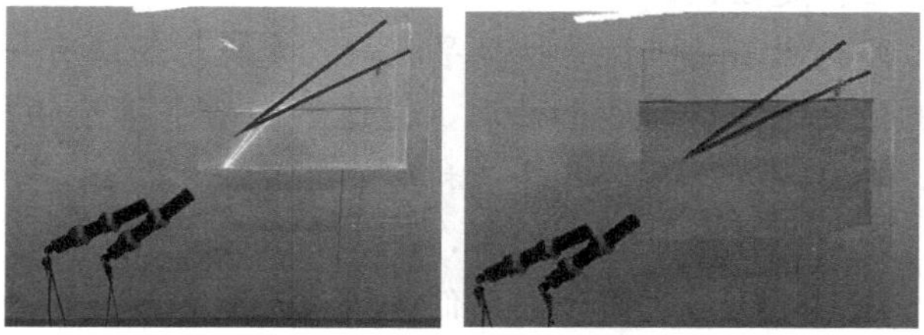

图7-1　光的折射成像光路图

案例7-30："牛顿第一定律"（高中）新课导入

师：先来进行一场知识小竞赛，我给每一组都准备了一道题目，答对的加十分。

（教师使用PPT呈现一张宇航员在太空舱中活动的视频，PPT上的问题是"太空舱中（相当于不受力的环境），宇航员为什么能做匀速直线运动？"）

生：因为宇航员在太空不受到重力的作用，所以做匀速直线运动。

师：你的依据是什么？

生：牛顿第一定律。

（教师给出第二组的题目，PPT 呈现的问题是“机动车行驶时，驾驶员和乘客为什么都要系安全带？”教师请中间一位同学回答）

生：我认为同样是牛顿第一定律。因为乘客和车都有惯性，一旦刹车，乘客的身子会往前倾，所以必须要系安全带。

师：他的解释对不对呢？我们来看看正确答案（教师播放视频介绍正确答案）。

（对第三组学生，教师演示了一个鸡蛋落杯的惯性实验，然后用 PPT 展示问题：“纸片被快速弹出去后，为什么鸡蛋会落入杯中？”）

生：因为当纸片被弹出去的时候，鸡蛋保持原来运动状态，也就是一种静止的状态，所以没有随纸片一起飞出去。

师：哦，也就是由于惯性维持了静止状态，是吧？

（对第四组学生，教师先请他们看一段录像，录像中静止的装满水的气球在被扎破瞬间，其中的水仍保持球形。由此呈现第四个问题：“在气球被刺破瞬间，水为什么仍保持着气球的形状？”）

生：水本来就是保持静止的，被扎破后由于惯性，仍保持静止状态。

师：从大家的回答中我发现大家对初中的知识掌握得还是不错的。不过还存在一些问题，我们通过今天的学习，再慢慢来解决这些问题。

（值得一提的是，教师在该节课的整个过程都贯穿着竞赛活动）

八、直接导入

除了通过各种手段设置情境导入的方法外，有时也可以单刀直入，直接阐明学习的内容，明确学习的目的、学习程序与要求。这就是直接导入法。这种方法主要在无直接现成的经验可供导入，也没有适宜的实验可供选择时使用。

案例 7-31：“波粒二象性”一章导入

光的本质是什么？这是人类认识光现象以来，物理学家们一直关注的问题。通过学习这一章，我们将看到物理学家如何探究认识光的本质。在这一章里，我们将看到，一些实验说明光是一种波动，由此建立的光的波动说解释了许多光的现象；而另一些实验又说明光是粒子。我们将如何统一认识光的本质呢？通过这一章的学习，我们还将领会科学家对光的本质的探究过程和方法以及科学家对科学孜孜追求的精神。

九、利用诗歌、影视等艺术形式导入

诗歌跟物理有没有相同的地方？答案是肯定的：诗歌和物理两者都很美。那么将美的诗歌用于美的物理教学中自然别有一番韵味。

其实，很多诗歌中都有描述自然现象和自然界运动变化的内容。中学生思维活跃、爱好广泛。在课堂教学中，结合教材内容，适当地将诗歌等文艺作品中有关的物理现象、物理知识的描述引入教学，能增强课堂教学情趣，使学生记忆深刻。比如，“小小竹排江中游，巍巍青山两岸走”这两句词就几乎成为许多教师讲解运动相对性原理时的保留节目。

此外，诗歌往往是对某一类物理现象进行观察而得到的形象表达，物理现象正是抽象思维的起点，也为抽象思维提供了具体的材料。因此，在声情并茂的诗歌朗诵中导入教学内容，不仅能让学生感受到诗歌的艺术魅力，也符合学生物理学习的规律。

除此之外，影视剧中也有很多与物理相关的内容。随着多媒体技术在教学中的应用，这些内容很容易在物理课堂中呈现，这又为教师把艺术引入物理课堂提供了一条新的路径，也为课堂导入提供了新的方法。

案例 7-32："光的直线传播"导入[1]

在讲"光的直线传播"以前，教师用一首古诗做物理谜语："重重叠叠上瑶台，几度呼童扫不开。刚被太阳收拾去，却教明月送将来。"这个谜语的谜底是花影。学生听后兴趣很高，教师就趁热打铁："花影是怎样形成的?"很自然地引入了课题，既丰富了学生的文学知识，又突出了所学物理知识的特点，更有利于学生的消化和吸收。

案例 7-33：《光的折射》导入（高中）

《望洞庭》

（唐）刘禹锡

湖光秋月两相知，
潭面无风镜未磨。
遥望洞庭山水翠，
白银盘里一青螺。

《题〈老人驴饮图〉》

（明）吴伟

白头一老子，
骑驴去饮水。
岸上蹄踏蹄，
水中嘴对嘴。

师：从这两首诗中你能感受到什么物理情景?

生：光的反射，光的折射。

师：从哪里体会到的?

生：岸上蹄踏蹄，水中嘴对嘴——光的反射。遥望洞庭山水翠，白银盘里一青螺——光的折射。

师："湖光秋月两相知"其实也是光的反射，想想古人很早就观察到了光的很多物理现象，然后寄情于景，用诗词描写出来，我们需要有发现美的眼睛。（停顿）初中的时候就学过反射、折射，我们来回顾下。

（点评：科学总是从发现物理现象到总结物理规律，构建统一美、和谐美的过程。我们总是在强调科学、技术、社会的联系，而忽略了人文素质的培养。关于物理的人文知识更多的是文人对现象的描述，他们加入丰富的情感、超凡的想象力，更能展现物理的真善美。人文知识可以引用的有古诗、成语、歇后语等）

案例 7-34："光的折射"（初中）导入

在讲述光的折射这节时，教师首先朗诵了《钓鱼湾》这首诗："垂钓绿湾春，春深杏花乱。潭清疑水浅，荷动知鱼散。"在物理课上讲古诗学生感到新鲜，充分调动了学生的积极性。此时，教师话题一转，问学生们为什么"潭清疑水浅"，学生比较惊讶：古诗词中原来还有物理知识。教师接着说，这要用今天学习的光的折射来解释。

案例 7-35："压强"导入

上课时，教师先播放周星驰主演的电影《九品芝麻官》中周星驰表演睡钉床的片段，此时，教师抛出问题：周星驰真的全身被穿了很多孔吗? 如果这不是拍戏，而是真的钉床，周星驰还能安全地走下钉床吗? 在引发学生思考后，教师提出，希望通过今天的学习，大家能自己找出答案。

1　任宪明．怎样导入物理新课［J］．基础教育课程，2007（4）：25-26.

案例 7-36："共振运动"导入

教师播放成龙主演的影片《飞鹰计划》片段。

师：成龙一行三人受到印第安人的追赶，印第安人觉得人手不够。为了把同伴找来帮忙，唱起歌跳起舞，成龙三人以为他们求和，也跟着跳起舞来，但跳着跳着地面却塌陷了。大家觉得是什么原因？

生：很有可能是土结构不好！

师：（播放 Flash 动画）1906 年在圣彼得堡一支部队迈着整齐的步伐走过一座木桥时也发生了同样的惨剧。这些都是意外吗？还是包含了物理原因？

（学生非常惊奇地想知道原因）

案例 7-37："自由落体运动"导入

教师播放电影《地心游记》片段。

师：大家猜测一下，特雷弗把荧光棒扔进井底是什么用意？

（学生有说看看井底有没有水，有的说测测井的深度……）

师：井有没有水可以看出来，但深度怎么测呢？

（学生讨论）

师：今天我们要学习将荧光棒扔进井底的过程这种运动，并且计算这种运动过程的时间、位移、速度……

随着科学技术的发展，多媒体技术越来越普遍地运用于物理教学中，它是教育与科学技术相结合的必然趋势。因此，在运用以上各种导入方法时，教师在教学中应该努力掌握多媒体技术手段，充分发挥多媒体技术的优势。比如在故事导入中可以充分利用多媒体播放视频、图片，增强故事的趣味性和生动性。在实验导入中，有些实验由于条件限制无法进行，但如果有了多媒体，教师就可以利用录像视频、Flash 动画等形式展现出来，也可以利用数字实验技术进行新的实验展示。再比如教师运用联系实际导入时，可以把各种生活现象呈现在学生眼前，通过视觉、听觉等多方面刺激来激发学生的学习兴趣。

值得注意的是，以上方法并不是只能单独运用。比如前面提到的"牛顿第一定律（高中）"导入，教师就综合利用了复习导入和竞赛导入两种方法。因此，教师应该学会依据学生身心特点、学校及自身的条件，灵活组合运用这些导入方式，设计出更加精彩的课堂导入。

第三节　导入技能的设计与应用

一、导入设计的原则

1. 追求目的性和针对性

导入的目的是通过创设问题情境，引起学生注意，激发学习兴趣，明确学习目标，形成学习动机。所以在导入设计中首先要明确教学目标，然后根据教学目标针对学生的年龄、心理、知识、能力、兴趣选取适当的导入方式进行导入设计。

2. 重视关联性和递进性

在进行导入设计时一定要考虑到学科教材的系统性，导入设计应能揭示新旧知识的内在联系，从而以旧拓新、温故知新。但由于新教师对教学内容及教材内容编排还不熟悉，特别是一开始就直接在高中任教的新教师，往往对初中物理的教学内容不熟悉，他们在进行教学设计时可能不会考虑初高中内容衔接及前后章节内容衔接的问题，易造成教学设计不当或教学效率低下等。因此，新教师一定要注意在教学前充分熟悉教学内容及教材编排结构，熟悉初高中相同教学内容的教学目标差异。

3. 体现直观性和启发性

初中生的思维能力仍以形象思维为主，高中生的思维能力则正处在由形象思维到抽象思维的转换阶段。因此，在教学中应以直观形象、生动具体的事例进行导入。这有利于学生发现问题，引发认知冲突，产生寻求解决问题的强烈愿望，从而达到启发思维的目的。

4. 富有趣味性和艺术性[1]

心理学研究表明，被动或强迫地学习、理解和记忆的效果较差。只有真正调动起学生学习的积极主动性，激发学生的学习兴趣才能达到好的学习效果。因此，导入一定要具有趣味性。这要求教师的教学语言尽量生动形象、风趣幽默，导入材料新奇、有趣。

另外，艺术性是设计教学导入的最高要求，也是教师导入设计能力的综合体现。这要求教师在设计导入时的内容、方法、手段和谐统一，具有科学性和思想性，导入各环节及导入与新授环节之间衔接巧妙、转折自然、过渡贴切。

5. 具有灵活性和简洁性

导入的方式方法众多，应根据教学目标及学生特点、知识水平进行灵活多样化的导入设计。但要注意的是，导入再好，也只是一节课的序曲，因此导入应简洁明了，不能太过繁杂，以免发生兴趣抑制或耽误重点内容教学。因此，导入时间一般应控制在 5 min 左右。

二、导入技能的基本构成要素

要素是指构成事物必不可少的因素或组成系统的基本单元。从导入作用的论述中可以发现，无论用什么方法导入，其最基本的作用是集中学生的注意力，激发学生的学习兴趣和学习动机，并为学生明确学习目标指明方向。因此，可以认为物理教学导入技能的要素有：引起注意、激发学习兴趣、激发学习动机和明确学习目标。换句话说，在设计导入时必须考虑到设计引起学生注意、激发学习兴趣及明确学习目标等环节。除此之外，根据导入技能的其他作用，可归纳出其次要构成因素为：激活已有经验、引发探究问题和增进师生感情。

三、物理概念、物理规律的导入技能设计

1. 物理概念、物理规律的含义

物理概念是客观事物的物理共同属性和本质特征在人们头脑中的反映，是客观事物的抽象，是观察、实验和思维相结合的产物。若把科学知识比喻成渔网，那么渔网上的一个个结就是一个个科学概念。物理规律反映物质运动变化过程中各个因素之间的本质联系，揭示物

1 张学敏．课堂教学技能［M］．重庆：西南师范大学出版社，2000.

理现象在一定条件下必然发生、发展和变化的规律。可以说物理概念是物理学的基石，物理规律是物理学的中心，它们构成了整个物理学的生命线。在教学中，学生就是在形成概念、掌握规律的过程中发展自身的认识能力的。因此，使学生弄清重要的概念和掌握有关的规律是物理教学的关键所在。

2. 依据物理概念、物理规律自身特点的导入技能设计

从物理概念、物理规律产生的特点来看，物理概念大致可分为三类：由本质特征概括的概念、比例概念和理想化模型。而物理规律按科学哲学的说法可以分为两类：通过归纳模式产生的科学定律，通过建构模式产生的科学理论。针对这些不同的类别，导入方式也应有所区别。

由本质特征概括形成的概念和归纳型规律的共同特点是它们都是在足够数量的感性认识基础上，通过科学抽象（比较、分析、综合、想象、归纳、概括）抓住事物本质，实现从感性认识到理性认识的飞跃，从而形成的概念和规律。因此，对这类概念和规律可以采用“提供感性认识的现实情境”的导入方法。如对力的导入往往就是让学生先回顾生活中各种各样的力，然后在引导分析力的产生原因及特点后，归纳得出其共同特点是物体对物体的作用，从而得出力的概念。类似的概念、规律还有机械运动、布朗运动规律、牛顿第二定律、机械能守恒定律、欧姆定律、楞次定律、动量守恒定律等。

很多比例概念是属性概念。在初中阶段，教师常常通过比较不同的物质或事物具有的属性及该属性在现实生活、生产中的应用而导入比例概念。在高中阶段，比例概念和通过其他物理规律推导出的规律（如动能定理）一样，一般通过复习旧知识，然后分析新旧知识之间的内在联系来导入。

而类似质点、点电荷等理想化模型与通过建构模式产生的科学理论（如分子动理论），往往是学习的难点。一般要通过各种手段设置一个问题情境，从在引发学生解决问题的动机中导入。

3. 依据物理学习认知心理特征的导入技能设计

从学生学习物理概念、物理规律的认知心理特征来看，不同物理概念、规律的学习有不同的认知过程，有的概念、规律通过感知物理现象之后，经过简单的科学抽象就可以理解，而有的概念、规律通过感知物理现象之后，还要通过认知结构的转化或调整才能理解。具体可参考图 7-2[1]。

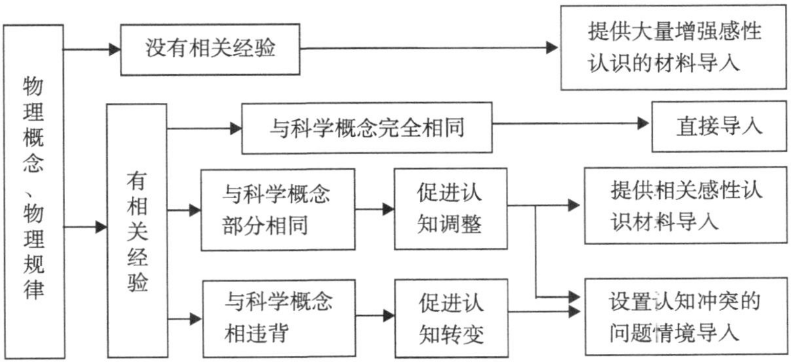

图 7-2 物理概念、物理规律课堂导入方法图

1 易其顺．从物理学习的认知过程看物理实验研究［J］．物理实验，2010，30（2）：14-19.

当学生对所学习的物理概念、规律毫无相关经验时，教师应创设情境，为学生提供丰富的感性认识的材料来进行教学导入。在中学，这一类概念、规律主要集中在电、磁、原子物理等教学内容中。比如在进行光电效应和原子核式结构模型教学中，教师可以通过介绍科学史中的故事来提供感性认识材料，从而为后续规律的学习提供经验支撑。

当学生对所学习的物理概念、规律有相关经验时，依据相关经验与科学概念是否相同，可以将其细分为三类：第一类是与科学概念完全相同，第二类是与科学概念部分相同，第三类是与科学概念相违背。如果完全相同，则可采用直接导入的方法；如果与科学概念部分相同，则教学任务主要是促进学生的认知调整；如果与科学概念相违背，则要促进学生概念的转变。根据概念转变理论可知，要促进概念转变，必须使学生在一个具有挑战性的情境中，解决他们已有的前科学概念与公认的科学概念之间的矛盾冲突，通过新旧经验的相互作用，积极主动地构建新概念的意义[1]。其实后两类都可以认为是概念转变，只不过认知调整中的概念转变任务较轻，一般只要提供让学生感兴趣的情境或感性认识材料（如现象、事例、实验等），引导学生简单分析讨论即可。而当经验与科学概念完全相违背时，学生的错误前概念会非常顽固，依靠简单的分析讨论不足以转变其概念。研究表明[2]，只有当满足以下四个条件时，概念转变才可能成功：①学习者对当前的概念产生不满；②新概念具有可理解性；③新概念具有合理性；④新概念具有有效性。根据这样的理论，要促进概念转变，首先必须制造认知冲突的情境，让学生的经验与现实产生激烈矛盾，然后让学生意识到自己观念的不足，最后设法让学生相信新的概念适应范围更广。这样才可能使学生的错误概念真正转变成科学概念。

案例分析：以下是“动能定理”的两种导入设计，试根据导入设计知识分析下列两种导入方式的优缺点。

导入方式一：

师：什么是物体的动能？物体的动能与什么因素有关？

生：物体由于运动而具有的能叫动能，物体的动能跟物体的质量和速度有关。

引入：那么，物体的动能跟物体的质量和速度有什么关系呢？本节课我们来研究这个问题。

导入方式二：

（播放飞机起飞视频）

师：飞机在牵引力的作用下，在起飞跑道上加速运动，动能如何变化？哪些力对飞机做了功？

（在教师的循循引导下，学生慢慢领会到飞机动能的增加与牵引力做功有一定的关系，学生开始好奇动能与功有什么样的关系）

1　德赖弗，盖内，蒂贝尔吉安. 儿童的科学前概念［M］. 刘小玲，译. 上海：上海科技教育出版社，2008.

2　Posner G J，Strike K A，Hewson P W，et al. Accommodation of a scientific conception：toward at heory of conceptual change［J］. Science education，1982，66：211-227.

第四节　导入技能的训练与评价

一、训练目标

（1）熟悉和掌握导入技能的常见类型、要素、步骤和要求。

（2）初步学会引起注意、调动积极性、激发动机、明确教学目标、形成衔接的导入技能，并能自然、顺畅地导入课题。

二、训练内容

（1）学习导入课题的相关理论知识并掌握常见的导入方法。

（2）选择中学物理的某一教学内容进行导入教学设计，并尝试设计不同的导入方法进行实践。

三、评价量表

班级＿＿＿＿ 姓名＿＿＿＿ 学号＿＿＿＿ 训练时间＿＿＿＿ 课题＿＿＿＿＿＿＿＿					
请您听课后对以下项目进行评价，在相应的等级处打“√”					
评价内容	评价等级				权重
	优	良	中	差	
1. 目的明确，创设的情境恰当					0.2
2. 导入方法有趣，吸引了学生的注意力					0.2
3. 导入类型符合教学内容的特点，有启发性					0.2
4. 导入内容与要学习的概念联系紧密					0.2
5. 导入时间掌握得好					0.1
6. 导入能面向全班学生					0.1
总分					
评语：					

四、训练教案示例

学校________________________________ 日　期________________

科目　物理　　课题　　　摩擦力　　　　　　主讲人________________

教学目的	引入摩擦力的学习，以惊奇心理激发学习动力。使学生知道除重力、支持力以外还有摩擦力			
时间分配	教师行为（如：提问、讲解等）	教学技能及要素（运用的技能及要素或者目的）	学生学习行为（预想学生回答、讨论等）	教学媒体
10 s	同学们好！现在上课。前面我们学习了一个物体受两个力的平衡条件和一个物体所受二力平衡时所处的状态	导入（引起注意）	预备状态、集中精力，回忆	
50 s	现在大家想一个问题：这里有一个玻璃杯，里面装满大米，手托着它处于静止，它受几个力？（画出受力图）	导入、提问（促进学生参与，引出原有认知结构中的相关内容）	回答：受重力、支持力；二力大小相等、方向相反	黑板作图 
1 min	回答得很好。（请学生在黑板上画出来）	导入、强化（适时反馈）	学生上讲台在黑板上作受力图	黑板作图 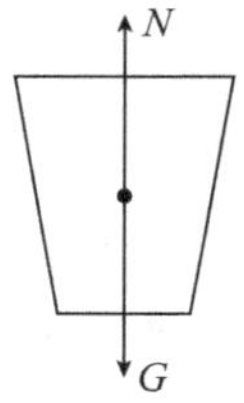
1 min	如果手不托着，杯子受力如何？杯子将怎样运动？	导入、提问（与新内容建立联系）	回答：只受重力，将向下运动	
30 s	现在请大家看：在大米中插入一支筷子，并把米压实，手托杯子，杯子受哪些力？（我们知道是受重力和支持力，并且二力平衡）	提问（引起注意、引发思考）	观测、注意、思考	筷子提米实验器材（杯子、大米、筷子）
1 min	如果手不托着，而去拿筷子，大家猜会有什么结果？是什么原因？（提示：从二力平衡考虑，除了重力外，还受什么力?）	导入、提问（引起兴趣，引发学生学习需要、形成学习期待）	学生发现手不托杯，筷子能提起杯子，感到惊奇，注意力高度集中，思考和预想；回答出，除了重力外，还有一个力，是摩擦力	筷子提米实验器材（杯子、大米、筷子）

续表

30 s	对！还有一个力（摩擦力）。生活中我们见到的摩擦力的例子很多。……今天我们学习第十节“摩擦”，摩擦与哪些因素有关？如何减小和增大摩擦？	导入（明确教学目标，形成学习动机）	回答：期待研究新内容	板书：第十节摩擦

思考题

（1）导入有哪些作用？其构成要素有哪些？

（2）导入的类型有哪些？对物理概念、物理规律教学如何选择导入的类型？

（3）请选择一节中学物理课，根据所学知识设计一个约 5 min 的导入，并进行教学实践。

第八章 物理教学强化技能

第一节　物理教学强化技能概述

强化是一个心理学概念，其理论源于条件反射和反应性条件反射，刺激-反应（S-R）的联结主义学习理论，意思是“使有机体在学习过程中增强某种反应重复可能性的力量”。强化是塑造学生学习行为和保持学习行为强度不可或缺的关键。教师要想在课堂教学中有效地促进学生学习，就需要研究和掌握强化技能。

一、强化技能的内涵

强化技能是在课堂教学过程中，教师依据“操作性条件反射”的心理学原理，对学生的反应采用各种肯定或奖励的方式，使学习材料的刺激与教师希望的学生反应之间建立稳固的联系，帮助学生形成正确行为，促进学生思维发展的一类教学行为方式[1]。简单地说，强化技能就是教师在教学中运用的一系列促进和增强学生反应及保持学习力量的方式。斯金纳曾指出：“教学就是安排可能发生强化的事件以促进学习。”[2] 强化技能在教学中的重要作用可见一斑。

那么，教师掌握强化技能有何意义呢？学生的学习认识过程与人类的一般认识过程相比，是一个特殊的过程。学生学习的是间接经验和来自教师的有效控制，这些间接经验作为教学材料的刺激是经过教师精心设计的，避免了学生在认识过程中走弯路。学生对这些教学材料的刺激作出的反应，如判断、推理、联想等，很多情况下是来自教师的反馈强化，它使学生的正确行为得以巩固，不正确的行为或认识得以排除。强化体现了教学条件下学生学习的特点，体现了教学中教师的主导作用[3]。

强化技能对学生而言意义更加重大。《学习的革命》中提道：如果一个孩子生活在讽刺之中，他就学会了自卑；如果一个孩子生活在批评之中，他就学会了谴责；如果一个孩子生活在鼓励之中，他就学会了自信；如果一个孩子生活在表扬之中，他就学会了感激。鼓励和表扬，其实就是对学生学习行为以及学习结果的一种最佳认可。这种认可对于教师来说只是

1　孙立仁．中学物理微格教学教程［M］．北京：科学出版社，2002：8.

2　比格．学习的基本理论与教学实践［M］．张敷荣，张粹然，王道宗，译．北京：文化教育出版社，1983：160.

3　杨宣．强化技能训练［M］．天津：天津教育出版社，2010：18.

一种意识问题；但对于接受鼓励和表扬的学生来说，意义则大不一样，他们会把教师的鼓励和表扬作为自己的一种价值取向。当自己的行为能够取悦教师，能从教师那里得到鼓励和表扬时，学生会觉得自己是有价值的；相反，如果自己的行为不能获得教师认可，学生便开始怀疑自己的价值。

二、强化与其他概念的区别

在教学实践中，经常会遇到"强调""巩固练习""变化""提问"等术语。那么这些术语和"强化"之间有什么区别呢？下面分别对它们进行分析[1]。

1."强化"与"强调"的区别

在教学中常有两类教学行为。一类是教师对学生的行为采用各种象征性的奖赏物来表示鼓励和肯定，从而促使这类行为更多地发生。比如，学生的作业写得非常工整，教师在批改时加上鼓励性的评语、分数或加盖象征奖赏的印章图案等，这属于"强化"。另一类是教师运用一些醒目的符号、色彩对比等各种标识来强化教学活动。例如，在讲解重点、关键的地方时利用停顿、重复、变化音量，或在板书时对重要内容用彩色粉笔书写、加下画线、打彩色圆点等。这些行为更多是为了强调教学内容，而不是想促使某类学生行为更多地发生，因此它们符合加强学习活动的一般意义，但不符合"强化"的心理学含义。

2."强化"与"巩固练习"的区别

在教学中，教师通常会让学生进行一些活动，比如请认真做作业的学生帮助教师检查其他学生的练习，请认真听课的学生上讲台帮助教师做演示实验等。这类活动的目的是以特殊的个别活动作为奖赏物，从而鼓励和促进学生良好行为的发生，因而属于"强化"。还有一类学生活动，比如通过组织学生进行练习活动强化所学知识与技能，或通过组织学生小组讨论、小组实验、竞赛等活动来强化学习。这类活动的目的主要是使学生参与教学活动，促进学生对知识的理解，而不是为了促进或加强学生某种良好行为的发生，因而不属于心理学中的"强化"。

3."强化"与"变化"的区别

在教学中，教师经常变换不同的信息传递方式或信息形式，对同一教学内容进行形式不同的反复刺激来强化。如，在天平构造的教学中，先用实物天平，再用挂图，最后用模型拆装等多种信息形式对学生进行刺激。这类教学活动的主要目的是加深学生对相应内容的理解，是变化技能行为，而不是强化技能中的行为，因而不属于"强化"行为。

4."强化"与"提问"的区别

在形式上，强化技能与提问技能中都有教师对学生回答给出反馈的行为，但实际上这是两类不同的教学行为。强化技能的范围比提问技能广泛，包括对所有符合教学要求的行为进行强化。强化技能是肯定、鼓励，而提问技能是引导、启发。在功能上，"强化"是将学生已形成的、尝试性的正确认识巩固下来，或提供线索对其进行检验；而提问则是引导学生得出尝试性结论。

从上面的介绍可以看出，判断教师的行为是否属于"强化"，关键看这种行为的主要目的是什么，如果主要目的是促进或加强学生某种良好行为的发生，那么就属于"强化"。

---

1 杨宣．强化技能训练［M］．天津：天津教育出版社，2010：30-31.

三、强化技能的作用

强化是促进学生学习的重要因素，是成功教育的支撑点，在教学中正确使用强化技能有以下作用。

1. 引起并保持注意

教师在组织课堂教学时，如果对认真听课、积极思考和积极参与课堂教学活动的学生给予及时表扬、夸奖等强化刺激，会激发学生进一步学习的欲望，从而使他们对课堂教学充满期待，并促使他们将注意力集中到学习上，减少或防止非教学因素刺激所产生的干扰，延长学生集中注意力的时间。

2. 巩固正确的反应行为[1]

教师在教学过程中，通过承认学生的努力和成绩，可以促进学生将正确反应行为巩固下来，使学生的努力在心理上得到适当满足。比如，当教师提问后，学生能积极思考、认真回答、有独特见解时，教师就应该采取适当的强化方式给予肯定和赞许，比如直接称赞其见解独特或用欣慰、赞许的目光看着学生等。而其他学生通过间接强化也能有所感悟。因此，强化对于帮助学生形成良好行为习惯和正确的价值观具有积极意义。

案例 8-1：对积极的科学态度进行强化

在教学应用题时，一个学生由于对题意不理解，对解题过程有疑问，提出了一个偏执而幼稚的问题，还与教师争执不下。经过教师的耐心讲解，他恍然大悟，很不好意思地坐下了。当时课堂气氛有点尴尬。教师说："这位同学追根溯源的这种态度很好，学习就要有这种精神。这就是科学态度，这能培养未来的科学家。"学生在得到了教师的强化信息后，心中十分感激，在后面的学习活动中这位学生始终把注意力高度集中在学习内容上。而且这也让全班同学明白，敢于质疑的精神是一种难能可贵的精神。

3. 控制教学过程有序进行

教师在教学过程中，可以通过强化来促进学生积极主动地参与活动，促进教师与学生的双向交流。教学过程中的信息都是教师精心加工的，体现了教师对教学材料刺激的控制；若教师在学生作出反应后不进行任何反馈强化，则师生间的相互作用会中断，学生的认识尝试活动就失去了方向和动力。如此一来，教学环节便失去了控制，学生的思维活动将变得混乱[2]。因此，应该通过强化技能的运用来保持师生之间、学生之间以及学生和教学材料之间的相互作用，使大多数学生的思维和行为步调相对一致地沿教学计划有序发展[3]。

4. 促进内部强化，发展思维能力

E. C. 托尔曼（E. C. Tolman）的认知理论认为，学习的产生主要来自内部的强化。学生在学习过程中存在着尝试与错误的过程，在多次尝试中，有的预期被证实，有的未被证实。当预期被证实时也形成一种强化，这就是所谓的内部强化。课程标准明确提出要让学生经历探究、体验探究。学生在探究过程中需要对问题情境进行分析，提出自己的解释性猜想并尝试进行检验。在学生的这些类似尝试性认识活动中，教师应该指引学生寻找依据并为其

1　杨宣．强化技能训练［M］．天津：天津教育出版社，2010：25.

2　荣静娴，钱舍．微格教学与微格教研［M］．上海：华东师范大学出版社，2000：75.

3　林钦．物理微格教学［M］．厦门：厦门大学出版社，2008：211.

提供线索，使学生的预期被证实，从而通过这种内部强化使学生的探索意识和思维能力得到发展。

此外，在自主、合作、探究的学习方式下，学生需要积极思考、讨论、发言、探究，教师作为学习的组织者、管理者和参与者，对学生的积极态度和行为做出评价和反馈，能强化学生参与教学的各种积极反应，促进学生积极思考。如此，能使教学系统各要素更加开放，提高教学效率。

5. 促进学生自我管理和自我教学[1]

通过教学活动中的强化，学生会逐渐明白强化的目标、对象行为和标准，在对这些行为评价体系的体会和学习过程中也会形成自己的评价体系。这样学生就会通过外部和内部强化来进行自我强化，由此逐渐培养自我管理的能力和习惯。另外，学生通过对自己思维的分析和自我谈话，通过设置目标、记录和评价学习过程的思维和行为、自我强化等过程，也能够实现自我教学。

第二节　强化的类型

强化技能从不同的分类角度，可以有不同的分类方法，下面主要从心理学以及教师所用具体形式这两个角度来进行分类。

一、从心理学角度分类

1. 按强化物分类

按强化物分类可以将强化分为正强化、负强化。

（1）正强化。正强化又称积极强化，是指个体做出某种行为或反应，随后或同时得到某种奖励，从而使行为或反应强度、概率或速度增加的过程。这种奖励既可以是物质的，也可以是精神的。比如，学生积极参与教学活动，教师以微笑给予肯定，同学以鼓掌给予支持，教师对回答正确的学生给予“回答得非常准确”等话语进行鼓励等都属于正强化。有些善于利用正强化的教师往往在学生取得进步后给学生奖励，这对学生而言意义非凡。要注意的是正强化如果误用，就会产生相反的效果。如，有的学生上课为了引起教师或同学的注意，故意扰乱课堂秩序，如果这时教师让其坐到前面来，反而会强化其扰乱课堂秩序的行为。再比如，学生扮鬼脸时，如果教师不加以制止反而也笑起来，同样也会加强这种行为的反效果。

（2）负强化。负强化又称消极强化，是指在有机体的某一反应后通过移除令人厌恶的刺激来促使反应概率增加的过程。如有教师规定考试达到 80 分的学生就可以少做甚至不做作业，这就是一种负强化，这是把做作业当作一种学生讨厌的刺激，当考试达到 80 分后就可以去除这种刺激，于是学生就会尽力去认真学习争取考到 80 分以上，而这种反应（争取考 80 分以上的行为）概率的增加正是教师希望的。再比如，学生由于没有按教师要求背物理公式、定律，被要求放学后留下来背完才能走，以后学生为避免被教师留下来，会积极背

1　林钦．物理微格教学［M］．厦门：厦门大学出版社，2008：211.

诵。使用负强化时同样要注意避免误用。比如当学生被要求留下来后，主动承认错误并恳求教师原谅他这一次，不要让他留下来，结果教师答应了，下次再出现这种情况时，其他学生也会依法炮制，久而久之，就没几个学生会对背公式这件事认真了。

负强化与惩罚容易被混淆，所以应注意它们的区别和联系。负强化和惩罚都需运用厌恶刺激，两者的区别在于，惩罚是施加厌恶刺激，而负强化是去除厌恶刺激。一般地，两者的区别主要包括三个方面。首先是施行目的不同。惩罚施用厌恶刺激的目的只是阻止不良行为出现，不一定要形成良好行为；负强化则是通过厌恶刺激抑制不良行为，并达到建立良好行为的目的。其次是实施方式不同。惩罚是当学生出现不良行为时及时施以厌恶刺激，以便阻止不良行为产生。比如学生上课经常捣乱，教师要求其叫家长来学校（正惩罚）或不允许其参加课外兴趣小组活动（负惩罚）。负强化是针对正在受惩罚或受其他还算不上惩罚的厌恶刺激（如做较多作业）的个体，激发其“改过向善”的动机，或鼓励其做出良好行为。一旦发现这个个体表现出预期中的良好行为，就立刻撤走正在进行的厌恶刺激。比如，当学生上课重新认真听课时，就取消对他的惩罚，允许其参加课外兴趣小组活动。最后是施行的后果不同。惩罚的后果是不愉快、痛苦和恐惧的，而负强化的后果是愉快的[1]。比如，考不到80分就罚做更多的作业就是惩罚；而考不到80分只要做正常的作业量，一旦考到80分以上就可以少做或不做作业就是负强化。负强化可以看作一种解脱[2]，某种程度上说，更可以看作一种奖励。

综上，负强化比惩罚更具有积极作用，它不仅可以阻止不良行为，还可以使犯过错的人有改过自新的机会。因此，在纠正学生不良行为时，要尽量避免单独运用惩罚方法，而应结合惩罚和负强化培养一种良好的替代行为。

2. 按强化的时机分类

按强化的时机可以将强化分为即时强化和延时强化。

（1）即时强化。即时强化是指教师在学生对教师指令做出反应或完成某项活动之后，立即表明态度，以使学生迅速得到肯定或奖励，明确哪些行为是正确的，哪些是错误的，从而产生较好的学习效果。

（2）延时强化。延时强化是指教师对学生的反应或某种活动并不立即表明态度，而是根据教学实际的需要，在间隔一段时间之后再对以前的学生行为进行强化，以产生积极的教学效果[3]。

从学生认识过程来看，即时强化对于增强感知、理解和记忆都有很好的效果。但有时为了使某一教学活动一气呵成，或不打断全班的热烈讨论，即使某一个学生的回答很精彩，也应暂时不予强化，选择使用延时强化更好。因为更值得表扬的人和事，也许会等讨论完成时才能出现。

3. 按强化的程序分类

强化程序是根据个体的学习特征，合理地安排各种形式的强化。斯金纳发现，如果强化的程序不同，比如按不同的时间间隔或比率进行强化，强化的作用效果也会大不相同。按这种分类方法，可以将强化分为连续强化和间歇强化。

---

1 https://jingyan.baidu.com/article/ea24bc39ce54889b62b331e6.html.

2 刘卫华，吕全国．负强化与惩罚概念辨析及应用［J］．教育探索，2006（9）：99-100.

3 林钦．物理微格教学［M］．厦门：厦门大学出版社，2008：215.

（1）连续强化。连续强化是指在每一个良好行为出现时都给予强化，这可以促进新行为的快速习得，但相应地消退也快。

（2）间歇强化。间歇强化是指在良好行为出现时，不一定每次都给予强化。学生通过间歇强化所习得的新行为相对连续强化而言更不容易消退。间歇强化有两种类型：一种是时间程序，即以两次强化之间所经历的时间量为基础，有定时强化和变时强化，分别在固定的时间段和不定的时间段给予强化，变时强化相对而言更容易养成学生稳定持久的行为倾向，有利于学生减少对外在强化物的依赖，提高自觉水平；另一种是比率程序，即以两次强化之间学习者做出的反应的次数为基础，有定数强化和变数强化，分别是在固定的反应次数和不固定的反应次数后进行强化，变数强化是促使行为发生率最高且最不易消退的强化方式。

案例 8-2：连续强化和间歇强化的使用[1]

某位教师在刚教授初二物理课时，对于学生们在课堂上的每次回答都给予及时的表扬，即使有的学生只答对了一部分也不例外，甚至学生给不出答案教师还是对学生尝试回答本身进行表扬。当学生在物理学习中有了一定进步之后，教师就只对那些较好的、较完整的回答给予表扬。到了后来，学生必须完整、准确、透彻地回答，教师才会给予表扬。

分析：培养学生良好行为习惯，并即时给予正强化，这在行为习惯养成初期是很有必要的。但是学生每天的行为很多，不可能对每个好行为都给予正强化，时间长了，常用的几种强化物也无法再调动学生的积极性，因此，在习惯养成中后期进行间歇强化可以帮助教师解决这个问题。

4. 按强化的途径分类

强化途径是指强化的发生与学生接受强化这一过程的信息传递方式。按强化途径可分为两大类，即通过外部信息的外部强化和通过内心感受信息的内部强化。

外部强化又分为直接强化和间接强化。直接强化是指教师直接给予学生强化。间接强化是指学生看到他人的行为得到强化，而受到鼓励并模仿其行为，学习榜样的树立就是一种间接强化[2]。

内部强化也被称为“自我奖励”，是指学生因自身行为的结果而感受到满足，自我价值观和兴趣得到了强化。比如，当学习成为乐趣时，再辛苦也不会觉得累。显然这种自我的内在强化效果更为长远。因此，教师在教学中要尽量增强学生的学习兴趣和意愿，引导学生树立远大理想，从而实现从外部强化向内部强化的转变。

二、从教师所用具体形式角度分类

教师在具体实施强化时可以采用多种形式的强化物。在中学物理教学中，强化物的具体形式主要有语言、标志、活动、记录等。

1. 语言强化

语言强化是指教师用语言作为刺激物，引起学生注意，起到强化的作用。教师的语言包括口头语言、书面语言和体态语言三种，书面语言又包括板书、批语等。

（1）口头语言强化。

1　杨宣．强化技能训练［M］．天津：天津教育出版社，2010：25.

2　林钦．物理微格教学［M］．厦门：厦门大学出版社，2008：215-216.

口头语言强化是指教师对学生在课堂上的反应和表现以口头语言的形式作出针对性的肯定、评价、表扬、鼓励或批评，或者引导其他学生给予支持或鼓励，以达到强化的目的。另外，教师也可以用语言提供线索，引导学生将他们的理解或者猜想从客观实际中得到证实或证伪。在进行口头语言强化时，教师还应对强化作进一步说明。比如，说明学生反应中的正确和错误部分、说明学生受到强化的原因，对个别学生的正确反应要向全班学生进行说明，征求其他学生的意见，引导学生间的相互鼓励[1]。

在具体操作中可以通过下面两种方法来强化[2]。

①利用声音大小和节奏的变化来强化。如，教师在讲授过程中，可以根据需要改变音量的高低、节奏的快慢。这样一方面可以让学生的注意力集中在教学内容上，另一方面可以制止或提醒个别注意力分散的学生。

②利用一些感叹词、短语或语句评价来强化。如，在学生回答问题的过程中，教师用“嗯”或“哎”等表示自己在聆听，可以促进学生进一步回答或者论述问题；在学生回答问题之后，教师用“很好”“非常好”“做得对”“不错”“真聪明”“进步很快”等来短语评价学生。还可以利用“不要急，继续思考”“你看得很仔细”“回答得很完整”“你说出了一个很有意思的想法”“继续做下去，你会做得越来越好的”“你可以为此感到自豪”“你的构思很新颖，再仔细想一想还有没有别的方面”等语句来进行强化。

（2）书面语言强化。

书面语言强化是教师通过在作业、试卷、实验报告、成绩单甚至黑板上书写一些批语来强化教学活动的行为。如可以通过书写“很好”“解答很完整，逻辑清晰分明”“书写工整，进步明显”“解题思路独特，有创意”等批语来进行强化。

在教学活动中，当教师发现学生注意力分散时，可以在黑板的一角写一个大大的“静”字。这样既能有效消除干扰，又不影响正常的教学活动。又如，学生在黑板上板演书写后，教师可以对正确的打钩，在精彩的部分下边用红色粉笔连续画圈来表示肯定和表扬[3]。

（3）体态语言强化。

体态语言强化是指教师运用非口头语言因素，如身体动作、表情和姿势对学生在课堂上的表现表示教师的态度和情感。教师的教学魅力往往体现在其体态语言上，优秀的教师可以通过体态语言和学生进行非常默契的信息交流。一个会意的微笑，一种审视的目光，都可以把教师的情感正确地传达给每一个学生。另外，体态语言强化应与口头语言强化密切配合，这样学生能更强烈地感受到教师的肯定和鼓励，收到更好的强化效果。

常用的体态语言强化有：

①眼神强化：对学生给予关心、关注、肯定、否定、赞许、鼓励等眼神。

②表情强化：通过微笑、扬眉、张口、眯眼、惊奇、皱眉、眨眼、大笑等对学生的行为或表现表示肯定、赞许或批评等。

③鼓掌强化：对学生的行为或表现表示强烈的鼓励。

④手势强化：通过击掌、鼓掌、竖大拇指、做 OK 手势等对学生的表现给予鼓励或赞赏，通过摆手表示不同意，通过拍手、竖食指于嘴唇等表示安静等。

1　孙立仁．中学物理微格教学教程［M］．北京：科学出版社，2002：19.

2　林钦．物理微格教学［M］．厦门：厦门大学出版社，2008：217-219.

3　同上。

⑤身姿强化：利用点头、摇头对学生的表现表示肯定或否定，利用侧头表示认真地侧耳倾听，而俯身前倾能表示对学生的关注与重视。

⑥走动强化：走近正在回答问题的学生或开小差的学生，会起到鼓励或制止的作用。

⑦接触强化：通过拍拍肩、摸摸头、握握手等动作传递暗示、关心、友好等感情，但要注意对高中学生慎用，因为高中生对身体接触较敏感，容易引起学生反感。男教师对女学生更要慎用。

2. 标志强化[1]

标志强化是指教师运用各种象征性的标志、奖赏物，对学生的成绩或行为给予肯定或鼓励。这种强化能使学生获得成就感，更有效地激发学生的学习热情。

标志强化有以下常见形式：

①如学生在黑板上板演正确时，教师可以用红色粉笔在黑板上打钩，或者用红色粉笔勾画出重要或精彩的部分。在学生作业上写评语或加盖象征奖赏的印章图案（如五星、小红花、红旗），张贴解题规范或者有独特见解的作业，上课时对积极参与实验的同学或者进行良好合作探究学习的小组给予画红旗、贴小红花等奖励。

②实物奖励。如，发放小红花、红旗、邮票、笔、作业本、笔记本等。在中学阶段应以奖励作业本、笔记本及笔等实物为好，有的学校甚至还会免费组织优秀学生出去参观游玩。

③制订全班学生学习进步图表，定期标出进步的幅度，激励学生努力奋进。

④象征性奖励。如发奖杯、奖状等。

3. 活动强化

活动强化是指教师安排一些特殊的活动，对学生在教学活动中的参与和贡献给予奖励，使学生在活动中不断巩固正确的行为，得到间接强化和自我强化。安排的活动可以有[2]：

①做小老师。让学习有特长的学生代替教师讲一个片段的课，或让学生事前演练后，在课堂上独立操作较复杂的实验或展示自制的创新实验。

②让学生上讲台协助教师进行演示实验，或在分组实验时让实验表现突出的小组向全班介绍思路和经验。

③在课堂讨论中，让理解正确或有独特见解的学生，向全班阐述他的理解，提出他的观点和论据。鼓励学生对其他同学的回答发表意见，进行评价。

④让在课堂练习中完成得又好又快的同学上黑板板演展示，或让其接着思考改变情景条件或者加深思维深度的问题。

⑤组织丰富多彩、形式多样的教学游戏。

⑥组织“角色扮演”，展现教学内容。

⑦组织竞赛性活动。

⑧在完成一段教学任务（如一单元或一章节）后，教师可以组织一次总结讨论课。在学生有准备的情况下，讨论这部分的主要内容及知识结构，分析主要题目类型，提出尚存疑难问题等，引导学生充分发表意见，尽量挖掘学生的学习潜能。

4. 记录强化

记录学生在教学活动中的表现和得到的评价，或者进行阶段性的测验和评价，让学生根

1　杨宣．强化技能训练［M］．天津：天津教育出版社，2010：25.

2　林钦．物理微格教学［M］．厦门：厦门大学出版社，2008：219.

据评价标准进行自我评价。如，对自己的进步进行奖励，予以正强化；或者为了避免评价成绩下降受到教师、同学的否定，对自己予以负强化。

记录强化的做法可以是制作学生的进步图表，也可以利用学生的成长记录袋作为强化物的载体。

第三节　强化技能的设计与应用

一、强化技能的构成要素[1]

强化技能由如下技能要素构成。

1. 提供机会

强化是对学生反应的反馈刺激。教师应该在教学活动中为教学的主体即学生提供对教学材料反应的机会，如提问、做练习、做实验或对同学的表现做出评价等。这样，教师才能对学生的反应进行观察、分析和判断，才有机会对学生的正确反应进行肯定和鼓励。

2. 准确判断

准确判断学生的反应是否符合教学目标要求，是强化正确实施的先决条件。如果对学生的反应判断错误，则不仅不能促进学生的学习，反而会使学生的认识偏离正确的方向。

在教学中，常有学生说“我说的就是这个意思，老师却说我错了”，其原因就是教师没有准确理解学生的反应。因此，教师不应该局限在自己事先设定的预想当中，而应认真倾听并准确理解学生反应的真实含义。如果学生的最初反应比较模糊，教师就应该通过追问、澄清、重复学生反应、让学生讨论等不同方式来进一步明确学生的真实意图，然后作出强化，以促进学生形成正确的认识。另外，教师在教学中要善于捕捉学生的每一个闪光点，及时、准确地判断各类学生中对教学有价值的因素。

案例 8-3：“热胀冷缩”强化教学[2]

师：为什么踩扁了的乒乓球放在热水中会重新鼓起来呢？

生 1：有个力在后面推了一下。

师：对！没有力推它一下是鼓不起来的。

（学生 1 的表达不够清楚，但教师开始没有意识到，所以进行了即时强化）

生 2：要是从后面推一下的话，那被推的另一面就也会瘪下去吗？

（由于学生 1 的表述不够清晰，学生 2 误解了学生 1 的想法，不过学生 2 同时又否定了一个错误的想法）

师：对呀！看来不可能是从乒乓球的另一面推的，那是怎么推的呢？又是什么原因产生的这个推力呢？

（教师最初按自己的想法对学生 1 的想法给出了肯定的强化，但学生 2 的发言让其意识

1　孙立仁．中学物理微格教学教程［M］．北京：科学出版社，2002：129-139.

2　孙立仁．中学物理微格教学教程［M］．北京：科学出版社，2002：14.

到自己有些误判，学生们可能并未真正理解乒乓球鼓起来的原因，所以教师及时利用学生 2 的反问把问题的讨论集中到乒乓球内部气体的膨胀上来）

3. 意图明确

有些新教师在对学生反应或活动进行强化时，往往只是简单地用“好”“对”“错”等来加以强化，甚至学生反应错误也说“好，坐下”。这样的强化会使学生摸不着头脑，使反应错误的学生误以为自己正确，本来有正确反应的学生反而对自己的想法产生了怀疑。因此，在进行强化时，不但要明确告诉学生哪些是正确的，哪些是错误的，哪些是需要完善的，哪些是被鼓励的，哪些是被禁止的，还要说明学生被鼓励、赞赏的原因。比如，“你这种解法真独特，老师也没有想到，你真了不起”“你对他的答案进行了补充，这样整个解答就非常清晰流畅了，这就是团队的力量，你们小组真不错”“你的前提是对的，说明你的基础不错，但你的推论是不是对呢？我们可以再讨论一下”。

案例 8-4：“电场线”讨论 [1]

在关于电场线的讨论中，有学生认为“电场线上每点的切线方向是带正电粒子受电场力的方向，所以在只受电场力的作用情况下，电场线就是带正电粒子的运动轨迹”。这时，教师没有全盘否定，而是首先指出前半句话是对的，电场线的切线方向是带正电粒子受电场力的方向，再指出推论是错误的，因为粒子的运动轨迹不仅由所受到的力来决定，而且要由初速度决定。当然，教师也可以先对正确的前半句话进行正面强化，再引导全体学生进行讨论，并在此基础上指明错误的部分，使学生明确教师的强化意图。

4. 提供线索 [2]

当教师认为有必要也有可能让学生对自身做出的反应进行自我强化时，要为学生提供线索，引导他们对自己的反应进行检验或判断。提供线索的方式依具体情况而定，可采用提问、提示、实践验证等方式。

5. 把握时机

强化的时机不同，产生的效果就不同。教师应该遵循有利于学生发展的原则，针对不同的反应行为采用即时强化或延时强化。

在课堂教学中的感性认识阶段，通常是认识一些简单的问题，这些问题不需要复杂的逻辑思维，大多是对事物表面现象的观察和确认，以及对原有知识与经验的提取，其主要目的是调动学生已有经验，因而往往是即问即答。这时教师应该对学生进行即时强化，以保持认识过程的连续性，并保持明确的认识方向。在课堂练习过程中，教师要注意及时进行强化。为此，教师要适时在教室走动，检查学生练习情况，让几位学生上黑板板演或根据检查情况让不同典型答案的学生上黑板书写解答过程（或投屏展示），并及时进行反馈评价，以达到巩固和深化所学知识的目的。书面家庭作业也应在第二天收上来后及时批改、及时进行反馈强化，上课时应向全班学生通报作业情况，对典型问题还应在全班进行讲评。对课外探究、小实验、小调查、资料查找等其他形式的课外作业，也应及时寻找时间让学生进行汇报交流，及时强化，这样可以给学生留下深刻印象，保持学生学习的积极性。

对于一些抽象、复杂的或开放性的问题，则可以等学生充分反应后再采取延时强化。这是因为有些问题学生虽然有猜想或答案，但却说不上理由，这说明学生对问题的答案理解不

1　孙立仁．中学物理微格教学教程［M］．北京：科学出版社，2002：15.

2　汪清泉．课堂教学中的强化技能及运用［J］．延边教育学院学报，2005（4）：36-38.

深，如果教师立即强化，就会影响他们更深入地研究问题。因此，教师要习惯于问学生“你为什么会这样想”“你的理由是什么”这样的问题，以引导学生深入思考，从而使强化更具有针对性。另外，前面也提到为了使某一教学活动一气呵成，或不打断全班的热烈讨论，即使某一个学生的回答很精彩，也应暂时不予强化，而使用延时强化。

6. 面向全体[1]

面向全体的技能要素，要求教师实施强化时，应该注意虽然强化的直接对象是个别做出反应的学生，但对该学生的强化要辐射全班学生。在教学中，学生的认识发展是不一致的，有的快，有的慢，但课堂教学过程要求大多数学生的认识同步发展。所以教学中师生交流不能仅仅是一对一的形式，而应该将个别发展较快学生的正确认识即时扩展到全班，使全体学生形成对当前问题的正确理解。为此，教师可以请其他学生对其进行判断和评价，也可让这位学生阐释其结论或将学生的正确回答鲜明地向全体学生重述一遍，等大多数学生理解后，再进行正面强化。这时强化的意义就不是局限于学生个人，而是对全班学生达到正确认识状态的强化。

二、强化技能的应用

教师要在教学中成功地应用强化技能，关键是要精确地分析强化效果并设计操纵这个过程的技术，使其具有可行性和可操作性。为此，必须注意以下几点。

1. 具有明确的目的

教师在运用强化技能时，应根据教学目标，有目的、有选择地对学生的反应进行强化。若教学目标不明确，教师对教学结束后学生的认知行为、操作行为、情意行为和道德行为应达到何种水平会心中无底，无法确认教学效果，强化也就失去了依据和标准。所以教学目标明确是教师对学生反应进行准确判断，发现一切可利用因素的前提，也是使强化的意图明确有效的基本保证。由此，教师也应明白，在教学过程中教师并不是要对所有正确的学生反应进行强化，只有符合教学目标或与教学目标密切相关的行为才应给予强化。

2. 态度要客观、真诚，取得学生的信赖与支持

强化是为了塑造学生的行为，而一个人改变自身的行为时常常感到痛苦。所以教师在运用强化技能塑造学生行为时，态度要真诚、评价要客观，要有关爱学生的责任心，使学生产生愉快的情绪体验，乐于接受教师的建议，从而顺利地形成正确的行为。当然，教师也不能因为怕伤害学生的自尊心，而不明确否定学生的错误认识，若学生没有承受挫折的勇气，将来则会无法适应社会生活。

总之，强化技能的使用要获得学生的信赖和支持。教师要使学生感受到教师盼望他们迅速成长的殷切心情，体会到教师为他们取得成绩而欢欣鼓舞。教师的这种情感反过来又会深深打动学生，使学生与教师亲近，并产生“罗森塔尔效应”，使学生把教师的这种期待转化为克服困难的能力和决心。

3. 注意强化的多样性和个别性

在一节课的教学中，教师不能总是用语言进行强化，语言、标志、活动、记录等强化方式应交替使用，使学生始终保持一种新鲜感，这样才能达到预期的强化目的。即使是使用同

---

1 杨宣．强化技能训练［M］．天津：天津教育出版社，2010：25.

一种强化方式，在反复使用时也要有所变化。

为了形成对学生行之有效的强化方式，教师应考虑学生的年龄和能力特点，了解他们的心理需求，以便进行适合学生心理特征的强化。比如，较小的初中生对做游戏感兴趣，而对高三学生如果还用做游戏的方式进行强化，效果可能就差一些；同样，对初中生说“你真棒”，他们会很高兴，如果对高中学生还是单纯地这样说，学生可能会不屑一顾。同时还应该看到，每一个学生的心理特征都具有某种个人色彩，同一个学生在不同的时期心理状态也不相同。因此，教师在给予强化时不能用单一的方法，要做到因人、因事、因时而不同，使强化更具有针对性。比如，对较优秀的学生而言，对简单问题的反应不需要强化，对较复杂问题的正确反应就应该加以肯定；而对学困生而言，即使问题回答得不对，其积极参与的行为也应得到肯定。再比如，对敏感的学生在强化时的用语要更加小心，对腼腆内向的学生可能还需要教师在课后与其交流并予以鼓励。

4. 具有及时性

教师给予的强化刺激只有与学生先前出现的期望的行为建立关联时，它才可能是有效的。要建立这种关联，强化刺激必须紧接着行为反应。斯金纳确信，除非有明确中介作用的行为已经建立起来，否则在反应及强化之间仅仅几秒钟的间隔，也会破坏大部分效果。

5. 促进学生之间的强化和内部强化

教师可以通过让学生之间相互提问、评价、鼓励或表扬等方式让学生对同伴学习反应进行强化，这样不但能促使参与活动的学生提高相互强化的能力，还能促进学生的合作学习意识的提高和行为习惯的形成。比如，让一组学生正面评论另一组学生所做的努力，让大家为某同学精辟的阐述鼓掌，由班委会成员表扬学习进步者、互帮互学者等。

另外，在教学中，学生尝试活动的完成，既依赖于来自教师和学生集体的赞赏等外在强化，也依赖于预想被证实的内部强化（自我奖励）。而且，随着年龄的增长，学生更倾向于从预想与客观事实的一致性方面得到内部强化。也就是说，随着年龄的增长，学生更愿意通过在学习中获得的满足感和自信心，以及自我价值的实现来对自己进行鼓励和奖赏。因此，教师要在教学中创造条件，引导学生积极进行自主学习和探究学习，促进学生通过学习来获得满足感和自信心，从而得到内部强化。而且，从长远来看，内部强化更能使学生保持对科学世界持久的好奇心和探究欲望，并使其在今后的生活中继续保持积极的学习态度和良好的思维习惯。

6. 以间歇强化为主，慎用批评和惩罚

操作性条件反射说的“强化程序”理论说明，强化程序影响机体的反应速度，间歇强化程序的反应速度最快。也就是说，获得间歇强化的反应比获得连续强化的反应在停止强化后保持的时间要长。当某种希望的行为出现且已稳定的时候，教师就应逐渐减少强化的次数，并延迟强化，直到强化只在任意时间间隔里偶尔出现。保持一种已经形成的行为，这种无规律的强化比经常或有规律的强化更有效。因此，教师在教学过程中应尽量运用间歇强化程序，特别是在教学的重点、难点处[1]。

在教学中出现问题时，教师要多从自身找原因，多用强化手段，慎用批评和惩罚，更不能对学生进行讽刺和挖苦。实践证明，以正面的强化为主，即时奖励正常行为，漠视或淡化

1　杜复平．强化技能的心理学基础及在课堂教学中的应用［J］．贵阳师范高等专科学校学报（社会科学版），2003（4）：67-69，87.

异常行为，对于学生良好学习习惯的养成更有意义。比如，对于学生“一听就会，一做就错”等认识性的反应错误，教师应多从自己身上找原因，不能将自己对教学不成功的不满情绪发泄到学生头上。再比如，不认真上课的学生经过提醒后有所改正，并在以后的一段时间内在回答问题时有良好表现，这时教师不仅要表扬他回答问题的行为，同时还可指出，他之所以能回答正确，是因为这段时间一直在认真听课，积极思考。

第四节　强化技能的训练与评价

一、训练目标

（1）准确判断某类行为是否属于强化技能行为，正确认识负强化与惩罚的关系。

（2）了解强化技能的作用，熟悉强化技能的类型和构成要素，并能用于指导实际教学活动。

（3）初步学会强化技能与其他技能（如语言技能、板书技能）的相互作用。

（4）依据强化技能评价标准客观、准确地评价自己或他人。

二、训练内容

（1）依据强化技能理论，观看一节教学录像，记录教师所运用的强化技能，结合评价量表，学习并予以评议。

（2）选择一节强化技能相对集中的物理教学内容片段进行设计，写一篇微格教学教案。着重突出强化技能的运用，并在相应的地方标明强化技能的类型。

（3）分组进行教学模拟。小组成员分别对自己设计的教学片段进行教学模拟，结合评价量表对组内成员的表现进行评议。

三、评价量表

班级＿＿＿＿＿＿＿　**姓名**＿＿＿＿＿＿＿　**学号**＿＿＿＿＿＿＿　**训练时间**＿＿＿＿＿＿＿

课题＿＿＿＿＿＿＿＿＿＿＿＿＿＿＿＿＿＿＿＿＿＿＿＿＿＿＿＿＿

请您听课后对以下项目进行评价，在相应的等级处打“√”

评价内容	评价等级				权重
	优	良	中	差	
1. 能创造给予学生反应的机会					0.10
2. 能准确理解学生反应的含义					0.10
3. 能通过强化充分利用学生反应中的积极因素					0.10

续表

评价内容	评价等级				权重
	优	良	中	差	
4. 教师的强化意图能被学生正确理解					0.15
5. 强化面向全体学生					0.15
6. 进行强化的时机适宜					0.10
7. 强化时态度真诚、客观					0.15
8. 强化方式灵活多样，能促进学生内部强化					0.15
总分					
评语：					

思考题

(1) 什么是强化技能？强化在物理教学中有哪些作用？

(2) 试说说强化与强调、变化的区别。

(3) 从心理学角度看，强化技能有哪些类型？

(4) 有人说负强化就是惩罚，你是否赞同这个观点？试说说你的看法。

(5) 教学目标明确对应用强化技能有何意义？

(6) 如何才能保证教师的强化意图被学生正确理解？

第九章
物理教学组织技能

第一节　物理教学组织技能概述

不少新教师都会遇到如下情况：走进教室后，学生还是闹哄哄的，似乎根本没有意识到教师的存在；上课时总有学生讲话，不但不听讲，反而故意捣乱；个别学生发言积极过头，不管提什么问题，总能听到他大声回答，甚至问题还没有说完，该学生就已经开始抢答，以至于其他学生无法与教师互动。甚至教学经验不丰富的教师还会由此误认为全班学生对所学内容都没有疑问了，因而错误判断学生学习状况，影响教学效果。

要解决上述问题，就涉及本章提到的组织技能。

一、组织技能的内涵

《现代汉语词典》（第 7 版）认为“组织”是指“安排分散的人或事物使具有一定的系统性或整体性”或“按照一定的宗旨和系统建立起来的集体”，而班级就是学校为实现一定的教育目的，将年龄、文化程度大体相同的学生按一定的人数规模建立起来的一种教育组织。在此基础上形成的班级授课制最早由夸美纽斯提出，后来赫尔巴特进行了完善，苏联教育家凯洛夫最终完善了这一理论。

在班集体中学习，学生之间由于共同目的和共同活动集结在一起，可以互相观摩、启发、切磋、砥砺；学生可与教师及同学进行多向交流，互相影响，从而增加信息来源或教育影响源。但班级授课也有先天的缺陷，由于它只强调全班学生要在同一时间按照同一进度学习同一内容，所以教师很难顾及学生的学习能力的差异，不利于发展学生的个性和独创性。为了解决这个问题，就必须研究如何在课堂教学中既做到面向全体学生，又能因材施教，因此，有效地组织管理课堂学习就成了非常重要的一项教学技能[1]。

课堂教学一般有两种活动，一种是教学活动，一种是管理活动。其中管理活动是指教师组织学生参与到教学活动中来，为实现教学目标而作出种种努力的活动，即常说的“驾驭课堂”[2]。许高厚认为，课堂教学组织管理是指教师通过协调课堂内的各种教学因素，实现课堂教学的有序、优质与高效的过程；是教师通过组织管理课堂秩序，集中学生注意力，创设

1　杨美凤．组织教学技能训练［M］．天津：天津教育出版社，2010：16.

2　荣静娴，钱舍．微格教学与微格教研［M］．上海：华东师范大学出版社，2000：83.

适宜的教学情境，激发学生的学习兴趣，调动学生学习的积极性，帮助学生达到课堂教学预期目标的一种行为方式[1]。傅道春认为，在课堂教学过程中，教师不断组织学生注意、管理纪律、引导学习，建立和谐的教学环境，帮助学生达到预期课堂教学目标的行为方式就称为教师的课堂组织技能。这个技能的实施，是使课堂教学得以动态调控，以便使教学顺利进行的重要保证[2]。它不仅影响整个课堂教学的效果，而且与学生思想、情感、智力的发展有密切的关系。一个组织方法得当、秩序井然的课堂，学生的注意力集中，教师循循善诱，课堂教学必然收到好的效果。

二、组织技能的作用

1. 创造良好的课堂学习氛围与和谐的师生关系[3,4]

学习心理学认为，生动、活泼的课堂氛围能激发学生大脑皮层，使其处于兴奋状态，这有利于学生全身心地投入学习中去，从而更好地建构知识，加强记忆。课堂气氛是课堂教学中师生情绪和情感状态的表现。从教育的角度来看，良好的课堂气氛是一种具有感染力的教育情境，使学生受到感化和熏陶，产生情感上的共鸣。从教学心理的角度来看，只有活泼生动、积极向上的课堂氛围才符合学生心理特点，才能使学生的大脑皮层处于兴奋状态，诱发学生的求知欲望，从而使学生全身心地投入学习，更好地理解知识。

另外，在课堂教学中，教师高超的组织管理技能不但有助于创设良好的课堂学习气氛，还有利于建立师生、生生之间融洽和谐的关系。比如，教师开始上课时不要通过提高嗓门来引起学生注意，以免让学生认为这是训话，此时应该用一个标准的信号告诉学生："亲爱的同学们，现在我们准备上课了。"这样既安顿了学生，又拉近了师生关系。再如，在学生说出错误想法时不讽刺挖苦，而是先肯定学生的态度，然后用商量的口吻追问学生："那你为什么认为你的想法是对的呢?"这就会让学生对教师产生一种信任感和亲近感。另外，在学生上课走神、心不在焉时不是责怪学生不听讲，而是用一个提醒的眼神或通过点名来让他们重新集中注意力。总之，教师应学会换位思考，理解学生，并从不同角度去感化学生，让学生在不被批评、责备的情况下，自觉遵守纪律，积极维护课堂纪律，从而形成一种和谐平等的师生关系[5]。

案例 9-1："物态变化"导入[6]

在上课前，我很苦闷，不知道从何讲起。因为这节课的引入比较难，学生纪律也比较涣散，忽然，我想到小马过河的故事。

上课了，我观察学生，发现班里的纪律仍然不好，有部分学生在说笑，我大声说："请同学们眼神集中，因为眼神集中对你们是有好处的。"这一说，引起了学生的兴趣，他们都好奇地看着我，我接着说："如果曾老师比较帅，那么你们看着我会觉得赏心悦目。"学生显出鄙夷的表情，有一部分学生发出"嘘"声。我不甚在意，接着又说："看来曾老师属于长

1　许高厚．课堂教学技艺［M］．北京：北京师范大学出版社，1997：46.
2　傅道春．新课程中教师行为的变化［M］．北京：首都师范大学出版社，2001：13.
3　周华．中学物理教学［M］．沈阳：东北大学出版社，2012：1-10.
4　杨美凤．组织教学技能训练［M］．天津：天津教育出版社，2010：19.
5　林钦．物理微格教学［M］．厦门：厦门大学出版社，2008：227.
6　杨美凤．组织教学技能训练［M］．天津：天津教育出版社，2010：17.

得难看的了，不过也不要紧，回家你们就可以自豪地对别人说，至少我比曾老师帅，这样可以给你们增加自信心，既然对你们有好处，那么何乐而不为呢?”学生听完后哈哈大笑，精神状态有所好转，我借机又说：“为了能让你们上课的兴趣更高一些，今天上课前我给你们讲个故事，想听吗?”“想听!”大家齐声回答。我暗自高兴，学生的注意力被我吸引过来了。

故事是这样的。有一天一只小驴在家玩，驴妈妈说：“你别玩了，河对岸的外婆家没有米了，你送一袋米去吧。”小驴说：“我过不了对面的小河。”驴妈妈说：“孩子你去吧，现在是大冬天，可以过去。”小驴驮着米还真就过去了。小驴在外婆家玩得高兴，一玩就是三个月。一天小驴跟外婆说要回家，外婆说你现在过不了河，小驴不信，跑到河边一看，还真是过不了河。

我接着问：“这是为什么?”学生争着回答说因为冰融化了。大多数学生由此进入了学习状态。我又问：“为什么冬天的时候可以过去?”学生们说因为水结冰了。几个问题后，学生学习的热情开始高涨起来。

我顺势导入新课：“什么情况下都能发生这种变化吗？我们今天就来探究一下这两种物态变化。”这时学生流露出想学习的神情，也显示出觉得新知识其实也容易理解的神态，大家跃跃欲试，都想参与探究。

2. 唤起和维持学生的注意

注意是学习发生的条件。心理学认为，注意是心理活动对一定对象的指向和集中，是伴随着感知觉、记忆、思维、想象等心理过程的一种共同的心理特征。注意有两个基本特征：一个是指向性，是指心理活动有选择地反映一些现象而离开其余对象；二是集中性，是指心理活动停留在被选择对象上的强度或紧张度。指向性表现为对出现在同一时间的许多刺激的选择，集中性表现为对干扰刺激的抑制。注意的产生及其范围和持续时间取决于外部刺激的特点和人的主观因素[1]。

注意又分为无意注意和有意注意。对于中学生，注意的特点是，有意注意逐渐发展，无意注意往往还起着一定的作用。特别是初中生，无意注意仍起主要作用，情绪易兴奋，注意力不稳定、感情容易波动，明知要集中注意力却难以控制自己。为了有效地组织学生的学习，教师必须重视通过组织管理，控制学生的不良表现，建立正常的课堂秩序，逐步减少学生的无意注意，并通过选择适当的教学刺激手段，努力引导学生将自己的无意注意转化为有意注意，并尽可能地维持学生的有意注意。

阅读：教师控制学生注意力的六种方法

方法一：每节课开始时，不机械地忙于按教案程序讲课，而是先用起立、相互问好、环视、沉默等待等方式让学生将注意力集中到教师身上来。

方法二：教师讲课音量要高低变化，富有节奏。在教学中，教师可通过控制音量捕捉和保持学生的注意力，讲到关键内容时提高音量或降低音量，通常能达到更佳的效果。如果学生窃窃私语，则提高音量淹没学生的吵闹声，以避免学生精力分散。

方法三：运用短暂的沉默引起学生的注意。沉默是教师最有力的工具之一，这能引起学生注意所学内容，激发思维活力。比如，讲完一课的重点后停一下，然后轻声细语地重复一遍，或向全班提出问题后，有意地停顿，暂不要求谁来回答，给足思考时间。

方法四：讲课的神色和语调要富有感情。要用微笑的面容、和善的眼神、柔和的声音增

1　伍棠棣，李伯黍，吴福元．心理学［M］．北京：人民教育出版社，2003.

强亲和力，使教师的言行似涓涓清泉，注入学生的心田。

方法五：注意掌握讲课的火候，并将幽默、笑话等寓于讲课之中。

方法六：察言观色，注意信息反馈。发现精力分散的学生，以用手轻拍、用手势制止、用眼神制止等行为示意学生集中精力，认真听讲。

3. 激发学生的学习兴趣和学习动机

兴趣是最好的老师，没有任何兴趣的被动学习会扼杀学生掌握知识的欲望。而有了学习兴趣就不怕激不起学生学习的动机，认知心理学认为，推动人学习最持久的动机之一就是认知兴趣，这种内驱力对学习有始动和定向作用，是推动一个人成才的内部动力之一。

与课堂注意一样，学生的年龄特点决定了学生学习兴趣和学习动机的起伏不定。在课堂教学中，如果单纯地采用讲授的方式不能很好地调动学生学习的兴趣和积极性，那么教师应根据学生的认知特点和年龄特征，采用各种教学形式来组织课堂教学以激发学生的学习兴趣和学习动机，如提问、小组讨论、合作探究、自学、练习反馈、小组汇报、板演、角色表演等。

4. 增强学生学习自信心，提高学习能力

在课堂组织管理方面，采用不同的组织管理方式对学生的思维、情感等会产生不同的影响效果，而这又会直接影响学生的自信心和进取心。其实，任何学生都有自己的特点和长处。教师在组织课堂教学的时候，对于个别学生既要严格要求、认真管理，又要看到其长处，并肯定长处，因势利导、循循善诱，进行有理、有利、有节、有序的教育，保护和强化学生的自信心[1]。

前面提到，在课堂教学中，教师应运用教学组织手段，不断变化适合学生的学习方式来保持学生的学习兴趣和注意力，如小组讨论、合作学习、实验探究、交流汇报、评价等。在这些过程中学生必然要运用所学知识去解决各种问题，从而培养和提高自己分析、解决问题的能力。另外，学生在小组合作学习中要学会进行自我管理，学会与小组成员和睦相处、合作学习；在交流汇报中还要学会组织自己的语言，培养自己的表达能力；在倾听别人的发言时，学会倾听、判断；在操作实验时培养自己的动手能力。

5. 培养学生良好的行为习惯

教育心理学中有一句名言："播下一种思想，收获一种行为；播下一种行为，收获一种习惯；播下一种习惯，收获一种性格；播下一种性格，收获一种命运。"由此可见，良好的行为习惯是促进一个人健康成长的重要条件，是健全人格形成的基础，对人的一生产生重要的影响作用。我国著名教育家叶圣陶也曾指出：学生在学校里受教育，其目的在养成习惯，增强能力；即使离开了学校，仍然要从多方面受教育，并且要自我教育，其目的还是在养成习惯，增强能力。但问题是，学生可以依靠学习在瞬间获得知识，却无法在短时间内形成良好的行为习惯。

课堂教学中能培养的良好习惯很多：比如注意听讲、善于记课堂笔记、良好解题规范、记易错题笔记、善于提问和非思不问、"心、眼、口三到"、积极发言、大胆表达和勇于修正自己的意见、注意倾听别人的意见、善于合作、相互谦让、赞赏他人等。那么如何培养学生良好的行为习惯呢？通过课堂组织管理就能有效地对上述习惯进行培养。教师在进行课堂组织管理时应该首先与学生共同建立班级的规章制度和行为标准，并不断地用建立的规章制度

1　林钦．物理微格教学［M］．厦门：厦门大学出版社，2008：227.

和行为标准来指导学生，让他们懂得遵守规章制度、养成良好行为习惯的意义，并帮助他们遵守规则，实现自我管理，养成良好的行为习惯。比如，教师在教学过程中，可以通过适当鼓励、表扬或批评，对学生的学习和态度表示肯定或否定的强化激起学生的兴趣、上进心、自尊心，督促意志较弱的学生积极参与学习，从而养成或巩固良好的课堂学习习惯。

第二节　组织技能的类型

课堂组织技能可以按不同方式分成不同类型，比如按管理功能可分为管理性组织技能、指导性组织技能和诱导性组织技能，按显化程度可以分为显性课堂组织技能和隐性课堂组织技能。其中显性课堂组织技能是指教师为了引导学生参与教学活动，调动学生的积极性，完善课堂教学结构而采取的行为方式，隐性课堂组织技能是指教师为了引导学生遵守课堂纪律，维持课堂秩序，建立和谐的教学环境而采取的行为方式，两者各有侧重，又经常整合在一起运用。下面主要从管理功能的角度进行介绍。

一、管理性组织[1,2]

有些新教师根据所学的教育管理知识，与学生和和气气，平等对待学生，和学生交心，耐心施行说服教育，从不轻易惩罚学生。可事与愿违，学生却认为教师性格懦弱，导致教师无法管理好课堂纪律，即使惩罚也失去了效果，教学效果可想而知。而另一种情况则是只要教师一出现，学生立马就安静下来，生怕得罪了教师而遭受责罚。这两种极端的课堂类型看起来完全不同，但它们都属于管理型组织。

在课堂上，教师面对着少则四五十，多则六七十个学生，一方面教师要完成每节课规定的教学任务；另一方面学生又呈现出复杂的个性差异，他们的兴趣、需要、爱好各不相同。这种教学的统一性与学生的个体差异性之间必然会产生矛盾，因而出现大量的纪律问题，如交头接耳、东张西望、睡觉、吃零食、看课外书、做其他功课，甚至故意干扰其他同学听课。这些纪律问题的产生有各种原因，比如自控力差的学生喜欢交头接耳、东张西望、吃零食，听不懂或对学习不感兴趣的学生容易看课外书、睡觉，夏天没午休好的学生容易睡觉，缺乏道德感的学生容易干扰其他同学上课等，教师的课讲得乏味时就容易出现上述的各种纪律问题。但良好的课堂纪律是顺利进行有效的课堂教学活动的保证，没有好的课堂纪律，再好的教学设想也无法实现。因此，在中学，特别是初中物理教学中，教师首先要做的就是对班级课堂纪律的组织管理，它包括两个方面，一方面是对课堂纪律秩序的组织管理，另一方面是对个别课堂违纪学生的组织管理。

在具体组织课堂教学的管理中要注意以下问题。

（1）立规矩，提要求，促进纪律的形成。

在教学中教师可以与学生共同制订上课应该遵守的规章制度，提出遵守要求，并利用班

1　荣静娴，钱舍．微格教学与微格教研［M］．上海：华东师范大学出版社，2007：90.

2　林钦．物理微格教学［M］．厦门：厦门大学出版社，2008：234.

集体的群体内聚力促成良好的班风和学风形成。在课堂上，教师要表现出一定权威性，要及时处理教学中出现的课堂问题，决不姑息，如果不及时处理，时间一长，制订的规章制度就如同废纸了。比如，当一个学生没有完成作业时，教师让其得过且过，则必然影响其他学生。为此，教师在教学过程中应通过采用结构创始活动（指导、监督、惩罚、限定、奖励、操纵、安排、维护）和结构体贴活动（协调、协助、征求、同情、理解和采纳学生意见）等组织管理手段来处理相应问题，促成良好的课堂纪律和学习习惯的养成。前面提到的新教师无法控制班级纪律的最大原因就是过多使用结构体贴活动，却几乎不使用结构创始活动。而后一位严厉的教师却相反，几乎只使用结构创始活动，却不使用结构体贴活动。总之，对学生不但要关心爱护，也要奖罚分明且及时。

（2）精心备课，让课堂教学生动活泼，充满趣味。

无味的课堂，即使内容再好，学生也提不起精神去听，因此，教师应精心设计物理教学过程，选择学生喜欢的教学形式，使学生想学、乐学，自觉排除影响课堂纪律的因素。另外，教师还应努力提高自我修养，形成过硬的教学素质。比如，在知识的传授上，教师要能灵活自如地应对学生提出的问题，给学生比较圆满的答复。因为教师初到一个班级时，总有学生故意拿难题让教师解答，如果解答不出，其形象就会在学生心目中大打折扣，直至影响教师的课堂教学效果和纪律。

（3）张弛有度。

研究表明，学生的注意力最多只能集中 20 min 左右，因此，在学生进行高度紧张的思维过后应该有相对放松的阶段。

另外，应注意的是，课堂纪律并不是以课堂上的绝对安静和学生的“循规蹈矩”为标准，更应该关注的是学生的思维是否真正调动了起来。

二、指导性组织[1]

指导性组织是指教师对某些具体教学活动进行的组织，如组织听课、讨论、阅读、观察、分组实验、合作学习等。

1. 组织学生听课

（1）引导学生做好听课准备。教师进入教室后要适当提醒、督促学生准备上课，准备工作主要包括知识准备（学习本节内容所需要事先掌握的内容）、物质准备（相应的学习用具）以及精神准备。

（2）集中学生注意力。开始上课时，学生起立，教师环视四周，等全体学生站好安定后，再还礼示意学生坐下。学生坐下后，可能有的学生的注意力还没有转移到这一堂课上来，面对这种情况，教师切不可急躁，应该仔细观察学生，揣摩其心理活动，用诱导的方式，及时把他们的注意力转移过来。

（3）指导学生针对性地听课。

（4）指导学生听讲和记笔记。

案例 9-2：组织学生听课

黑龙江教师刘晓辉参加第八届全国中学物理青年教师教学大赛讲的课题是“探究凸透镜

1　林钦．物理微格教学［M］．厦门：厦门大学出版社，2008：236-242.

成像规律”，他是这样来组织学生进入听课状态的。

师：同学们，你们知道老师叫什么名字吗？

生：刘晓辉。

师：你们在哪里发现的？

生：从屏幕上（多媒体投影屏幕）。

师：哦，被你们发现了，今天这节课就让我们在发现中去探究规律，好吗？

生：好。

师：上课！

生（班长）：全体起立。

生（全体）：老师好！

师：好，不要拘谨，同学们好！请坐。老师这儿有三个盒子，里面藏了许多好东西，谁还想发现一次？（稍停顿了几秒）我们找三位同学上前面来看，好吗？

（同时教师举起右手，示意想上来看的同学举手，下面的同学们纷纷举手，教师请三位学生上讲台前观看）

师：保持这个小孔向上，从这一端向里对着光亮的地方看。

（学生拿起盒子观看）

师：看到了什么？

（三个学生依次说看到了“成功”两个字）

师：你们三个互相换一换，看看，看到的是一样的吗？

（学生互换后，一位学生说“成功”这两个字的大小不一样，于是教师让说不一样的学生再换回来重看一次，最后确认三个盒子中的字都是一样的）

师：好，观察得很仔细。既然这个秘密被你们发现了，老师就再来一个怎么样？老师这里还有三个完全相同的凸透镜，下面我把它们插入盒子中，看一看我们还能发现什么，怎么样？好，每人一次继续看，看到了什么？

生 1：倒立的很小的“成功”两个字。

师：（用物理语言复述）倒立的缩小的。

生 2：正立的放大的。

师：正立的放大的。

生 3：我这是倒立的放大的。

师：倒立的放大的。

师：很好，观察得很仔细，放下盒子回到你们座位上去吧。上节课我们已经学习了照相机、投影仪和放大镜成像情况，以及成实像和虚像的有关知识，通过以上的活动，我们又真实地看到了物体通过凸透镜所成的三种不同情况的像，那么同学们，凸透镜所成的像是不是存在着一些规律，你们想知道吗？

生：想。

师：好，今天这节课就让我们带着这个问题共同走进凸透镜成像的世界里。

（点评：在面对陌生的学生时，教师没有急于上课，而是先让学生说出教师的名字，在消除与学生的陌生感的同时，还用“发现”二字暗示了今天的学习任务是通过探究去发现物理规律。接着通过一个小实验分别呈现出三种不同情况的像，来激发学生的好奇心和求知欲望，从而顺利把学生组织起来，使学生进入学习状态。但教师的三个盒子只能给三位学生看，因此只有三位学生参与进来，其他学生无法参与并看到现象，导致组织效果稍差。如果教师能把三个盒子发下去传看或充分利用多媒体技术手段制作第四个盒子，并用摄像头把现象同步投影在屏幕上就能让全班学生真正参与进来)

阅读：集中学生注意力的具体方法

1. 起立行礼，调整课堂秩序

上课铃响，教师走上讲台，学生全体起立致意，教师还礼，这是规定，本属平常。但严格执行起来，作用不小。它不只是一种礼貌，表示师生之间的相互尊重，更是一种有效的集中注意力的办法。假如教师严格要求，每当学生起立行礼的时候，总是环视全堂，看看是不是所有学生都起立了，起立之后是不是都严肃认真，还有没有再讲话的，待课前准备全部合乎规范后，才认认真真地还礼，就不仅维护了课堂教学的严肃性，而且能够迅速有效地扭转课间的松散气氛，把学生分散的注意力集中起来。

2. 稳定情绪，从容开讲

学生起立行礼，坐下来之后，一般还会有短暂的不稳定情绪。这时教师应当从容组织教学，一边打开教案，一边观察学生，以自己稳定的情绪来稳定学生的情绪，直至全体同学都坐好、安静了，注意力全被吸引到自己身上之后，这才从容开讲。

3. 用精彩的开场白，引起注意

这方面，许多教育家创造了不少经验。比如，教师走进课堂时，发现学生都垂头丧气，一询问才知道，该班在与其他班级进行拔河比赛时输了。教师灵机一动，说："听说大家拔河比赛输了，那你们知道你们输在哪儿吗？你们知道要赢的关键在哪里吗？学习完今天的内容后我们就可以来讨论这个问题了。"像这样用生动又精彩的、与主题紧密相关的开场白，能够有效地集中学生注意力，这种经验教师应当认真加以总结运用。

4. 采用多种教学方式，保持学生的注意力集中

青少年学生的注意力多有起伏，一般很难长久地保持集中的状态。往往一段时间内注意力集中，过一段时间注意力便分散或者转移了。因此，教师应该一方面注意丰富与充实教学内容，使其经常变化；另一方面努力采用多种教学方式，或运用演示配合讲授，或借助设问、提问、商量、讨论等方式，促进学生的思维活动，使其不断处于兴奋状态之中，这样才能保持住他们的注意力。

2. 组织学生讨论

课堂讨论是一种常用的教学方式。讨论法是学生在教师的指导下为解决某个问题而相互交流个人的看法，相互启发、相互学习的一种教学方法。其优点在于能更好地发挥学生的主动性、积极性，有利于培养学生独立思维能力、口头表达能力，促进学生灵活地运用知识。讨论法中的信息交流既不同于讲解法的单向交流，也不同于谈话法的双向交流，它是讨论成员之间的多向信息交流，学生发言后可以及时获得反馈信息，调整自己的观点，使课堂气氛活跃。讨论法体现了现代学习方式的主动性、独立性、体验性、问题性等特征，能有效提高课堂教学质量。因此，随着新课程改革的实施，越来越多的教师重视课堂讨论并在教学中使用。

根据讨论的目的、班级的人数、学生的能力及特点，可采用分组讨论、专题讨论、辩论式讨论、竞赛式讨论、定向式讨论、自由式讨论、随机式讨论、双向咨询式讨论等多种形

式。使用讨论法时要注意以下问题[1]。

第一，创设讨论问题。讨论问题的创设要紧密结合课堂教学内容，难度要适中，既不能让学生无话可说，也不能因为太容易而使学生不屑说。问题情境应能激发学生的认知冲突，使学生产生强烈的求知欲。必要时，还要明确解决问题的方法、讨论步骤、讨论形式等。

第二，把握讨论时机。讨论一般出现在以下几个时刻：一是教师事先设计好的时机，这个时机往往是在经过教学后，为让学生有深刻认识而有意设置的讨论环节；二是教学过程中发现学生困惑的眼神或学生进入“愤”“悱”状态，教师应抓住时机，通过讨论使学生思考问题更全面；三是教学过程中学生提出与教学内容相关的疑问，教师认为让学生讨论比直接讲授更好时；四是在学生做实验或练习出现较大问题时，及时组织学生讨论，澄清错误的认识。在后三种情况下，由于讨论的出现是随机的，教师一定要对学生进行切实有效的引导，不然容易出现混乱的局面。

第三，组织讨论。方式上，既可以全班一起讨论，也可以采取分组讨论的方式，如果是小组讨论，则建议每组4～6人，有研究表明按人际关系分组最好。但在一般情况下，可以让奇数排的学生转过身与偶数排学生讨论。在小组讨论时，为使每个小组成员积极参与，教师还要让小组处于一种有组织的状态，事先推举出主持人、发言人、记录人等。另外，教师还要事先告知小组讨论程序，先是组内各人的观点交流，然后是小组成员完善、改进彼此的观点，最后是小组内部达成比较一致的观点。在讨论过程中，教师应巡回指导，参与学生讨论，并及时进行鼓励和表扬。

第四，交流汇报、归纳总结，并使用好讨论结果。交流汇报、归纳总结既可止于小组内部，也可以在全班进行，如果讨论结果是为下一步教学服务的，则应让讨论结果返回到教学流程中去。另外，也可以将讨论问题布置成书面作业，让学生在课后进一步完善，使观点经得起推敲。如果讨论过程中又生成了新的问题，则应鼓励学生在课外进行更深入的讨论和探究。

第五，训练学生的讨论技能。讨论中要求培养学生三种主要能力。①思维能力：培养学生思维的深刻性、灵活性、创造性、批判性、敏捷性，培养学生的聚敛性思维与发散性思维；②口头表达能力：培养学生清晰、准确、有逻辑性地用口语表达自己观点的能力；③交际能力：培养学生乐于与人交往、善于与人交往的能力，试图改变部分学生自我封闭的倾向。

案例9-3：“摩擦力”（高中）双向咨询式讨论[2]

师：同学们，摩擦现象对我们的生活、工作有益还是有害？

生：（非常热烈）有益/有害。

师：其实摩擦对我们既有益又有害，请大家举些例子来说明好不好？

（学生举例，实例丰富多彩）

师：通过刚才同学们所举的例子，摩擦在许多场合对我们是有益的，在这样的场合我们就应增大摩擦力。那么增大摩擦力的方法有哪些？请大家阅读课本后进行讨论。

（学生阅读课本中提到的一些现象和实例，分小组进行讨论，然后举手回答）

生：我们小组认为常用的增大摩擦力的方法有增大压力、增大接触面的粗糙程度。

---

1 讨论法［EB/OL］. http://baike.baidu.com/view/3350113.htm.

2 林钦. 物理微格教学［M］. 厦门：厦门大学出版社，2008：238.

师：回答得很正确！然而摩擦在不少场合却是有害的，例如摩擦会使机器的零件磨损。曾有人做过估计，世界上各种动力系统有一半能量在摩擦中损耗掉了。由于摩擦产生大量的热量，宇宙飞船表面材料必须耐高温，美国“挑战者”号宇宙飞船就是因为隔热瓦故障而坠毁。由于摩擦会给人们生活、工作带来麻烦，因此人们总要设法减小摩擦力。同学们有什么好办法吗？

（学生分小组讨论，再回答）

生：我认为减小摩擦力的主要方法有减小接触面之间的压力，使接触面平滑或在接触面之间涂润滑剂，还有就是把滑动摩擦变为滚动摩擦。

师：总结得好。同学们，在日常生活和生产活动中，有时需要增大摩擦力，有时又要减小摩擦力。同学们课上举出了不少例子，现在能否用我们得到的结论去分析一下各种做法的原因？

（学生踊跃讨论、发言）

3. 组织学生阅读[1]

在物理课堂教学中还有一种常用的自学阅读教学方法，以此来培养学生的自学能力和阅读能力。在组织阅读前，教师必须给出阅读提纲或需要学生学习思考的问题，提纲或问题可以在黑板上写出或事先打印分发给学生。阅读前还应规定阅读时间，从而使学生能认真、迅速地投入阅读。在阅读时，要注意指导学生适当地用圈点、画线等方式进行标记，以抓住重点，并针对阅读前提出的思考题寻找答案。

4. 组织学生观察

教师在进行物理演示时，要指导学生仔细观察。观察前要让学生明确为什么要观察，观察什么和如何观察。在进行实验演示时，教师要先对实验仪器的各部分进行逐一介绍，然后对学生提出具体观察要求。

5. 组织学生分组实验

学生分组实验是加深学生对知识理解的重要方式，是获得基本实验技能和探究能力的主要手段，同时又是培养学生实事求是、严肃认真、不怕困难的科学态度的重要途径，实验还是一种基本的科学研究方法，在加深学生对科学的理解方面也存在不可替代的作用。但对新教师来说，组织学生分组实验往往是一件非常头疼的事情。学生要么不听老师指示，在实验室乱玩一气；要么无所事事，根本不参与；要么在实验结束后将桌子上的仪器弄得乱七八糟也不整理。为有效指导学生进行分组实验，笔者认为应注意以下几个问题。

第一，课前分组到位。在进实验室前根据学生情况分好小组，每组一般为 2 人，但由于不同学校条件不同，班级人数不同，应该事先与实验室管理员联系，清楚实验室中能用于学生实验的仪器套数，并至少预留一套备用。每个小组要选好小组长，负责管理、督促本组同学，并进行本组仪器的整理和清点。

第二，课中忌包办代替。很多教师进实验室后的第一件事就是给学生讲一遍实验原理和方法，然后让学生进行实验。但事实上，由于来到一个新的环境，学生注意力难以集中，会听教师讲的学生人数并不多。即使认真听了，由于学生并没有亲身实验，也难以记住教师介绍的内容。而且，学生实验时间只有一节课，教师的讲解无疑又减少了学生自主实验的时间。新课程理念提倡以学生为学习的主体，教师为主导，提倡探究学习。这体现在学生实验

---

1 荣静娴，钱舍．微格教学与微格教研［M］．上海：华东师范大学出版社，2000：91.

教学中就是，教师尽量不要包办代替，应引导学生积极思维，大胆动手实践。从了解实验原理，准备实验仪器，到进行实验操作，记录数据，得出结论，这一过程都应充分体现学生的主体地位。特别是学生在实验中出现仪器装配不上、数据测量不准确、实验故障等问题时，教师切忌包办代替。教师应充分利用这一契机，引导学生按照实验程序要求，认真分析故障产生原因，并探究解决这些问题的方法，从而最终提高学生处理分析问题的能力。事实表明，采用这种教学方式后，学生并没有因为要自主学习而乱成一团，反而积极操作、认真思考，课堂气氛活跃的同时又井然有序，学生的思维能力和实验能力都得到了提高。

第三，严格要求，耐心帮助。教师在学生实验中应该严格要求，不允许造假。学生实验结束后一定要在教师检查并签字后才允许离开，这既是为了防止学生不做实验，也是为了检查学生实验是否存在问题，以便及时纠正处理。其实，在实验研究中出现问题是科学家常遇见的事，所以在学生出现问题时，教师正确的做法是耐心帮助学生分析出现错误的原因，并争取重做实验。如果教师不耐心帮助，长此以往，学生就会学“乖”，编一个虚假的数据，这就非常不利于培养学生实事求是的科学态度和精神。另外，教师在检查时还应检查学生是否整理好了实验仪器、仪器是否有缺失或损坏等。

第四，认真批改实验报告。学生实验结束后，应要求学生认真填写实验报告，并可将心中的疑惑或想法写在实验报告上。教师要及时批改报告，并对发现的问题进行反馈。

6. 组织学生合作学习

合作是指两个或两个以上的学生或群体，为了达到共同的目的而在行动上相互配合的过程。合作学习是指学生在小组或团队中为了完成共同的任务而进行的有明确的责任分工的互助性学习[1]。小组合作学习是在班级授课制背景下的一种教学方式，即在承认课堂教学为基本教学组织形式的前提下，教师通过指导小组成员展开合作，发挥群体的积极功能，提高个体的学习动力和能力，达到完成特定的教学任务的目的。小组合作学习改变了教师垄断整堂课的信息源、学生处于被动接受地位的局面，从而激发了学生的主动性、创造性。另外，从学生的角度来看，依据群体动力理论，合作与竞争或合作与个人奖励结构的混合运用比单纯的竞争或单干，更能对学生的学业成绩和社会关系产生积极的影响。

《国务院关于基础教育改革与发展的决定》明确指出：鼓励自主合作学习，促进学生之间的相互交流、共同发展，促进师生教学相长。而新课程改革则把自主、合作和探究列为新课程所倡导的三大学习方式。在物理教学中，则往往把合作与探究结合起来，形成小组合作探究的学习方式。在合作学习中，教师扮演的不再是传授者的角色，而是组织者、参与者、学习者和指导者。组织学生合作学习应注意培养以下的组织策略和技能[2]。

（1）组织学习小组的策略与技能。

①教师简要介绍小组合作学习的重要性。比如介绍科学家团队通过合作探究做出重大发现的事例，说明合作的重要性。

②进行分组。组织学习小组不要按入学成绩来编组，可以采用随机编号的方式，从而形成组内异质、组间同质的各个合作学习小组，这有利于有不同弱点和特长的学生相互促进。每组以 4～6 人为好。

---

1 https://baike.baidu.com/item/%E5%90%88%E4%BD%9C%E5%AD%A6%E4%B9%A0/10585658?fr=ge_ala.

2 刘炳升，仲扣庄．中学物理教师专业技能训练［M］．北京：高等教育出版社，2004：14.

③请每个小组的组员制作一张名片，作为组内自我介绍，并让每个小组给本组取一个好听且能反映本组精神面貌的组名。

④组内分工。要选好主持人来主持本组活动，选好记录员来记录组内同学的发言要点、共同看法、不同的观点以及各种活动中收集的事实、证据、数据等，还要选好发言人来代表本小组在全班或大组交流时发言，还可以根据情况选一位纪律管理员。这些角色应该由组内成员轮流担任，以使每个学生都有发挥自己特长和经受锻炼的机会。

⑤讨论和制订小组公约或活动规则。

⑥各学习小组向全班同学汇报自己的组名和小组公约，作挑战性表态。

⑦教师小结，对学生作鼓励性评价，并提出要求。

（2）组织学习的策略与技能[1]。

在教学中，教师应该根据新授课、复习课、讲评课等不同课型的特点，采用不同的合作学习策略。比如，新授课的基本模式：出示目标，明确任务—独立思考，质疑发问—组内讨论，形成共识—班内交流，总结评价；试卷讲评课的基本模式：屏幕显示题目的得分情况统计和答案—明确教学目标和讨论要求（错因、正解、方法规律）—小组互助、自我纠错—生生和师生合作讨论，深入探究（重点难点）—总结反思，质疑积累。可以把总的合作学习课堂教学模式确定为“自主学习—互助解惑—合作探究”。

合作学习是课堂教学的一种重要方式，但并不是什么内容都适合合作学习。一般情况下，当学生对某一问题进行独立思考与研究后或在考试后有了疑难时，对同一问题有了不同见解时，在单独实验与操作过程中遇到困难时，开展小组合作讨论往往能取得最佳效果。教师应将全班教学、小组合作学习与个人独立学习三种基本的课堂组织方式有机结合，使课堂教学更生动活泼且富有实效。

（3）组织评价小组合作学习的策略与技能[2]。

合作学习的评价应着重考查学生的探究精神和创新意识，尊重和保护学生自主合作、大胆质疑和深入探究的积极性。要重视小组合作学习中的分层次评价和期望性评价，使评价全面且有激励性，教师应把握以下几点：一是学习过程评价与学习结果评价相结合，侧重于学习过程的评价（合作态度、合作方法、参与程度，即倾听、质疑、思考、交流和协作情况）；二是评价的内容应包括小组活动的秩序、组员参与情况、小组汇报水平和合作学习效果等方面；三是对小组集体的评价与对小组成员个人的评价要有机结合，要正视学生的客观差异，侧重于对小组集体的评价；四是做到教师评价、相互评价与自我评价相结合，注意从以教师评价为主向以自我评价为主的过渡，教师要帮助、引导学生分析存在的问题，并寻找改进的办法。另外，还可以定期进行诸如最佳学习小组、最佳小组长、最佳学习伙伴、最佳发言人和最快进步奖等评选活动。要重视评价小组成员之间互学、互帮、互补、互促的情况，把整个评价的重心由鼓励个人竞争达标转向引导大家合作达标，使每一位学生都树立起学习的信心。

阅读：自主合作学习中存在的六大问题[3]

目前课堂教学中的“自主合作学习”往往存在着“注重形式，忽视实质，缺乏实效”的

1　韩守宏，陈民生．自主合作学习的问题与对策［J］．上海教育科研，2009（2）：66-67.

2　同上。

3　同上。

现象。我们在实施过程中发现，主要存在着以下六大问题。

一是追求形式化。有些老师为了迎合时尚教法，视“合作学习”为教学时髦，甚至将它作为一张美丽的标签贴在课堂上，使之成为制造主体学习热烈气氛的工具。有些合作小组一看就知道是为公开课而临时拼凑的，小组成员间不具备合作的心理倾向，无法进行有效的互动交流，甚至有少数学生在合作时无所事事。有的教师已习惯于“满堂讲”“满堂问”，为装门面偶尔让学生讨论一下，可正当学生积极性正浓的时候，教师为了完成自己预设的进程，又强行中断学生的合作探究，结果严重挫伤了学生的积极性。还有些教师误把“合作”等同于“合并”，认为提几个问题，再把桌子拼一拼，前后排学生围坐在一起，就达到了合作的目的，而很少考虑小组成员安排的合理性及具体分工，导致学生对如何合作无从下手。也有部分教师给出的讨论题带有很大的随意性，重议轻思，甚至所提问题根本不具备讨论的价值。还有极个别教师常常跟着学生走，让学生想做什么就做什么，误以为自主学习就得一切都迁就学生。更有少数教师为使讨论有趣，不顾教学实际创设一些游离于教学内容之外的所谓情境，甚至以“用教材教”为新理念而刻意“孤立”教材，忽视双基（基础知识、基本技能）的落实……这类合作学习有名无实，流于形式，显然并不是实质意义上的合作学习。

二是过程自由化。一些教师为突出学生这一学习的主体，完全放手让学生自由地、开放地学习，自己则站在讲台上或袖手旁观，或若无其事地东瞧西看，或埋头看自己的教学资料，或在黑板上写自己想讲的要点，对各组学生在合作学习中的表现，合作过程中遇到的问题等情况一概不理。殊不知，如果学生的学习失去了教师的导航，就很容易偏离学习重点和难点的航线，成为一艘失控的航船。加之有些班级学生人数偏多，如果有些组员的学习积极性和自控性不是很强，很容易产生说闲话、做小动作等问题。有些教师甚至连小组合作学习的课堂气氛都难以控制。难怪有些公开课一搞合作学习，同学们就七嘴八舌，嘈杂声一堆，根本听不清谁在发言；有的小组里张三怎样说，李四就跟着说，人云亦云；有的小组里只有成绩较好的学生在评说，学困生压根儿沾不上边。所以，教师对学生的指导应贯穿整个教学过程的始终，对学生力所能及的，教师应避之；学生完成有困难的，教师应助之；学生力所不及的，教师应为之。

三是合作泛滥化。如上所言，自主合作学习是培养学生自主参与学习和寻求以互助合作手段解决问题的一种有效的学习方式，但我们不能为了合作而合作，如果学生没有足够的时间和空间自悟自练，所谓的合作讨论便成了空中楼阁。有的教师为了培养学生的自主合作学习能力，连一些没有多少思考价值的简单的问题也要让学生合作完成，好像一有问题就合作探讨才时髦，其结果自然只能令学生感到索然无味。所以把握好合作内容和合作契机是极其重要的。一般来说，作为起始环节的教师指导是后继的小组合作活动开展的基础，它不仅给学生提供了活动的知识背景，还使学生明确了活动的目的、要求和需要解决的重点和难点。这个环节没能设计周密，接着的自主合作活动往往会出问题。

四是差生边缘化。自主合作学习要求小组的每个成员对相关问题在独立思考分析的基础上以合作方式探讨和交流，如果教师指导不到位，一些反应较慢的后进生往往较少有交流发言的机会，久而久之，他们对合作学习就会失去兴趣，对问题不加思考，甚至照搬照抄别人的观点，慢慢就会养成不勤于思考、不善于思考的依赖性，其效果较之于教师控制下的传统教学可能更糟糕。当合作学习成为优秀学生展示个人才华的舞台，结果便只能是优生更优、差生更差。使差生边缘化的合作学习显然与其宗旨背道而驰了。

五是探究虚假化。新课程改革的一个重大举措就是强调探究性学习，并在教材中设计了大量的探究活动。探究性学习的确是一种比较有时代气息的教学方式，它的许多优势是传统的接受式教学方式无法比拟的。但是探究式教学方式也有不足之处，首先它对双基关注不够；其次它花时较多，这就决定了课堂教学不可能都采用探究式，而且有些易于理解的内容如那些以听讲、记忆、模仿、练习等为特征的陈述性知识也不适合于探究。无须探究的问题如果硬要去探究，往往会导致探究的浅层化和庸俗化。可见，探究式学习和接受式学习在课堂教学中不能截然分开，应该交替应用，在接受中有探究，在探究中有接受，两者应彼此取长补短，不可偏废。

六是评价简单化。有些教师自身对自主合作学习的实质不甚明了，其评价内容和评价方式便难免单一和片面。其主要问题表现在：①偏重对学生个体的评价，忽略了对学生所在小组集体的评价；②偏重对学习结果的评价，忽略了对学习过程与方法的评价；③教师很少对学生的学习态度、学习习惯、参与程度以及创新意识、实践能力进行评价，较多地关注答案正确是否，甚至对学生个性化的理解横加责难，结果禁锢了学生活跃而富有创意的思维。而对那些平时性格内向、少言寡语的学生的发言更是存在偏见。这类不公正、不全面的评价极易挫伤学生参与合作学习的积极性和主动性，更不可能很好地发挥"评价促发展"的功能。

优秀的自主合作学习方式的形成不是一朝一夕就能实现的，它需要我们精心组织、细心指导和长期的熏陶，并不断学习和探讨，不断反思和改进。

三、诱导性组织

诱导性组织就是在教学过程中用充满感情、亲切、热情的语言引导、鼓励学生参与教学过程，用生动有趣、富有启发性的语言引导学生积极思维的一种课堂组织形式[1]。组织教学的成功还取决于学生良好的学习氛围，因此，对学生学习积极性的激励以及行为控制就显得格外重要[2]。

1. 期望激励

教师对学生的期望会产生巨大的激励力量。因此，教师首先要相信学生，并对学生提出真诚的期望。在课堂教学中，教师应全身心地投入教学中去，通过诚恳的话语、期待的眼神来鼓励学生大胆发言，勇于表现自己，从而增强学生的自信心，获得成功的体验。对学困生也不能有不信任甚至看不起的情绪，教师要关心、爱护他们，多找他们身上的优点，及时鼓励，帮助他们克服自卑和自暴自弃的心理。

2. 榜样激励

中学生喜欢也善于模仿，通过观察模仿学习是重要的学习方式。教学中教师可以通过将优秀的同学作为学习榜样来激励其他学生，也可以通过介绍优秀科学家的事迹来激励学生。其中，学生榜样感染力最强，激励作用最大。值得注意的是，在利用榜样激励学生时，教师首先要成为榜样，否则只会事与愿违，达不到良好的教学效果。为此，教师在教学中要严格要求自己，注意自己的一言一行。比如，提高自己的教学水平，认真准备每一节课；真诚地关心与爱护学生，对学生不偏心（这是学生非常在意的）。教师的这些行为对学生起着耳濡目染、潜移默化的作用，并会产生无声的激励作用。

---

1 荣静娴，钱舍．微格教学与微格教研［M］．上海：华东师范大学出版社，2000：92.

2 许高厚．课堂教学技艺［M］．北京：北京师范大学出版社，1997：56.

3. 谅解性激励

教师对学生的无意差错或过失，不应该过于计较，应该采取宽容谅解的态度，这比批评、训斥更具有教育作用。

第三节　组织技能的设计与应用

一、组织技能的构成要素

教师光有学科知识和教育理论知识还不够，若教师满腹经纶，但无法对学生施加有效的影响，教学效果就会很差。因此，教师还必须学会将教育教学理论转化为驾驭课堂教学的能力，而要尽快实现这个转化，就需掌握好教学组织技能。教学组织技能主要由以下四个要素构成[1]。

1. 教学组织管理

教师要组织教学，首先要做的就是课堂的组织管理。班级就像一个小社会，根据组织学原理，可以把班级课堂教学的组织管理归纳为以下几方面：第一是确定实现组织目标所需的活动，按成员分工的原则进行分类，并按类别设立相应的工作职责。如，班长的职责是协助教师维持并协调好课堂教学秩序，组织全体同学在开始上课时和下课时与教师进行交流，而课代表则负责收发作业，协助教师处理学科教学中的有关问题。第二是规定组织结构中各自的职责并赋予相应权力，如班长有制止损害班级的不良行为发生的权力，课代表有要求学生上交作业的权力。第三是制订规章制度，建立和健全组织结构中纵横各方面的相互关系。只有这样才能避免由于职责不清造成执行中出现障碍，才能使学习组织有机地、协调地运行，从而保证组织目标的实现。

2. 有效控制教学

组织教学是一个复杂的系统工程，课堂教学是一个有规划、有步骤，有教学环节、教学内容、教学方法、教学媒体与教师和学生有机互动的一个过程。组织教学表面看很复杂，但一个组织良好、逻辑性强的课堂教学外在表现必然是教学过程流畅、教学步骤清晰明了。而要做到这些，就需要教师进行有效的教学控制。

首先，教师在课堂中应紧紧围绕教学目标进行教学，最大限度地减少随意性、盲目性和模糊性，提高教学的方向性、针对性和有效性。否则，就可能出现教师在枝节上大讲特讲，重点知识却轻轻带过的情况，从而造成知识重复和重点知识的遗漏。有些新教师往往认为要讲授的内容太过简单，因而添加很多无关的或学生难以理解的内容，从而偏离原来设定的教学目标；也有的新教师试图把几堂课的教学目标全部放在一堂课内完成，从而大大加重了学生的认知负担。因此，为防止教学目标出现偏差，新教师在制订教学目标时最好依据相应教材的教师参考书，因为一般教师参考书上都会明确提出教学目标。当教学能力逐步增强后则应该以课程标准为依据，遵循系统论、控制论的科学原理，整体把握，统筹安排。在具体操

1　杨美凤．组织教学技能训练［M］．天津：天津教育出版社，2010：28-43.

作时，还要注意课堂教学目标的内部结构和排列顺序，明确对认知目标的理解、应用、分析、综合、评价的具体要求，使之具有层次性、递进性、明确性、可操作性、可测量性。在教学过程中，要注意随时检查教学活动是否与目标和谐一致。

其次，从学生角度来看，在课堂上，对学生布置的每一项学习活动教师都应该向学生提出明确而具体的要求或目标。比如让学生看书、观察、讨论、倾听、思考、做练习等，然后由教师根据要求对学生的学习活动进行监控并随时给予指导。如果教师只布置活动，而不对具体的操作提出详细要求，学生就可能无法知道教师的教学目标和教学意图。这种情况下学生就不能很快地参与到活动中去，从而易导致四处张望、交头接耳等影响课堂纪律的问题出现。

最后，在明确了目标后，还应确定好教学程序。一般的课堂教学程序是"引入课题—展开课题—结束课题"，每个大环节里面还包含着多个小环节与步骤。根据教育学的课堂教学理论，正常的课堂教学环节如表 9-1 所示。

表 9-1　各个教学环节的特点

教学环节	组织教学内容（小的环节、步骤）
导入教学	组织教学、复习旧知识、形成学习动机
展开教学	组织变换教学方式、引导学生学习新教材
结束教学	组织巩固学习内容、指导反思学习、引导学生形成新的学习期待

在进行某项具体活动时，也应注意设计好活动程序，必要时还应向学生说明，以便使学生大体上遵循相同步骤去完成同一项任务。教师在组织学生观察、讨论、自学、练习和做实验时，都需要事先设计好操作程序并向学生加以说明。对程序的说明既可以在教学开始之前，也可以在教学过程中逐步进行，当然还可以两方面兼顾。

3. 准确进行观察判断

新教师在课堂上易沉浸在自己的讲述中，不看学生，这样就无法通过对学生进行观察来得到教学反馈信息，自然也无法根据学生反馈信息调整自己的教学。之所以出现这种情况，就是因为教师缺乏准确进行观察判断的技能。

准确进行观察判断是教师组织教学的前提条件，没有准确的观察判断就难以采取有效的教学组织措施。因此，教师要通过教学观察来敏锐地捕捉学生的反馈信息，并迅速做出准确的判断，及时调整教学。教师要善于通过察言观色来了解学生。以眼神为例，如果教师进教室后学生看着教师的眼神不对，那可能是教师的着装存在问题；如果学生目光炯炯有神，说明听课入神；如果瞳孔缩小，眼睛眯起来，说明学生听不懂或难于理解，也可能是教师讲得过快，来不及消化；如果学生眼睛老是盯着某个地方，则说明走神了；如果学生东张西望，则说明没有专心听课；如果一个学生在一段时间内经常出现眼神呆滞或涣散，则学生可能存在大问题。一般来说，如果全班学生坐姿端正，聚精会神，目光炯炯，课堂安静，注意力集中，随着教师的讲解不时给予相应的情感反应，那么说明教师的教学恰到好处，课堂可以按照教师的教学计划照常进行；但如果教师讲得津津有味，学生却东倒西歪，无精打采，即使在听也是表情淡漠，双目无神，那么就可能是教师自己的问题了，这时要及时与学生沟通，通过改变教学方法、策略或教学节奏来调整学生的情绪状态和参与状态。如果在板书之后，有学生看着黑板交头接耳或用手指点黑板，那可能是板书有错误；如果学生疲惫紧张，则应以舒缓的节奏加以调节；如果学生情绪松懈，则应加快节奏，使其情绪高涨，激发其学习的积极性。教师还要细心了解班集体的总体特点，了解每位学生的性格特点、气质类型以及学习风格，甚至他们的家庭状况，这样在课堂上才能真正做到知己知彼，判断准确。

案例 9-4：等待你的回答[1]

某位教师上课，提问一位学生，谁知她站起来后一言不发。这位教师幽默地说："××同学，你一句话也不说，是不是对教师有意见呀！"同学们都笑了，连这位学生自己都笑了。于是这位教师趁机说："好，等你答完再讲课。"过了一会儿，这位女同学果然回答了问题。

事后，有人问这位教师，如果那个学生一直不说话，课该怎么进行下去呢？这位教师说："不会的，你没看见她笑了吗？这说明她对老师没有抵触，问题又不难，相信她想一想一定会回答的。"

显然，这位教师恰当的教学手段就来源于敏锐的观察力。

4. 恰当进行反馈和矫正[2]

观察的目的是为反馈和矫正作准备，恰当地进行反馈和矫正又是教师组织技能中的另一个重要技能。反馈和矫正是指在课堂教学管理过程中教师对学生的情绪、行为做出即时评价，以调控课堂教学管理过程的主要手段，包括对学生的学习态度、学习体验和学习效果的评价等。教师反馈、矫正的措施主要有：暗示提醒、搁置争议、实事求是、照顾全体、运用机智、借用群体力量等。

（1）暗示提醒。

社会心理学对暗示的定义为在无对抗的条件下，通过语言、行动、表情或某种符号影响他人的心理行为，使其接受暗示者的观点、意见或暗示的一定活动方式。暗示首先强调要使学生处于愉快而不紧张的情境之中，在这种情境中，学生能激发出个体心理潜力，特别是无意识潜能。学生在身心放松、愉快自信中学习知识，能达到激活思维、增强记忆力、快速提高学习效率的效果。教师通过在课堂教学中设置导语、巧妙质疑、创设氛围、渲染情境等方式能收到事半功倍的效果。

暗示的方法有：①语言暗示，在学生回答问题出现困难时，教师可以以"你想想昨天老师是否提过相似的问题？"等语言进行暗示；在学生不注意听课时，可以用"个别同学刚才恐怕没听见我说的话吧？""我的话是不是每个人都听到了呢？我有点怀疑"等语言进行暗示。②体态语言暗示，包括表情、目光、手势、姿态、风度、衣着等体态语言的暗示，比如教师常常边讲解边走向不专心的学生，停留在他的身旁或拍拍他的肩膀，以肢体行为暗示或提示学生，同时又不影响其他学生的学习。③信誉暗示，利用青少年学生对领袖、英雄和有威望的人物的崇拜进行暗示。④情境暗示，如上"机械守恒定律"课前，教师先拿出一个拴着的大铁球，这自然吸引了学生的好奇心和注意力，正式上课时学生很容易就投入学习中来。⑤环境暗示，一个整洁、幽雅的教室环境非常有利于形成融洽和谐的课堂氛围[3]。

（2）搁置争议。

在教师与学生意见不统一时，教师不要以权威自居，要耐心讲道理。如果学生不正确，可以暂缓批评，运用延时的负强化。另外，在物理教学中常常出现教师和学生都对某个问题

1 杨美凤．组织教学技能训练［M］．天津：天津教育出版社，2010：34-35.

2 杨美凤．组织教学技能训练［M］．天津：天津教育出版社，2010：36-42.

3 施坚．积极心理暗示化解物理学习困惑［J］．教育科学论坛，2011（10）：39-41.

有争议或不甚清楚的情况，这时为顺利完成教学任务，教师可以提议暂时把这个问题放一放，课后再仔细思考，看能否解决。

（3）实事求是。

教师在教学中难免出错，比如写错字、读错字，甚至在解题时出现错误，当学生发现并提请教师纠正时，教师应该首先表扬学生认真听课的态度，同时向学生表示感谢。另外，教师在遇到解决不了的问题时应诚恳地向学生说明这个问题自己现在解决不了，等课后思考后再与他讨论。这种诚恳的态度不但不会损害教师的威信，反而会赢得学生的信赖，让学生感觉教师和蔼可亲。当然，从另一个角度说，教师也应加强自身素质，尽量少出现上述情况，否则次数一多，教师就会丧失威信。

另外，教师在面对课堂上的偶发事件时，要沉着应对，不要急于下判断或批评学生，应注重调查研究，查明事实真相后再做处理。

案例 9-5：老师请你吃面包 [1]

一天，教师上课正讲得津津有味，发现平时认真听课的一个学生今天总是坐不住，一会儿东张西望，一会儿闭目养神。教师用眼神暗示他注意听讲，但几次都没有效果，教师心里暗自生气。可是，另一个声音在提示着教师：不要着急，沉住气，问清原因再下结论也不迟。

下课了，教师把学生叫到办公室，问道："你上课怎么坐不住?"学生红着脸说："老师，今天我们家里有事，我没有吃饭，肚子饿得咕咕叫，实在难受，听不进去呀。"教师听后恍然大悟，庆幸自己上课的时候没有发火，否则岂不冤枉了学生！

教师急忙从自己的背包里取出一块面包给学生吃。

（4）照顾全体。

在班级教学中教师的教学是以中等程度学生为参考的，但在教学中也应关注到优秀学生的需求和学困生可能面临的困难，从而使全体学生都得到发展。比如设计习题时就应注意考虑层次性，设计课堂问题时也应考虑对不同层次的学生设计不同难度的问题。如果在课堂上出现意想不到的事情，只要不影响全班学生的学习，教师就不要中断正常的教学，以免影响多数学生的情绪和学习热情。

（5）运用机智。

课堂上总会出现一些偶发事件、突发事件，教师若是对这些问题束手无策或处理不当，就会使课堂教学陷入困境或僵局，还会导致师生产生对抗情绪。要正确应对这些事件，就需要教师运用教育机智。俄国教育家乌申斯基曾说："不论教育者怎样地研究了教育学理论，如果他缺乏教育机智，他就不可能成为一个优秀的教育实践者。"教师的教育机智是教师在教育、教学过程中的一种特殊定向能力，是指教师对学生活动的敏感性，能根据学生新的特别是意外的情况，迅速而正确地作出判断，随机应变地及时采取恰当而有效的教育措施解决问题的能力。它是教师良好的综合素质和修养的外在表现，是教师娴熟运用综合教育手段的能力。教育机智就其实质而言是一种转化师生矛盾的艺术，是一种正确处理教与学矛盾的技巧，教师需在短时间内寻找、筛选、确定一种处理偶发事件的最佳的教育方案，难度的确较大，但诚如"教学有法，教无定法"一样，偶发事件的处理还是有一定规律和方法的，只是需要教师在教学中机智灵活地加以运用。

---

1 杨美凤．组织教学技能训练［J］．天津：天津教育出版社，2010：39.

案例 9-6："温度计"教育机智[1]

教育机智是一种教育学上的机智和天赋，它使教育者有可能将一个没有成效的、没有希望的，甚至有危害的情境转换成一个有积极教育意义的事件。

上"温度计"课时，教师要求学生做分组实验：

(1) 体验自己对温度的感觉是否可靠；

(2) 观察体温计和实验室用温度计的构造并找出它们的异同；

(3) 学习用实验室温度计测量水的温度，并理解操作规则。(在学生的实验桌上放有一杯热水、一杯温水、一杯冷水)

实验前曾提醒学生：不能用体温计去测水温。结果还是有一个学生忍不住好奇把一支体温计插进了热水中，结果体温计的玻璃泡破了！我心中有些不悦，从杯中取出了那支破损的体温计，发现那薄薄的玻璃泡只剩下半截，水银全流到了杯中。我突然心生一计，把它拿上了讲台，像是什么也没发生一样，教学照常进行。当进行到分组实验（2）时，学生的汇报中竟有如此说法：实验室用的温度计，液体是装在一个玻璃泡里的，而体温计里的液体是装在一个金属圆筒里的。我诧异并下意识地再看手中的体温计：玻璃泡太薄了让人觉察不到它的存在，看上去真是银白色（里面水银的颜色）的，确实像是一个银色的金属圆筒。我算是"增长了见识"。我不置可否，让学生继续汇报……最终，我将那支破损的体温计放上实物展台展示给学生看，学生不仅见到了玻璃泡的薄，而且对"不能让温度计的玻璃泡碰触容器底或侧壁，不能将温度计当搅拌器使用"的规则都完全理解了。快下课时，我对损坏仪器一事作了这样的处理："这根体温计是由于一位同学不遵守操作规则而损坏的，但它的损坏使老师和同学们对体温计的了解都更深入和具体了，所以就由老师来赔偿吧。"我话音刚落，那位学生就站了起来说："对不起，老师，是我错了，应该我来赔。"我赞许地对他笑了，没再说什么。

案例 9-7："质量"教育机智[2]

机智使教师能找到许多教育的契机，对意想不到的情境进行崭新的、出乎意料的塑造，能将小事变得有意义。

在一次"质量"教学课之后，有一个学生课后来请教。我查看了他完成的作业，发现他将练习中的一道题做错了。那道题的大意是：你使用的物理课本的质量最接近以下哪个值？后面有四个选项，他选了 50 g 这个选项。当时，我的办公桌上就有天平和砝码，我让他掂量 50 g 的砝码和课本，他说区别不明显。于是我让他用天平称，书本太大不便称。我们用细线将书扎成卷状来称，结果发现质量接近 300 g。这个数据让他怀疑，他把书卷放在手掌上又掂了掂，惊奇地叫道："老师，怎么卷起来就会重得多呢？"他这句话让我眼前一亮，突然意识到了这是压强问题。我不急于告诉学生答案，又让他先后将书卷横放和竖放在天平上称。学生发现无论怎么称都一样，但掂量起来的感觉却不一样。这时，我告诉学生，这是压强问题，有兴趣可以自己先看书。在不久后的"压强"教学中，我就利用它设计了一个引入新课的兴趣实验：刚上课时，请一位学生上台，戴上眼罩，平摊双手，掌心朝上。这时老师向其余同学展示了两个完全一样的金属柱体，然后将其中一个柱体直接竖放在学生的一只手掌上，另一个柱体用塑料小托盘托住再放在学生的另一只手掌上。教师问："你两只手的感

1 陈芬．捕捉教育契机挥洒教育机智——初中物理教育机智例谈［J］．物理通报，2010（5）：10-11.

2 同上。

觉相同吗?”学生答:“一边重,一边轻。”教师说:“请把你认为重的一边举高。”大家惊奇地看到:那位同学将没有托盘的一边举了起来,也就是将轻的一边举了起来。之后,我让全班同学都来体验,大家的感觉都是相似的。在压强这个问题中,学生很容易把重力、压力、压强三个物理量混淆。通过这样的实验,不仅迅速而有效地激发了学生的学习动机,而且发挥了纠错功能,让学生充分地认识到感受到的并不是重力,而应该是别的什么。

只要用心,教师就会发现在平时的教学中有很多教育的契机。捕捉教育的契机,挥洒机智,哪怕是失败的操作,也要向它索要“价值”和“新意”!

(6)借用群体力量。

班级是一个群体,它由多个个体组成,群体成员根据一定的目的承担任务,相互交往,协同活动,并受共同的社会规范制约。一个好的班级往往有良好的班风、学风,这是因为班级群体建立的规范在起作用。因此,班级中的每个成员并不是孤立的,他们往往会被群体的规范所制约,产生吸引与排斥、竞争与合作等相互作用,这都是课堂的群体动力,教师要善于运用这种群体的力量。

二、课堂组织设计应注意的问题[1]

1. 以学生为本

以什么样的形式组织课堂教学,从根本上取决于教师的教育思想。如果教师以自己为中心,体现在课堂组织中就是强行要求学生绝对服从。现代教育理念则要求以学生为主体,教师为主导,学生要真正成为学习的主人,课堂上师生之间是一种平等互助的关系。为此,教师在组织教学时,要创设情境,调动学生的兴趣和学习动机,倡导自主、合作、探究的学习方式,培养学生的科学素养,并为学生的终身学习奠定基础,从而最终实现真正的教学相长。

2. 控制情绪,心态平和

在良好心境下上课,教师就容易表情丰富、思维敏捷,教学艺术就会得到淋漓尽致的发挥,而学生则如沐春风,思维也容易处于活跃状态,接受信息的能力也会更强。但课堂教学是个动态、变化的过程,学生的表现多种多样,往往还会出现一些意料之外的情况。此时,教师一定要控制好自己的情绪,不能在课堂上发泄自己的消极情绪,要保持平和的心态,教师如果不能控制好自己的情绪,学生就可能会变得战战兢兢,思维受阻,从而打乱甚至破坏课堂教学的正常秩序,影响学生的学习。

3. 钻研教材,讲究技巧

研究表明,越优秀的教师在教学管理上所花的时间就越少。这是因为优秀教师不是靠权威来压服学生,而是靠自身丰富的知识、娴熟的教学技能和技巧来吸引学生,使学生进入自觉的学习状态。这就要求教师认真研究课程标准和教材,深入把握学生心理特点和原有知识结构,学会灵活运用各种教学方式和技巧,对教学内容做出合理安排。只有这样,教师才能靠教学艺术和自身魅力激发起学生强烈的求知欲望,使其进入最佳的学习状态,从而形成良好的课堂氛围。

---

1 卫建国,张海珠. 课堂教学技能理论与实践[M]. 北京:北京师范大学出版社,2008:159-160.

4. 充满机智，灵活应变

教育机智是指教师对学生活动的敏感性，以及对教学中发生的意外情况做出快速反应和及时、恰当的处理。这是教师必须具备的能力，这种能力主要体现在能对出现的意外或特殊情况因势利导，把不利于课堂的行为引导到有益于学习的方面来。这就要求教师能恰到好处地处理课堂中突然出现的问题，根据实际情况，灵活地运用适当的教学形式，有针对性地及时处理，化不利因素为有利因素，恢复良好的教学秩序。所以，遇事不惊、沉着应对、机智灵活是教师成功驾驭课堂能力的体现，也是教师课堂组织技能不断走向成熟的标志。

5. 重视集体，形成风气

学生集体会形成一种无形的影响力和感染力，良好的班级风气和学习氛围一旦形成，学生就会在这个集体中受到熏陶。这是因为集体的精神力量和个人的精神世界是相互影响的。在一个优秀的集体中，个人就会从中受到感染，其不良的情绪和动机受到抑制；反过来，个人丰富多彩的精神世界也会给集体注入活力，使集体显现出无限生机。所以教师在课堂教学组织中善于把握集体舆论、形成良好风气，是组织教学的一项重要工作。

三、组织教学中的管理技巧

组织教学的过程即教师实施课堂管理的过程。课堂管理的成功在于预防，要使管理有效，就必须使课堂管理的每个方面都作为一个整体发挥作用。但不论怎样预防，课堂中还是会存在问题行为，杨美凤曾调查过某校受培训的 30 名新教师，从调查数据看，无论是师生关系、课堂纪律维持还是教学效果等方面都不尽如人意，特别是在课堂纪律维持方面，有一半的教师认为自己维持课堂纪律的能力很差。为此，教师除了加强自身教学能力之外，还应掌握一些相应的小技巧[1]。

1. 准确传递信息的技巧

教师在纠正学生错误行为前，先要让学生清楚自己的问题，为此，教师在与学生交流时应注意以下问题：

（1）信息中心是学生行为。对学生的批评重点应放在学生的错误行为上，而不是放在学生的态度或个人的价值上，更不应该扩展到攻击学生的家庭上去。教师如果不想让学生打断自己的谈话，就要直截了当地对学生说“××，请不要插话”或“××，请等我把话说完再发言”，而不能说“你没看到我正忙着吗?”之类的话。

（2）要向学生传递出准确、清晰的信息。教师在纠正学生错误时要明确告诉他犯了什么错，或要做什么，而不是给出模糊不清的信息。比如，“我不希望你老是在课堂上违反纪律”这句话就不够清晰明确，这时教师应该说清具体违反了什么纪律。在给学生指令时也要明确具体，比如“请在明天上早自习前把作业上交”“请翻到课本第十页”。

（3）信息应简洁。教师在传递信息时，不要拖泥带水，更不要词不达意，在保证信息清晰、明确、具体的情况下，所用词汇越少越好，否则学生就可能无法把握教师的真实想法，从而错误理解教师传递的信息。教师在表述时，要控制情绪，保持平静，以平常的语气传递所要发出的信息。

（4）要给出不按教师要求做的后果。教师在提出要求时，首先要让学生认识到这不是威

1 李亚男．新时期教学技能与艺术基础［M］．长春：东北师范大学出版社，2010：148-155.

胁，也不是惩罚，而是解决问题的方法，但如果不按教师指令做，则要承担相应的后果。比如，当发现学生骂脏话时，教师想阻止学生再犯，应该说“不要再让我发现你说脏话，否则，我会叫你的家长来，商量怎么处理这个问题”。另外，教师要言行一致，说到做到，要公平对待每一个学生，不偏袒某个学生。

（5）用肯定语言描述教师希望的行为。研究表明，教师用肯定语言描述希望学生做到的行为，效果会更好。如，“不要用力关门”可改成“请轻轻关门”，“不要抄作业”可改成“请大家努力自己把这些题做出来，要相信你们能行”，“不要发出嘈杂的声音”可改成“学习时请保持安静”，“不要把实验桌上的东西弄得乱七八糟”改为“请实验结束后把桌子上的仪器整理好”等。

2. 清除轻度课堂违纪行为的技巧

课堂中轻微的违纪行为可以被适当忽略，但当这种行为一再发生，并且有变本加厉的趋势，以至于将影响其他学生或教学的正常秩序时，教师就应该考虑制止这些行为了。以下这些技巧能有效地帮助教师维持课堂教学秩序：

（1）眼神示意。教师在上课时往往会不时地巡视全班学生，学生在做小动作时往往会看看教师是否会注意到自己。这时教师只要盯着学生，用目光示意，学生就会明白教师发现了自己的不当行为，从而纠正。

（2）体态运用。当学生走神没有注意到教师，或教师用眼神示意后学生还是没有停止不当行为时，教师可以用手势进行制止，或边讲边走近学生后挨着他站立一会儿，或直接轻轻触碰学生以提醒他。

（3）排除干扰注意力的诱因。当学生在玩东西、看课外书时，教师可以将这些东西拿走，从而使学生重新回到学习状态。

（4）进行提问。可以抓住时机对违纪学生或其同桌提问，这样就可以迫使学生把精力集中到学习上，从而避免学生违纪。这种方法应谨慎使用，否则学生会将此看作“抓”他们的借口；所提问题应恰当，学生即使没有听到前一个问题也能够回答，这样他们就不会觉得尴尬，并停止对课堂的干扰。如果学生回答不出，也不要讽刺挖苦，而应正面提出认真听讲的要求。比如，可以说“答不出没关系，下面一定要仔细听老师讲”。

（5）停顿。授课时短时间的停顿、放慢语速、一字一句地讲话，并配合以眼神的交流能有效地促使学生修正自己的行为。

（6）巧用点名。当教师在传授知识而不是提问时，为了引起某个学生的注意，可以把他的名字夹杂在自己的讲课之中，如“下面请大家把书翻到第二十页，李××，你与大家一起翻书”。

（7）使用幽默的语言。当课堂气氛沉闷，学生注意力下降，从而产生问题行为时，教师可用轻松幽默的语言来调节气氛和提示学生，以防止问题行为的出现及制止和纠正已有的问题行为。

（8）有意忽视。某些学生的问题行为隐含着想引起他人注意的愿望，如果教师直接干预，可能正好迎合了他的目的。因此，当教师有意忽视时，学生会自觉没趣而改变其行为。

（9）转移注意。自尊心比较强的学生产生问题行为时，如果当面直接制止，可能会出现反效果或后遗症，这时可运用比喻加以暗示，使之转移注意，从而停止其问题行为[1]。

1　陈时见．课堂问题行为的管理策略［J］．基础教育研究，1998（6）：17-20.

(10) 表扬与不良行为相反的行为。对许多学生来说，表扬是强有力的激励。要想减少学生的问题行为，不妨表扬与其相反的行为，可以是他们所做出的，或者是其他同学做出的。这就是说要从学生的正确活动入手，如果学生常擅自离开座位，教师就要在他们坐在座位上认真学习的时刻表扬他们；如果学生交头接耳，教师就要表扬其他专心致志的学生[1]。

(11) 反复提示。好的行为习惯很难一下就养成。所以，当学生的轻度违纪行为反复出现时，教师应利用上面提到的多种方法，耐心细致地反复进行提示，直到学生改正。

3. 处理程度较重的不良行为的技巧

当学生行为对课堂教学产生严重干扰时，教师就必须直接阻止这种行为的发生。

(1) 直接干涉纠正。

教师应直接点名批评，指明学生违反了什么纪律，并用坚定的语气告诉学生需要做什么。如"×××，你讲话本身就不对，现在还影响到其他同学，请注意保持安静""×××，你现在到教室后面站一会儿，过 5 min 再回到座位上来""×××，请保持安静，课后和我一起去办公室""同学们，现在我们班级太吵了，大家与我一起念班规第十条，念三遍后我们再继续上课"。在纠正学生违纪行为时不要因个别学生的问题，演变成对全班学生的集体"惩罚"，不要将惩罚扩大化。另外，在进行直接干涉纠正时，教师可充分发挥自己的智慧，利用教育机智，灵活处理学生违纪事件，这会产生意想不到的效果。

当学生拒绝听从简单的提示，甚至有意无视教师的要求，或故意试探教师的底线时，教师不应自乱阵脚地指责学生或愤怒地威胁学生"你为什么要那样做？你是不是要扰乱班级秩序？""你应当为你的行为感到羞耻""你会后悔的……"，这样做不但解决不了问题，还会影响其他学生，甚至会造成师生关系紧张。此时教师正确的做法应该是：看着学生或叫着学生的名字，反复对学生进行提示，既不与学生争吵，也不理会学生的抱怨，只是平静地重复要求。当学生认识到教师立场坚定，不达目的不罢休时，就可能会停止不良行为[2]。

案例 9-8：请你唱首歌

教师在课堂上很投入地讲课，同学们聚精会神地听讲，教师突然发现一名学生在听 MP3，可能一些教师会当场没收或损毁学生的 MP3，达到威慑学生和维护自己尊严的目的。而面对这样偶发的违纪事件，这位教师却走到违纪学生面前，摘下学生的耳麦，鼓励学生把听到的歌给全班同学唱一遍，在这样的情景中，违纪学生受到的教育应该比被教师直接处罚效果要好得多。

案例 9-9：走上门框的扫帚

课堂上有些违纪事件使教师处于窘境，查处会拖延时间，不理睬又会损害教师威信。在这种情况下，教师可采用幽默法，暂时让自己摆脱窘境。例如教师走进教室时，刚刚推开虚掩着的教室门，忽然一把扫帚掉了下来，不偏不倚，正好砸在教师的头上，课堂上一片哗然，这分明是学生搞的恶作剧。可这位教师并没有大发雷霆，而是轻轻地捡起掉在地上的扫帚，自我解嘲地笑着说："看来我工作中的问题不少，连不会说话的扫帚也走上门框，向我表示不满了。同学们，你们天天与我一起相处，对我有更多的了解，希望你们在课后也给我提提意见，帮助我改进工作吧！"教室在响起一阵窃窃私语之后，很快地安静下来了，这位教师面对损害自己的行为以玩笑幽默带过，既显示了诙谐大度，又让自己摆脱尴尬境地，还

1 马慧．课堂问题行为与课堂纪律管理［J］．现代教育科学，2004（2）：20，48-49.

2 同上。

为学生创设了自我教育的氛围。

(2) 探究调查。

当学生出现的问题不明朗时，要考虑先调查再处理，特别是学生的表现与平时表现截然相反时，更要弄清原委，慎重处理。比如前面提到的案例中，一个平时认真听讲的学生忽然变得焦躁不安，那位教师没有不分青红皂白批评一通，而是在课后具体了解情况，寻找原因。值得新教师注意的是，学生常常因为怕受责罚而说谎，这时教师要让学生明白，说谎肯定无法蒙混过关，教师会多渠道了解核实。比如，有位教师上课时发现学生旷课，了解情况时，该生说是家里有事才没来，于是教师就相信了并不再追究，后来学生毕业后主动承认他当时是出去玩了。这位教师之所以受骗，关键原因就是没有进行多方了解核实。

(3) 帮助学生解决冲突。

青少年之间的冲突不可避免，在学生出现冲突时，教师不应该单纯压制了事，而要让学生学会用协商的办法来解决冲突，这也为学生今后进入社会处理人际关系作了铺垫。如果是在课堂上发生对抗性冲突，双方情绪激烈，教师可以先将他们劝离课堂，避开冲突情境，使其情绪缓和，再作决断。在解决冲突时，首先要鼓励冲突双方面对面表达对冲突的看法，这样冲突双方才有可能直接面对冲突寻求解决办法。在此基础上，共同对冲突进行界定，以所有当事人都能接受的方式来界定冲突问题，这是解决冲突的关键步骤。接着要求学生换位思考，将心比心，站在对方的角度思考，并进行交流协商，从而帮助双方相互理解。最后，鼓励双方寻求解决冲突的办法，并达成一致意见，执行共同作出的协议。协议应该具体阐明双方的行为在以后要有怎样的变化？如果冲突再现，要如何解决等。

4. 惩罚学生的技巧

如果有理由认为学生不会再犯，那么处罚就不适合用于处理单个的事件，即使相当严重的事件也不适合。只有当学生反复发生不良行为，且没有改正的表现时，教师才应该使用惩罚的手段来对学生进行管理。惩罚要对学生有威慑力，否则起不到应有的作用。在对学生进行惩罚时教师的语气和态度非常重要，教师要对学生表现出深切的关心、迷惑不解以及对学生行为的遗憾。教师在惩罚时一定要让学生明白这样的意思："你一直在违反纪律，我已经多次提醒和解释过了，但你还是屡教不改，我不会让你这种行为再持续下去了。如果这种行为再出现，我就必须惩罚你，我并不想这样做，但又必须这样做，你让我别无选择。"在对学生进行惩罚时，应该注意的是，惩罚能控制学生的不良行为，但惩罚本身并不能教会学生怎样变得受人欢迎或者减少学生的捣乱欲望。所以，教师还应告诉学生是什么行为使他受到了惩罚，必须恢复什么样的正常行为才不会再受惩罚。惩罚的方式应与学生的错误行为联系起来。当学生接受完处罚后，教师应当接纳他，不要有任何挖苦、嘲讽和歧视。

在对学生进行惩罚时，应注意避免以下行为：

(1) 辱骂。对学生用侮辱性的语言是绝对不恰当的，它只会使受批评的学生和其他学生讨厌和怨恨教师。

(2) 体罚。像罚做二十个俯卧撑、罚跑三圈操场这样的轻微体罚可能有助于学生不良行为的纠正，但在教学中常有些教师控制不住自己的情绪，扇学生耳光，踢打学生，罚学生长跑，甚至罚学生跪在教室内。这些体罚使教师处于攻击学生的地位，对学生产生生理或心理上的伤害。而且，万一造成严重的身体伤害，对师生而言都是难以承受的。另外，由于体罚的焦点在于体罚本身而不是不良行为，其结果并不能引起学生对不良行为的负疚感，不仅可能无法纠正学生的不良行为，而且可能带来更严重的后果。

（3）罚抄写。无论是罚学生抄写公式、定律等还是罚学生抄写规章制度，罚抄几遍，可能有助于学生记住这些内容，但如果罚抄几十上百遍，那就只是浪费时间，甚至会使学生反感，从而使其走向逆反的极端。

阅读：如何有效地控制好课堂纪律[1]

一、课堂问题行为的类型及其影响因素

所谓课堂问题行为，一般指发生在课堂上与课堂行为规范和教学要求不一致并影响正常课堂秩序及教学效率的课堂行为。这样的行为不仅影响学生的身心健康，而且常常引起课堂纪律问题，影响教学质量。研究发现，一个学生的不良课堂行为不只是影响他自己的学习，同时可能影响课堂上其他学生的学习。在一般情况下，一个学生的问题行为可能简单地诱发另一个学生不听课，也可能使问题蔓延开来，诱发许多学生产生类似的问题行为，即产生所谓的“病原体传染”现象，它会扩散至全班，破坏课堂秩序，影响教学活动的正常进行。这种问题行为是许多教师常常遇到的，也是最怕发生的。因此，对课堂问题行为及时加以防范和控制，也是课堂管理的重要内容之一。

目前最普遍的一种分类是根据学生行为表现的倾向，将课堂问题行为分为两类：一类是外向性问题行为，一类是内向性问题行为。

外向性问题行为主要包括相互争吵、挑衅推撞等攻击性行为；交头接耳、高声喧哗等扰乱秩序的行为；作滑稽表演、口出怪调等故意惹人注意的行为；故意顶撞班干部或教师、破坏课堂规则的盲目反抗权威的行为；等等。外向性问题行为容易被觉察，它会直接干扰课堂纪律，影响正常教学活动的进行，教师对这类行为应果断、迅速地加以制止，以防止其在课堂中蔓延。

内向性问题行为主要表现为在课堂上心不在焉、胡思乱想、做白日梦、发呆等注意力涣散行为；害怕提问、抑郁孤僻、不与同学交往等退缩行为；胡乱涂写、抄袭作业等不负责任的行为；迟到、早退、逃学等抗拒行为。内向性问题行为大多不会对课堂秩序构成直接威胁，因而不易被教师察觉。但这类问题行为对教学效果有很大影响，对学生个人的成长危害也很大。因此，教师在课堂管理中不能只根据行为的外部表现判断问题行为，不能只控制外向性问题行为，对内向性问题行为也要认真防范，及时纠正。

研究结果表明，课堂问题行为的产生常常受多种因素的影响。概括起来，主要的影响因素集中在学生、教师和环境三个方面。

（一）学生方面的影响因素

大量的课堂问题行为是由学生自身的因素引起的。这些因素主要是挫折。在日常学习生活中，学业成绩不良、人际关系不协调、对教师教学要求的不适应等，都会使学生产生挫折感，并引发紧张、焦虑、惧怕甚至愤怒等情绪反应，在一定条件下这种情绪反应就可能演变为课堂问题行为。

（1）寻求注意。研究发现，一些自尊感较强但因为成绩较差或其他原因得不到集体和教师承认的学生，往往故意在课堂上制造一些麻烦以引起教师和同学的注意。

（2）性别特征。男孩活动量大，精力旺盛，喜欢探究，但他们的心理成熟程度和自控能力比同年龄的女孩普遍要低，因而出现课堂问题行为的可能性要大于女孩。

（3）人格因素。学生的课堂行为问题在一定程度上与其个性心理特征如能力、性格、气

1　苏丹兰．课堂纪律管理刍议［J］．山东教育科研，1997（1）：41-44.

质、情绪等也有联系。例如，内倾化的人格，常表现出抑制退缩行为，不愿与人交往，自我意识强，易受暗示。而外倾化的人格，则喜欢交际，迎合热闹，胆子较大，善于获取新事物，自制能力较弱，违反纪律的情况相对较多。

（4）生理因素。学生的生理因素也常是导致问题行为出现的因素之一，生理上的不健康（无论是短期的还是长期的），发育期的紧张、疲劳和营养不良等都会影响学生的行为，这方面因素在日常学习生活中往往被忽略。另外，还有些学生的过度活动是轻微脑功能失调（简称 MBD）造成的，教师对这些学生要更热情地关心，帮助他们掌握控制冲动的方法。

（二）教师方面的影响因素

课堂里发生的问题行为，看上去是学生的问题，实际上与教师也有关系，有些问题行为就是教师方面的原因造成的。要想形成良好的课堂纪律，教师也必须对自身进行一定约束和调整。一般来说，对课堂问题行为产生影响的教师方面的因素主要有：

1. 教学不当

教学不当指教师由于备课不充分，缺乏教学组织能力，或表达能力差而造成教学失误，进而引起课堂问题行为。常见的教学不当有教学要求不当，例如对学生要求过高或过低；教学组织不当，例如教学从一个活动跳跃到下一个活动时缺乏顺利“过渡”的环节，会使学生无法参与教学过程；讲解不当，如果教师在学生面前讲课时显得无能、迟钝、笨拙，而且在一段时间里只“困死”在一个问题上，那么学生就有可能置功课于脑后而捣乱起来。

2. 管理不当

管理不当可能是教师引起课堂问题行为的最主要因素。这方面最突出的问题是教师对学生的问题行为反应过激，滥用惩罚手段。例如，有些教师对学生的个别不良行为经常作出过激反应，动辄中断教学大加训斥，有的甚至不惜花费整堂课时间进行冗长的训斥，这种失当的管理方法往往会激化矛盾，使个别学生的问题行为扩散开来，产生“病原体传染”效应。还有些教师过于相信惩罚在解决问题行为方面的效力，常常不分青红皂白地运用各种手段对学生进行惩罚。研究发现，滥用惩罚手段特别是体罚或变相体罚学生，不仅不能很好地维持课堂秩序，还会大大降低教师的威信，甚至引起学生对教师的怨恨情绪，诱发学生攻击性的课堂问题行为。

3. 丧失威信

在学生心目中失去威信的教师是很难管好课堂的，丧失威信也是多方面因素造成的，前面提到的教学不当、管理不当也会造成教师威信下降。一般说来，出现以下行为的教师容易在学生心目中丧失威信：

（1）业务水平低，教学方法不好。

（2）对教学不认真负责，上课懒懒散散。

（3）对学生的要求不一致，说了以后不检查。

（4）向学生承诺，但总是不兑现。

（5）不关心学生，待人冷漠。

（6）缺乏自我批评精神，明知错了，还要强词夺理。

（7）带有偏见，处事不公。

（三）环境方面的影响因素

包括校外环境和校内环境中的许多因素，都会对学生的行为产生一定影响。例如，大众传播媒介、家庭环境、班级人数与课堂座位编排方式、教学环境的温度和色彩等环境因素对学生的课堂行为都会产生十分明显的影响。有研究发现，家庭中父母不和、经常打闹的学生，在课堂上经常表现得或孤僻退缩，或烦躁不安，甚至挑衅生事。另有研究发现，教室墙壁和家具的色彩过于强烈和鲜艳，容易使儿童在课堂上兴奋好动，注意力分散，不专心听讲。教室内温度过高，学生容易烦躁不安，课堂上的不友善行为和冲突性行为随之增加，课堂秩序不易维持。在日常教学中，我们也可以发现，人数较少的班级课堂纪律往往较好，教师用于课堂管理的时间也较少。而人数较多的班级中，学生的个人活动空间相对受到他人挤占，这往往成为诱发学生好动争吵和产生破坏课堂纪律行为的一个主因。这种现象应引起教育工作者足够的重视。

二、课堂纪律与问题行为的管理策略

（一）将一般要求变为课堂程序和常规

有效的课堂管理，实际上是在建立有序的课堂规则的过程中实现的。教师每天面对的是几十个性格各异、活泼好动的学生，如果没有一套行之有效的课堂程序和常规，就不可能将这些学生有序地组织在教学活动中。实践表明，教师适时将一些一般性要求固定下来，形成学生的课堂行为规范并严格监督执行，不仅可以提高课堂管理效率，避免秩序混乱，而且学生适应这些规则后会形成心理上的稳定感，增强对课堂教学的认同感。例如，音乐课上要求学生上课时随着教师的琴声一行行列队轻轻走入教室，在音乐声中向教师问好、坐下，下课后仍按小组队形踩着音乐节奏轻轻退出教室。在这种要求下学生一旦养成行为习惯，就可以长久地发挥作用，产生积极的管理效益和教学效益。相反，如果一个教师不注意课堂规则的建立，只通过不断提出的各种要求、指令维持课堂秩序，不仅使管理效率低，浪费时间，而且容易因要求不当引起新的课堂问题行为。

（二）及时巩固课堂管理制度

一旦形成了课堂管理制度，就要及时反复巩固它，必要时还要加以修正。巩固管理制度的教师行为主要有：

1. 认真监控

认真监控指教师应仔细认真地观察课堂活动，讲课时应始终密切注意学生的动态，学生做作业时要经常巡视全班学生。善于指导学生行为的教师，应能在学生的不恰当行为造成混乱之前就有所察觉。

2. 及时恰当地处理问题行为

只发现问题是不够的，教师还必须采取一定措施处理问题行为，教师采取什么措施取决于问题的性质和场合。例如，有些学生静坐在座位上但不听课，看连环画或伏在桌子上睡觉，这类问题行为属于内向性的，它不明显干扰课堂教学，因此教师不宜在课堂里停止教学而公开指责他们，可以采取给予信号、邻近控制、向其发问和课后谈话等措施加以处理。有些学生大声喧哗、戏弄同学、扮小丑和顶撞教师，这类行为是外向性的，它们对课堂有较大干扰，教师必须通过警告、批评等措施迅速制止，必要时可以适当惩罚。

3. 灵活运用奖惩手段

运用奖励手段鼓励正当行为，通过惩罚制止不良行为，这是巩固管理制度，提高管理效率的有效途径之一。奖惩的具体办法有很多，例如教师表情上的赞同与不赞同，表扬与批评，给予学生某种荣誉或取消荣誉、发奖品、课后留校、暂停听课、送校长室等。在实施奖惩时需注意以下几点：一是根据实际情况灵活运用，以奖励为主；二是维护课堂规则的权威性，严格按制度实施奖惩；三是惩罚手段不能滥用，更不能体罚学生。

（三）降低课堂焦虑水平

焦虑是一种情绪状态，是一个人自尊心受到威胁时的情绪反应。适度的焦虑可以有效激励学生的学习，因而是十分必要的。但焦虑过度则可能影响学生的学习成绩并导致问题行为。有效的课堂管理应该帮助学生在焦虑过度而尚未形成问题行为前降低焦虑的强度。调控学生焦虑水平的办法主要有两种：一是通过谈话了解、诊断焦虑的原因，然后诱导学生把造成焦虑的烦恼宣泄出来。二是针对焦虑的原因适当调整教学情境，例如调整教学要求、进度，调整教学评价的方法或要求等。课堂中不仅存在着学生的焦虑，教师也会产生焦虑。通常情况下，课堂纪律问题是引起教师焦虑的一个重要原因。有些教师特别是一些新教师，由于缺乏课堂管理的成功经验，对学生纪律问题经常忧心忡忡，担心课堂上出现问题行为，于是常常采取一些生硬措施控制课堂，频繁指责训斥学生。这样做反而激化了矛盾，扰乱了课堂秩序，进一步加剧了教师的焦虑。实际上，能否维持好课堂纪律，很大程度上取决于教师对学生的态度及教师与全体学生间的人际关系。教师如果能真正关心、尊重、爱护学生，了解学生的要求，讲求工作方法，学生反过来会维护、支持教师的工作，课堂纪律就容易维持，教师的焦虑水平也会大大降低，课堂管理效率会得到相应提高。

（四）实行行为矫正，开展心理辅导

行为矫正是用条件反射的原理来强化学生良好的行为以取代或消除其不良行为的一种方法。行为矫正的方法比较适合用于较为简单的问题行为，例如上课爱讲话、好动等行为。行为矫正的具体步骤如下：

（1）确定需矫正的问题行为；

（2）制定矫正目标；

（3）选择适当的强化物和强化时间；

（4）排除维持或强化问题行为的刺激；

（5）以良好行为逐渐取代或消除问题行为。

心理辅导有助于提高课堂纪律水平，形成良好行为习惯。心理辅导的主要目标是通过调整学生的自我意识，排除自我潜能发挥的障碍，以及帮助学生正确认识自己和评价自己来改变学生的外部行为。从这一点看，心理辅导是从内而外地做工作，它不像行为矫正那样完全以改变外部行为表现为目标，因而比较适用于调整较为复杂的问题行为。但心理辅导工作能否奏效，还取决于师生之间是否真正建立起了信任、融洽、合作的人际关系，能否展开真诚的思想、情感交流。因此，这项工作对教师的要求是比较高的，教师应注意提高自身素养，加强与学生的联系与交往，以不断提高课堂管理效率。

第四节　组织技能的训练与评价

一、训练目标

（1）熟悉组织技能的常见类型、要素和应用要点。

（2）能根据教学需要，灵活运用不同类型的组织管理技能。

（3）能对课堂纪律进行有效管理。

（4）能客观准确地依据组织技能评价标准来评价自己或他人的组织技能，并提高自己的课堂组织技能。

二、训练内容

（1）选择自己熟悉的一节物理教学内容，根据教学目标要求，从指导性组织中选择一种类型的组织技能设计一个约 10 min 的微格教学教案。

（2）根据教案，先进行独自训练，然后以小组为单位进行实际教学训练，并在小组讨论和评价后进一步修改教案和实践教学。

（3）小组成员分别针对以下课堂问题设计应对办法，尝试进行课堂模拟教学，并相互评价[1]。

①个别（或很多）学生上课时思想开小差或睡觉；

②在课堂上某个学生的手机突然响了；

③某个学生在课堂上玩手机游戏或用手机上网；

④某个学生上课时突然发出声音，引起全班一片哗然；

⑤教师上课讲到某一知识点时，某个学生站起来发表与教师不同的见解，且其见解是错误（正确）的；

⑥上课时某个学生的书或笔掉到地上，发出较大的声音，打断了其他学生上课的注意力；

⑦上课一段时间后，突然有学生迟到喊“报告”，样子还很滑稽可笑，而此时教师正在带领学生分析问题；

⑧上课期间，突然有学生晕倒或口吐白沫；

⑨课堂上学生提出一个物理问题，教师一下子解答不出来；

⑩实验课上，学生打打闹闹，不爱惜实验仪器，或不整理实验仪器就离开了；

⑪实验课上，学生怕被老师骂，在实验失败时伪造数据；

⑫实验课结束后，学生把实验室里的小部件拿走，但教师又无法确认是谁拿走的。

1　林钦．物理微格教学［M］．厦门：厦门大学出版社，2008：247.

三、评价量表

班级________ 姓名________ 学号________ 训练时间________

课题________________________________

请您听课后对以下项目进行评价，在相应的等级处打“√”

评价内容	评价等级				权重
	优	良	中	差	
1. 语言恰当，要求明确，控制教学效果好					0.15
2. 组织引导方法得当					0.15
3. 能使学生始终处于积极状态					0.15
4. 及时运用反馈，调整教学好					0.10
5. 控制教学进度，时间掌握好					0.10
6. 组织管理中能尊重学生，师生合作好，气氛融洽					0.10
7. 组织教学的方式灵活多样					0.10
8. 有效处理课堂教学中的纪律问题和突发事件					0.15
总分					

评语：

思考题

(1) 组织课堂活动技能在课堂教学中的作用是什么？

(2) 组织课堂活动技能的类型有哪些？

(3) 如何对学生分组实验进行组织管理？

(4) 对轻度和程度较重的课堂违纪事件的处理有何区别？

(5) 试搜集有关课堂纪律管理方面的经验或故事，并相互交流。

第十章 物理教学结束技能

第一节 物理教学结束技能概述

如果把一堂具有教学艺术魅力的好课比作一支婉转悠扬的乐曲，“导入”就是“起调”，新课教学过程就是“主旋律”，“结束”就是“终曲”。“起调”扣人心弦，“主旋律”引人入胜，“终曲”则有余音绕梁之感。

完美的教学必须做到善始善终，故结束技能与导入技能一样，是衡量教师教学艺术水平的重要标志之一。

一、结束技能的内涵

课堂结束，可以说是将学生的注意力引导到一个特定任务或者说是学习步骤的完成。课堂结束技能是教师运用归纳总结、实践活动、转化升华等教学活动对所教授的知识和技能进行及时的归纳和运用，并使新知识有效地纳入学生原有的认知结构的教学行为方式[1]。

结束技能不仅广泛地应用于一节课的结束和一章教学的结束，也经常应用于讲授新概念、新知识的结束。课堂教学的结束阶段往往是一堂课的总结性阶段，甚至是整节课画龙点睛之处，但此时学生精力容易分散，情绪容易松弛，所以教师应当重视结束设计。

课堂教学的结束，要将学生所学的分散的知识集中起来，进行系统的教学总结，要收拢学生纷繁的思绪，帮助他们厘清思路，完成由感性认识到理性认识的飞跃，使学生对所学知识了然于胸，变瞬时记忆为长时记忆；指引学生在旧知识的基础上向新知识进军，激励学生不断向新的高峰攀登。所以课堂结束是课堂教学必不可少的一个环节，也是教师展现智慧的环节。

二、结束技能的作用

好的课堂教学结束是教学科学性的体现，它不仅可以对教学内容或教学活动起到系统概括、画龙点睛和提炼升华的作用，而且能拓宽、延伸教学内容，激发学生旺盛的求知欲望和浓厚的学习兴趣，对直接提高课堂教学效率、影响学生日后的学习效率产生重要的作用。好的结束设计具有归纳总结、提示重点、设置悬念、启发思考、解疑答问、情感激励、强化记

1 荣静娴，钱舍．微格教学与微格教研［M］．上海：华东师范大学出版社，2000：99.

忆、加强反馈等作用。

1. 梳理知识，形成知识网络

布鲁纳认为学习从本质上说是个体建立、改造、重组认知结构的过程。每节课的知识都包含了一定的信息，这些信息不是孤立的，而是按照一定的关系联系在一起的。因此，教师在课堂教学结束时，应适时地将本节课的内容进行系统整合，将其结构化、系统化。这样学生才能够在教师的引导下，跳出原来的思维框架，充分体会和理解学习过程，从而对所学知识及其内在的联系有较为深刻的认识，形成良好的认知结构，并将知识从原来的瞬时记忆转化为长时记忆，起到复习巩固的作用。

案例 10-1“浮力的应用”结束

教师讲解了“浮力的应用”相关知识后，让学生填写表10-1，可以起到归纳总结，使知识系统化、结构化的作用。

表 10-1　“浮力的应用”小结

实例	轮船	潜水艇	气球和飞艇
具体方法	用空心办法，增大体积，增大受到的浮力	靠水舱充、放水来改变自重	靠充气或升温来改变体积，从而改变浮力
原理	利用漂浮条件工作	利用浮沉条件工作	利用浮沉条件工作
实际应用	$\because F_{浮}=G_{船}$ $=\rho_{水}gV_{排}$ $\therefore V_{排}=G_{船}/\rho_{水}g$ $V_{排}$ 与 $G_{船}$ 和 $\rho_{水}$ 有关	$\because F_{浮}$ 一定 $\therefore G$ 变化	$\because G$ 一定（忽略气体重力变化） $V_{排}$ 变化 $\therefore F_{浮}$ 变化

2. 提示重点，强化主题

课程学习结束时，教师用富有艺术性的画龙点睛之笔，对本节内容进行扼要的、提纲挈领的总结，可以起到强化主题、提示重点的作用，使学生加强对所学内容的理解和把握。如在“探究平面镜成像”一课的结束，教师引导学生一起用一句话总结平面镜成像的特点，即“物像关于平面镜对称”。

3. 承前启后，继往开来

知识往往是前后连贯的，既有纵向的联系，又有横向的联系。好的结束有利于为学生以后的知识学习作准备，为教师以后讲授新知识提前创设教学情境，起到课与课、知识与知识之间的承前启后作用。因此，教师有时可以在课的结束留悬念、埋伏笔，诱发学生继续学习的积极性。

案例 10-2：“电流、电压、电阻”结束

在学习了“电流、电压、电阻”相关知识后，就三者进行对比小结时，教师提出一个颇具悬念的问题：“一段导体的电阻、通过这段导体的电流、加在这段导体两端的电压这三者之间有什么关系呢?”这样就为后面的学习设置了悬念，激发了学生进一步学习的兴趣和欲望，从而促使学生关注下节课的学习内容。

4. 拓展延伸，促进思维发展

教师在课堂结束时可以引导学生总结自己的思维过程和提出解决问题的方法，从而促进学生对物理思想方法的认识，促进学生思维的发展。在巩固新知识的基础上，教师要设计一些新奇的、拓展性问题，或者让学生结合所学内容发现问题、提出问题，并想办法解决问题，训练学生的发散思维，培养他们的创造思维。

案例 10-3："探究串、并联电路中的电流"结束

教师在总结串联电路电流特点时，启发学生思考并联电路电流有何特点，在总结串、并联电路电流特点的基础上，引导学生思考串、并联电路电压、电阻、电功率等各有什么特点。

5. 解疑答难，深化理解

在导入新课时，教师往往用一个能激发认知冲突的问题引出教学内容，在学习结束时，教师应该首尾呼应，引导或帮助学生解决导入新课时提出的问题。另外，有些学生在学习完后可能还会有不理解或疑惑的地方，这时教师应在课的结束留出时间让学生提出问题，并引导学生解答，以便深化对所学内容的理解。

案例 10-4："探究欧姆定律"结束

一系列探究实验之后，学生分析总结得出"欧姆定律"的内容：导体中的电流跟导体两端的电压成正比，跟导体的电阻成反比；数学表达式 $I=U/R$ 。这就是对这堂课开始提出的"I、U、R 三个物理量之间有什么关系?"这一疑问的解答。

6. 及时反馈，检查学习效果

教师按预设的教学计划完成某一项教学任务之后，可以利用最后一段时间，组织学生完成作业、练习、操作、问答、小结、判断评价等，以检查教学效果及学生掌握知识的程度，为教师改进教学提供了明确的反馈信息。同时，也为学生对自己的学习情况进行自我认知和评价提供了参考。

案例 10-5："物体的浮沉条件"结束

一堂课结束时，教师要检测学生是否理解了"物体的浮沉条件"的相关知识，可设置一个表格，如表 10-2 所示，如果学生能根据所学知识完整正确填写表 10-2，说明其理解了相关内容。

表 10-2 "物体浮沉条件"小结

状态		上浮	下沉	悬浮	漂浮
物体受力分析图					
浮沉条件	浮力和重力比较				
	液体密度和物体密度比较				
特点		分析运动状态变化过程		分析平衡状态	
说明		$\rho_{物}$是物体的密度（平均密度），而不是构成该物体的物质的密度			

7. 增强记忆

在教学结束时，教师有意识地营造出一种轻松愉悦的学习情境，可以为学生提供一个良好的记忆氛围。学生在回顾、再现已学知识时，所学知识在脑海中会变得清晰。同时，新旧知识的对比、对主题的强调，更有益于学生准确和深刻地记忆。在教师的组织下，学生还可以学到正确、实用的记忆方法，提高记忆品质，增强记忆的信心。

课堂教学结束时，师生共同对知识进行整理、概括和应用，使知识条理化、系统化的过程就是在理解的基础上对所学知识进行再现、记忆的过程。因此，课堂的结束能大大提高学生的记忆效率。另外，心理学研究表明，一个轻松愉悦的学习环境可以为学生提供一个良好的记忆氛围，一个朗朗上口的记忆口诀也能在学生理解的基础上帮助学生快速记忆并长久保持。

案例 10-6：“滑动变阻器”记忆口诀

编制口诀记忆“滑动变阻器”的连接方法：一上和一下，电阻变大小，主要看滑下，靠近电阻小，远离电阻大。

案例 10-7：“凸透镜成像规律”记忆口诀

编制口诀记忆“凸透镜成像规律”：实像倒，虚像正，一倍焦距分虚实，二倍焦距分大小，物体靠近凸透镜，实像变大且变远。

案例 10-8：“‘伏安法’测电阻”记忆口诀

“伏安法”测电阻是高中物理实验中的一个常见考点。当电流表和待测电阻被电压表包围在内时称为内接法，当只有待测电阻被电压表包围时则称为外接法。在学生理解相关内容后，为了帮助学生记忆，以便在考试中提高解题速度，笔者曾提出了如下记忆口诀：内测大，外测小。该口诀利用回文诗形式，包括了三层含义。

含义 1（从第一个字“内”开始）：内接法测量值偏大，外接法测量值偏小。

含义 2（从第二个字“测”开始）：待测电阻较大时，用内接法；待测电阻较小时，用外接法。

含义 3（从第三个字“大”开始）：用试触法时，如果电流值（相对电压值）变化较大时应用内接法，如果电流值（相对电压值）变化较小时应用外接法。

在“测量电源电动势与内阻”实验中，如果把电源当作待测电阻来看，则上述含义 1 和 2 同样适用。

8. 情感激励

心理学研究表明，人的情感与认知过程是紧密联系的，任何认识活动都是在情感的影响下进行的。因此，在课的结束时，可以对学生的学习活动进行评价，对学生在学习过程中表现出来的兴趣、态度、意志、自信心、价值取向等因素进行激励性评价。这有利于帮助学生认识自我、建立自信，并激发其内在发展动力，促进学生发展，实现个体价值。另外，教师应尊重学生的独特见解和体验，与学生共同感受所学内容的情感基调，感悟教学内容对他们的启迪，形成感情上的共鸣。让学生感受到教师对他们平等、尊重、信任的态度，使学生由衷地热爱教师，从而形成一种轻松、融洽、和谐的师生关系。这种良好的师生关系将有利于今后教学活动的开展，使师生更愉快、更饱含热情地投入之后的学习活动中，也有利于师生之间进一步的情感交流[1]。

1　卫建国，张海珠．课堂教学技能理论与实践［M］．北京：北京师范大学出版社，2008：238.

第二节　结束技能的类型

结束技能，根据教学内容的含量来分，可以分为单节结束和单元结束；根据教学内容的性质分，可分为知识型结束、技能型结束和情感型结束；根据思维方向分，可分为封闭型结束和开放型结束。封闭型结束又称认知型结束，其目的是巩固学生所学的知识，把学生的注意力集中到所学习课程的要点上；开放型结束是把所学的知识向其他方向延伸，以拓宽学生的知识面，引起学生更浓厚的研究兴趣，或把前后知识联系起来，使学生的知识系统化。在实际教学中具体采用什么结束方法，要根据教学内容的性质和要求来决定。下面介绍几种常用的结束方法。

一、归纳总结式

若将课堂结束前的教学过程比喻为知识的播种过程，则课堂结束的小结则是一个金秋收获季节；若说学习新知识的过程是一个由“薄”到“厚”的过程，那么归纳、总结形成一个个知识要点的过程，则是由“厚”到“薄”的过程。在一堂课的教学完成之后，用准确简洁的语言或图表，对课堂所学的内容进行归纳总结，突出知识点，形成知识系列，有利于学生掌握，达到巩固所学的目的[1]。这种小结繁简得当，目的明确，它能准确地抓住每一个知识点的外在实质和内在的完整性，从而有助于学生掌握知识的重点和知识的系统性。归纳总结可以由教师完成，也可由教师引导学生共同讨论来完成。随着学生知识的增长，归纳总结能力的提高，可逐渐过渡到学生自己总结归纳，教师帮助修改完善。另外，从时间上看，这种结束可以在当堂课结束时进行，也可以在有联系的几堂课结束后一起进行。归纳总结式结束一般用于新知识密度大的课型或某一单元教学的最后一次新授课。

案例 10-9：“探究凸透镜成像规律”结束

探究实验完成后，教师引导学生一起将实验结论用表格整理、记录下来，归纳总结，结束新课，如表 10-3 所示。

表 10-3　凸透镜成像规律

物距（u）	像距（v）	像的性质	应用
$u<f$		正立放大的虚像	放大镜
$f<u<2f$	$v>2f$	倒立放大的实像	投影仪
$u=2f$	$v=2f$	倒立等大的实像	
$u>2f$	$f<v<2f$	倒立缩小的实像	照相机

1　查旸．浅谈物理课堂教学的导入技巧和结束语的设计［EB/OL］．https. //wenku. so. com/d/7ec59d0d15a838dd915fcba3a0c3dbda.

案例 10-10："研究物体的浮沉条件"结束

完成一系列研究物体浮沉条件的实验后，将知识梳理在一个简单的表格中，结束本课的学习，如表 10-4 所示。

表 10-4 "物体的浮沉条件"小结

浮与沉	重力与浮力的大小	物体的密度与液体的密度
悬浮	$F_{浮}=G_{物}$	$\rho_{物}=\rho_{液}$
下沉	$F_{浮}<G_{物}$	$\rho_{物}>\rho_{液}$
上浮	$F_{浮}>G_{物}$	$\rho_{物}<\rho_{液}$
漂浮	$F_{浮}=G_{物}$	$\rho_{物}=\rho_{液}$

案例 10-11："核能"结束

通过以下归纳总结式结束，学生对核能的知识有较为系统的了解，既突出了教学的重点内容，又有利于学生记忆。

核能
- 定义：核子结合成或分裂时释放的能量
- 量度：$\Delta E=\Delta mc^2$
- 形式：γ 光子或新核（粒子）动能
- 范例：${}_0^1\mathrm{n}+{}_1^1\mathrm{H}\rightarrow{}_1^2\mathrm{H}+\gamma$

案例 10-12："杠杆"结束

杠杆的种类如表 10-5 所示。

表 10-5 杠杆的种类

名称	结构特征	特点	应用举例
省力杠杆	动力臂大于阻力臂	省力、费距离	起子、撬棒、铡刀、动滑轮、轮轴、羊角锤、钢丝钳、手推车、花枝剪刀
费力杠杆	动力臂小于阻力臂	费力、省距离	镊子、钓鱼竿、缝纫机踏板、起重臂、人的前臂、理发剪刀
等臂杠杆	动力臂等于阻力臂	不省力不费力	天平、定滑轮

案例 10-13 ："刻度尺的使用"结束

刻度尺的使用规则：

①"选"：根据实际需要选择刻度尺。

②"观"：使用刻度尺前要观察它的零刻度线、量程、分度值。

③"放"：用刻度尺测长度时，尺要沿着所测物体（紧贴物体且不歪斜）。不利用磨损的零刻度线（用零刻度线磨损的刻度尺测物体时，要从整刻度开始）。

④"看"：读数时视线要与尺面垂直。

⑤"读"：在精确测量时，要估读到分度值的下一位。

⑥"记"：测量结果由数字和单位组成（也可表达为测量结果由准确值、估读值和单位组成）。

二、比较式[1]

心理学研究表明，“比较”是认识事物的重要方法，也是进行识记的有效方法，它可以帮助我们准确地辨别记忆对象，通过抓住它们的不同特征进行记忆，也可以帮助我们从事物之间的联系上掌握记忆对象。比较式结束就是将本节课讲授的概念规律或新知识与具有可比性的旧知识采用叙述、列表等方法加以对比，以此帮助学生加快对新知识的理解和记忆，开拓思路，使新旧知识融会贯通，提高知识的迁移能力。这种结束方式，一般用于表达形式非常相近、知识结构十分相似或学生常易混淆的概念、规律，如“平衡力和作用力与反作用力”“速度、速度的变化和加速度”“磁通量、磁能量的变化”“电流表与电压表”“功与能”“质量与重量”“左手定则和右手定则”“万有引力定律与库仑定律”“机械振动与机械波”“电场与磁场”“电容与电阻的串并联特点”等。如此结束，同中求异，使和谐的物理规律显示出奇异；异中求同，使奇异的物理现象达到更高层次上的和谐。

案例 10-14：“电流表和电压表”

电流表和电压表的异同如表 10-6 所示。

表 10-6　电流表与电压表的异同

异同	对比项	电流表	电压表
不同点	符号	——Ⓐ——	——Ⓥ——
	连接方式	串联	并联
	能否直接连接电源	不能	能
	量程	0.6A、3A	3V、15V
	每大格	0.2A、1A	1V、5V
	每小格	0.02A、0.1A	0.1V、0.5V
	内阻	很小，几乎为零，相当于短路	很大，相当于开路
相同点	调零；读数时看清量程和每大（小）格；正接线柱注入，负接线柱流出；不能超过最大测量值		

案例 10-15：“牛顿第三定律”结束

在“牛顿第三定律”一课结束时，设计表 10-7 让学生填写。

表 10-7　作用力和反作用力与平衡力的比较

异同	对比项	一对作用力和反作用力	一对平衡力
相同点	大小	大小相等	
	方向	方向相等	
	作用线	作用在同一条直线上	

1　曹铮．物理课堂教学的结束设计［J］．中学物理教学参考，2004（5）：11-12.

续表

异同	对比项	一对作用力和反作用力	一对平衡力
不同点	性质	性质一定相同	性质不一定相同
	时效性	同时产生、同时消失	不一定同时产生、同时消失
	作用对象	作用在两个相互作用的物体上	作用在同一物体上
	作用效果	不能抵消	可以相互抵消

1. 定义不同

案例 10-16："认识动能和势能"结束

这一节的内容，概念多而且相互之间有关联，可利用如下板书以比较定义的方式结束，既便于学生厘清概念之间的关系，又有利于学生记忆。

机械能
- 动能
  - 定义：物体由于运动而具有的能量
  - 决定其大小的因素：物体速度越大，质量越大，动能就越大
- 势能
  - 重力势能
    - 定义：物体由于被举高而具有的能量
    - 决定其大小的因素：物体质量越大，举得越高，势能就越大
  - 弹性势能
    - 定义：物体由于发生形变而具有的能量
    - 决定其大小的因素：物体弹性形变越大，弹性势能就越大

2. 测量方法不同

案例 10-17："计算（测量）浮力大小"结束

浮力的计算是初中物理教学的一个难点，其涉及多种方法，有时要结合几种方法才能解答题目。对各种计算方法进行小结，体现了教师对结束技能的灵活应用与掌控。

计算（测量）浮力公式总结
- 阿基米德原理法：$F_{浮}=G_{船}=\rho_{水}gV_{排}$
- 压力差法：$F_{浮}=F_{向上}-F_{向下}$
- 称重法：$F_{浮}=G_{物}-F_{拉}$
- 平衡法：$F_{浮}=G_{物}$（悬浮或漂浮）

3. 现象不同

案例 10-18："观察水的沸腾"结束

实验过程中，水沸腾前后产生的实验现象差别大，观察项目、内容繁多，如表 10-8 所示。

表 10-8 观察水的沸腾

需观察项目	水在沸腾前	水在沸腾时
气泡	由大变小	由小到大
温度	逐渐升高	保持不变
声音	大	小

案例 10-19："蒸发和沸腾"结束

蒸发和沸腾的异同如表 10-9 所示。

表 10-9 蒸发和沸腾的异同比较

异同	对比项	蒸发	沸腾
不同点	发生温度	任何温度	达到沸点
	温度变化	温度降低	温度不变
	发生部位	液体表面	液体表面和内部
	水的变化程度	缓慢	剧烈
相同点	1. 都是汽化现象； 2. 都要吸热		

三、首尾呼应式

首尾呼应是指开头和结束的教学内容要有极其密切的关系，是对同一内容做出解释、说明、交代。课堂教学首尾呼应使一堂课的教学浑然一体，一般课堂的首尾呼应是以提出问题、设置悬念的方式引入新课，用以激发学生强烈的求知欲望和学习兴趣。而在课堂结束时，再引导学生用本堂课学到的物理知识，分析解决课堂开始时提出的问题，消除悬念，做到悬念不悬。这种结束方式，既能巩固本节课所学到的物理知识，又呼应了开头，因而使一堂课的教学形成了一个相对完整独立的系统。由于首尾呼应，所以这种结束通常用于相对独立的知识内容的教学，即只用本节课的知识内容便可解决、消除引入课程时所设下的问题、悬念。这种结束使学生在知识的应用中享受到解决问题、消除悬念的乐趣，从而提高学习物理知识的兴趣，为后续课程的学习带来积极的影响。

案例 10-20：“光的色散”结束

采用设疑的方式开头：“天空为什么像蓝色的海洋？早晨的太阳为什么比中午更火红？如果你乘宇宙飞船到达了没有空气的月球之上，此处你看到的太阳还是火红的吗？见到的天空还是蔚蓝的吗？”针对这一开头，教师在结束时引导学生用光的色散规律去思考分析上述问题，会发现在月球上看到的太阳竟然与地球上看到的颜色不同，太阳悬挂的天空居然一片漆黑，学生们必然会为得到新奇的答案而惊喜万分。

案例 10-21：“研究液体压强”结束

教师在导入新课时提出了学生熟悉而又难以解答的问题：“有哪位同学在菜市场看到（买到）过活的带鱼等深海鱼类吗？”学习了“液体压强的特点”知识后，可让学生用所学习的知识解答“为何深海鱼类捕捞到岸上后都不能成活？”这个问题作为结束，首尾呼应，使课堂结束言简意赅，浑然一体。

四、练习讨论式

教学实践中发现，有些概念的引出和规律的得出并非难事，但要让学生全面、正确地理解、掌握并能灵活运用却非易事。另外，随着下课时间接近，学生的注意力开始分散，学习情绪下降，课堂气氛由热烈变得冷清。为此，教师必须组织好第二次“飞跃”的教学过程，针对学生理解物理概念、规律时易出现的问题精心设计相应的典型问题或练习题，通过提问、讨论、板演或小测验等方式，吸引学生注意力，激发学生求知欲，在促进学生对概念、规律的理解和掌握的同时，使由热烈变冷清的教学过程再起波澜。在这种教学中，教师应争取把物理知识和生活实际紧密联系起来，从而进一步激发学生的学习热情。例如讲了电功、电功率的计算后，可以在最后让学生估算其家庭一天的耗电量等。

案例 10-22："电场强度"结束

在"电场强度"课堂结束时可以让学生讨论以下几个问题：①$E=F/Q$，F 越大 E 越大，Q 越大 E 越小对吗？②其中的 Q 与 E 有关吗？③点电荷产生的场强是什么样的？④场强的定义式与前面学过的哪些物理量定义式相类似？

案例 10-23："电磁波"结束

在讲完电磁波谱后，教师引导学生对各种电磁波的主要作用、观察方法、产生方式及用途进行归纳总结。但这些内容课本上都已归纳总结了，学生觉得内容简单，没有钻研深思的欲望，课堂顿时显得冷清。为了调动学生情绪，教师指着教室内的日光灯和室外走廊上的白炽灯提出这样一个问题："同样功率的日光灯和白炽灯，为什么日光灯比白炽灯亮?"一石激起千层浪，学生对日常生活中看到的事实与能量守恒定律相悖的现象产生兴趣。接着教师又问："若人眼能看见所有的电磁波，会是一个怎样的世界?"这里充分发挥了学生的想象力——如果是这样，将会出现"看见同功率的日光灯和白炽灯一样亮""由于一切物体昼夜不停辐射电磁波，世界再也没有漆黑的夜晚了"……由于问题生动有趣，学生产生了许多联想。当下课铃声响起，学生还沉浸在"人能看见所有电磁波"的奇妙世界里。

案例 10-24："摩擦力"（高中）结束

关于摩擦力的教学，当通过实验得出 $f=\mu F_N$ 后，学生一看公式如此简单，且马上要下课了，容易产生松懈情绪。若教师仍用总结归纳式结束，单纯强调公式的重要性及各量的物理意义，则不易被学生很好地接受。此时应将需要强调的内容巧妙地化为富有思考性的问题，如可通过对斜面上物体的受力分析，弄清物体对斜面的压力 F_N 与斜面倾角的关系，这样能有效地防止学生将物体的重力和物体对斜面的压力混为一谈的现象发生，从而加深对 $f=\mu F_N$ 中 F_N 的理解。又如教师将黑板擦按在竖直黑板上，问学生："设黑板擦重为 0.2N，手对黑板擦的垂直压力为 5N，黑板擦与黑板间的滑动摩擦系数为 $\mu=0.5$，则此时黑板对黑板擦的摩擦力 f 为多大?"由于学生对公式 $f=\mu F_N$ 的适用范围认识不清，所以不少学生会很快算出 $f=0.5\times5=2.5$N 等错误答案。通过教师正确的引导分析，则可使学生从盲从中顿悟，在倦怠中再次振作，在"吃一堑，长一智"中加深对 $f=\mu F_N$ 的消化和理解。

可见，这样的结束，一方面使学生比较全面牢固地掌握了本节课的主要知识内容，另一方面也使教师及时了解了学生的学习情况，获取了反馈信息，从而有利于教师切准学生"脉搏"，把握教学进程。

五、延伸迁移式

物理教学内容前后衔接密切，因而有的课结束时，教师通过实验、视频、图片或直接提出富有启发性的问题，但又不作解答，制造悬念，借此激发学生的求知欲，使之盼望"下回分解"，或由此引发学生在课外预习或进一步扩展学习。

案例 10-25："光电效应"

通过"光电效应"一节的教学，学生对光的粒子性有了一定的认识，如果在课堂结束时教师只强调光电效应的规律及光的粒子性，则会由于教学内容和课堂小结都较抽象，而难以激发学生的学习兴趣。因此可利用前面对光的干涉、衍射现象的学习而对光的波动性有一定程度了解的条件，设下这样的问题："你现在对光如何认识，你是支持牛顿还是支持惠更斯？光究竟是什么？"这样的设疑结束，一方面提出了光的波动性和粒子性的矛盾，从而引发学生积极地思索，另一方面为进一步学习光的波粒二象性，揭示微观世界具有的特殊规律埋下伏笔。

如果是为了引导学生预习的结束，则教师可根据下次课要学习的内容的重点、难点，编拟预习提纲交给学生，使他们预习时能够抓住要点，有的放矢地学习，以避免走弯路，做无用功。

案例 10-26："圆周运动"结束

在高一"圆周运动"一节的结束时，教师可设计预习提纲如下：①匀速圆周运动的速度方向为什么不断发生变化？②匀速圆周运动的向心加速度与半径成正比还是成反比？③匀速圆周运动是匀变速运动吗？通过课后预习，学生们对"向心加速度和向心力"一节的主要内容有了初步了解，对容易出现错误的问题也有注意，对不易理解的难点能在上课时集中精力突破。显然，成功的预习指导加上学生自己的努力，定会使学生养成自学习惯，提高自学能力。

案例 10-27："摩擦力"结束

学完"摩擦力"后，教师可以这样结束：在生活中摩擦普遍存在，有些地方需增大摩擦力，有些地方又需减小摩擦力，请同学们课下对自行车进行研究，看哪些地方需要增大摩擦力？哪些地方又需减少摩擦力？具体措施有什么？进而分析骑车、推车、刹车过程中自行车前后轮所受的摩擦力情况。这样，课内指导课外，有利于开阔学生的视野，激发学生更浓厚的学习兴趣。

案例 10-28："电磁感应现象"结束

学完"电磁感应现象"后，教师可做如下的结束：通过本节课的学习，大家知道了感应电流产生的条件，那么我们又应怎样判定感应电流的方向呢？待下节课通过实验探索揭晓。这样，学生就很想知道通过怎样的实验揭示怎样的判定方法，急切地等待下一节课的到来，并为下一节课做准备。

六、竞赛游戏式

竞赛和游戏符合学生的年龄特点和心理特点，能激发学生的学习兴趣。因此在课堂结束时，教师结合本节课所学的知识设计一些小游戏、小实验或知识竞赛，会使学生进一步加深对所学知识的认识，在欢笑兴奋、紧张愉快的环境中结束一节课的学习，真正做到寓教于乐，使学生感到物理课并非枯燥无味，而是妙趣横生。

案例 10-29："大气压强"结束

教师讲完"大气压强"后，做一个"吹币进碗"的小游戏，并要求学生解释其中的道理，这能振奋学生的精神，激起学习的兴趣，并且这种良好的情感状态，会给下节课的学习带来积极影响。

案例 10-30："电路"结束

学完电路知识后，教师提供实验器材，提出实验要求，让各学习小组间展开电路设计竞赛，看哪个小组设计得巧妙，哪个小组电路连得快，哪个小组的失误少。这样既增强了学生的合作意识，又增强了学生的操作能力。

案例 10-31：“失重与超重”结束

在本课结束时，教师提供简单仪器，让学生按工作单进行下面两个实验，要求学生仔细观察实验现象并解释原因。

实验 1：用卷筒纸巾吊住一物体，静止时纸巾未断，然后将物体加速往上拉，观察纸巾会出现什么情况，并解释原因。

实验 2：如图 10-1 所示，在一个碗的底部固定两根橡皮筋，橡皮筋另一端各系一个小螺帽，橡皮筋自然状态时螺帽在碗内。先拉螺帽至碗边沿使其垂下，静止时由于碗边沿对橡皮筋有摩擦力以及橡皮筋本身的拉力，螺帽可静止在碗外。当碗由静止转为自由下落时，会出现什么情况，先猜猜再做，并解释看到的现象。

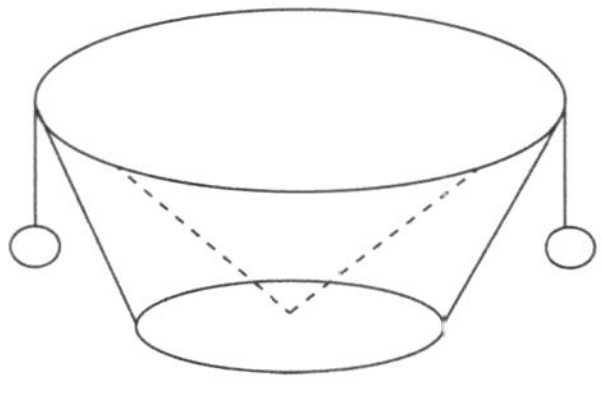

图 10-1　失重实验

案例 10-32：“流速与压强的关系”结束

教师给每一个学生发一个乒乓球和一张厚纸，要求将乒乓球悬在纸下吹不掉，看谁先想出办法来。这时，一些学生会想到把纸做成漏斗，将小球放在课桌上用漏斗罩住，然后用嘴通过斗颈往漏斗里吹气，再将漏斗徐徐提起来。这时，球悬在漏斗里吹不掉。等学生完成这个实验再提问“这是什么道理?”让学生思考。

七、解惑答疑式

学生在一节课的学习过程中，避免不了会出现各种问题。由于教师与学生对问题的认识起点不一样，思维方式有所不同，针对学生在课堂上动态生成的问题，教师一定要倍加珍视。经验丰富的教师往往会在课堂结束前，拿出一定的时间，以“答记者问”的形式，及时解决当堂出现的“新”问题。如：“大家对本节课内容还有哪些不明白的地方？不妨说出来让我们共同解决。”“大家对这个问题还有不同的看法（或认识等）吗？不妨说来听听。”简洁的话语赋予了学生说话的权利，短短的几分钟便能解决疑点、荡除障碍，为学生的后继学习铺平道路。

八、激励式

激励是激发学生情感和意志的一种手段[1]。教学结束时，教师应以满怀期望和信任的结束语激发、鼓励学生，增强其取胜心和克服困难的意志。对于成绩较好的学生，教育他们胜不骄、败不馁，继续努力，争取获得更好的成绩；对于成绩较差的学生，相信他们，帮助他们端正学习态度，找出失败的原因，并及时纠正错误，树立信心，克服畏难情绪。这种方式常用于作业讲评课和试卷分析课。

1　曹铮．物理课堂教学的结尾设计［J］．中学物理教学参考，2004（5）：11-12.

案例 10-33:“行星的运动”结束[1]

教师在讲完“行星的运动”时可以这样收尾:“进军宇宙是人类共同的理想,人类总有一天会走出自己的摇篮,我国‘神舟’载人飞船发射成功,标志着中国人在征服宇宙的进程中又迈出坚实的一步。‘可上九天揽月,可下五洋捉鳖’,毛主席的诗句中展望的理想正在变为现实。我们要继承和发扬中华民族在与自然、社会、命运抗争时所体现出的不屈不挠的精神,期望大家能在将来投身到这一前景灿烂的事业中去!”这种收尾极大地升华了课堂价值,使学生产生为民族复兴、为科学进步献身的思想感情。

第三节　结束技能的设计与应用

一、结束技能的构成要素

结束过程一般经过简单回顾、沟通知识、深化拓展、分析评估等阶段[2]。

1. 简单回顾

在教学结束阶段,教师引导学生回顾教学过程中的有关内容,有助于学生对所学知识进行理解和巩固。回顾不是将一节课的教学程序复述一遍,而是对重点知识进行回顾,帮助学生记忆、储存。回顾的内容主要有:

(1)对重要概念、定理、公式等进行回顾。

(2)对所学习的主要概念、定理、公式形成过程进行回顾;对相关概念,相似概念、定理、公式的比较进行回顾,以加深对知识的理解。

(3)归纳和总结分析解决问题的思路和方法;引导学生对分析和解决问题的全过程作总体认识;把握分析解决问题的思路,培养学生思维的连贯性,使思路通畅。

2. 沟通知识

任何物理知识的教学,在引入部分总是从提出问题、制造矛盾开始,当问题得到解决之后,就要把问题与刚获得的结论之间的关系总结清楚。新的物理知识常与有关的旧知识有某种联系,或是对其的深化,建立这种新旧知识的联系,并了解它们的区别,是结束技能的重要因素。将新旧知识进行沟通,能使学生认识得到升华。

3. 深化拓展

物理中的“推论”是定理、公式的拓展。结束技能要素中的深化与拓展,则是对课堂上的结论,包括物理定义、定理、公式等的适用条件的分析,引导学生对它们的认识进一步深入、拓宽,这也是培养物理素养的要素。

4. 分析评估

分析评估通常有两个方面。其一,对本堂课讲过的不同证明方法、不同的解题方法的优

1　曹铮. 物理课堂教学的结尾设计[J]. 中学物理教学参考,2004(5):11-12.

2　课堂导入、提问、讲解、组织、语言、结束技能[EB/OL]. http://blog.sina.com.cn/s/blog_4e842fc101000b2u.html.

劣进行分析、评价，对新课的物理方法与过去学过的类似方法的不同特点及关系的分析，对它们的使用范围与学生掌握程度的评价。其二，教师给出一些不同类型、有不同解法的题目，仅要求学生讨论分析解法，分析题目的特点，指出对策，这样的分析可以提高学生分析能力，这种结束方式是具有实效性的。作为结束技能要素中的分析评估，分析评估的方面应是较广泛的，如对教师讲解的例题的过程、方法的分析，对同学板演的评价等。

二、结束技能的应用原则

1. 要及时小结和复习巩固

心理学研究表明，记忆是一个不断巩固的过程，由瞬时记忆到短期记忆再到长期记忆，有一个转化过程，实现这个转化过程最基本的手段是及时小结，进行周期性的复习。因此在讲授新知识接近尾声时要及时小结和复习巩固，尤其是逻辑性很强的知识。

2. 课堂小结要紧扣教学内容的目的、重点和知识结构

针对学生的知识掌握情况以及课堂教学情境等，采取恰当方式把所学新知识及时归纳到学生已有的认知结构中。小结要精要，要有利于学生回忆、检索和运用。

3. 课堂结束应概括本节或本单元知识的结构

课堂结束时，应概括本节或本单元知识的结构，深化重要事实、概念和规律的理解。经过精心加工而得出的系统、简约和有效的知识网络，能帮助学生把零散孤立的知识“串联”或“并联”起来，了解概念、规律的来龙去脉，这样，才能将知识融会贯通。

4. 要安排适当的学生实践活动

要安排如练习、口答和做实验等学生实践活动。通过实践活动，促进学生的思维发展(如集合思维和创造性思维等)，培养抽象思维、概括能力和口头与书面表达能力。

5. 布置作业应要求明确

教师布置作业时应要求明确，数量恰当，使每位同学都能记录下来。

6. 结束的时间要简短紧凑

结束的时间要简短紧凑，不能过长，一般以 2～5 min 为宜。

三、结束技能运用中存在的问题

在实践过程中发现课堂结束环节容易出现的问题有如下两点，总结出来供教师在实践中给予重视。[1]

1. 对知识的总结归纳没有实际意义

特别是对新知识密度比较大的课型，教师通常采用总结归纳式的结课方式，利用简洁准确的语言、文字、表格或图示对一堂课的主要内容、知识结构进行总结归纳。教师应该准确地抓住每一个知识点的外在实质和内在的完整性，引导学生跳出原来的思维框架，站到一个新高度，在纵观全部学习内容的过程中抓住重难点，将所学的知识系统化，在头脑中构建出一定的知识结构。

1　雷慧．中学物理微格教学训练研究［D］．成都：四川师范大学，2011.

2. 练习题过多，结束环节被简单理解为知识的运用环节的延伸

有些教师在结束环节总是不加考虑地选择练习巩固式结束，并且也不考虑习题的针对性和有效性。其实一般只在需要学生全面、正确地理解、掌握并能灵活运用所学知识时，才采用练习巩固式结束。习题要针对学生在理解物理概念、规律时易出现的问题进行设计，起到补充强调的作用，而不是简单的知识运用环节的延伸。由于结束环节时间比较短，教师还需要考虑习题的数量和练习的方式。

在教学中，这些问题可具体概括为五个字：无、残、浅、散、拖[1]。

①“无”：有的课堂教学没有“结束”这一环节。

②“残”：有的课堂教学有结束环节，但抓不住重点。

③“浅”：有的课堂教学有结束环节，但很肤浅，缺乏深度。

④“散”：有的课堂教学有结束环节，但内容不集中，没有形成知识的系统结构和有效的知识网络。

⑤“拖”：有的教师很重视结束环节，但内容安排得过多，时间过紧，造成拖堂。

第四节　结束技能的训练与评价

一、训练目标[2]

(1) 能理解结束技能的意义和结束技能的作用。

(2) 能够设计和编制科学合理的结束教案。

(3) 在教学中能根据教学任务、教学内容和学生的年龄及心理特点选择恰当的结束类型。

(4) 经过训练后结束技能要有明显提高，教学效果要好，结束能够突出重点。

(5) 能按结束的要求，对本人或他人的结束技能进行准确、科学的评价。

二、训练建议

在结束技能的训练中，除参考导入技能训练部分的建议外，还可以在训练中先进行单一型的结束训练，然后进行综合型的结束训练。只要教师勤学苦练，虚心向他人学习，听取他人的建议，勇于实践，一定会掌握这项技能。

1　教师的六项基本技能（1）[EB/OL]. https://www. docin. com/p−1709363839. html.

2　同上。

三、评价量表

班级______ 姓名______ 学号______ 训练时间______ 课题______					
请您听课后对以下项目进行评价，在相应的等级处打“√”					
评价内容	评价等级				权重
	优	良	中	差	
1. 结束阶段有明确目的					0.10
2. 结束时安排的活动（练习、提问、小实验等）合理					0.20
3. 结束内容概括清晰，与课程内容密切联系					0.20
4. 布置作业明确，学生能记下					0.20
5. 结束环节有利于巩固所学知识，激发学生兴趣					0.20
6. 时间紧凑					0.10
总分					
评语：					

思考题

（1）什么是结束技能？强化在物理教学中有哪些作用？

（2）结束技能有哪些类型？

（3）试设计一个对比表格来分析机械振动与机械波的异同。

（4）试挑选一节物理教学内容，主要针对结束环节来设计结束技能教案，要求至少运用三种结束技能。

第十一章
说课技能

严格来说，说课技能并不属于教学技能，但它对培养和提高教师的教学技能水平有重要作用。比如，设计说课的核心技能是教学设计能力，说课时所涉及的技能有语言技能、讲解技能、板书技能以及演示技能等。

第一节 说课技能概述

一、说课的内涵

说课是一项源于教学基层、面向学校、扎根教师、服务实践的教育教学活动，最初是由河南省新乡市红旗区教研室于 1987 年推出的。它作为教学与研究相衔接的一种手段，备课与上课间的一个环节，为教师反思教学和理论提升提供了一个简便易行的研究平台，是我国教学改革中涌现出的进行教学研究的有效形式。

说课是指教师面对同行和专家，以科学的教育理论为指导，将自己对课程标准及教材的理解和把握、课堂程序的设计和安排、学习方式的选择和实践等一系列教学元素的确立及其理论依据进行阐述的一种教学研究活动。简言之，即做什么、怎样做、为什么这样做[1]。通俗些说，就是一种以教师口头语言表述为主，现代教学技术手段为辅，教育科学理论以及教材为依据，同行或评委为对象，系统地阐述自己的教学设计及其理论依据，然后由听者评说或讨论以达到相互交流、共同提高的一种教研和师训活动。说课是教师通过梳理和分析教学背后的理论依据，打通理论与实践的整合通道，实现学科专业知识、教育理论知识和课堂情境的融合和再建构，是一个内隐知识显性化的过程[2]，对培养教师的学科教学知识有重要作用。

说课的产生具有深刻的历史背景，它是教学实践呼唤教学理论的产物，是新时期培养高素质学生呼唤高素质教师的产物。近些年，说课作为一种新型、高效的教学研究方式和极为有效的教学研究活动，以其良好的预测教学、优化过程、反思实践和推广经验的功能，与听课、评课一起构成校本教研活动的核心内容。说课不但在全国得到了蓬勃发展，其形式也从最初的单一“说课”向“说、授、评”一条龙的教研形式发展；由原来的“单向性说课”，

---

1 李兴良，马爱玲．教学智慧的生成与表达——说课原理与方法［M］．北京：教育科学出版社，2006.

2 郑金洲．说课的变革［M］．北京：教育科学出版社，2007：4.

即说者说、听者听，向“双向性说课”，即说者说、答、问，听者听、问、答发展；从教师说课扩展到学生说课，甚至进一步扩展到“说题”等新的教研与学生学习形式。

二、说课的特点

说课具有以下特点：

（1）理论性。教师没有一定的理论基础，就很难将课说好。这是因为说课不仅要说明“教什么”“怎么教”，而且还要根据教学原则、教育教学规律说明“为什么要这样教”。

（2）预见性。教师在说明“为什么要这样教”的过程中，需要说明“学生怎样学”，这就要对学生的知识技能、智力水平、自学能力等进行分析，估计可能出现的有利和不利因素，对学生在参与教学活动中可能会出现的问题，预先制订相应的对策。

（3）灵活性。说课不受时间、地点、班级数目以及教学进度的限制。低学段的教师可以说高学段的课，初三的教师可以说初二的课，高一的教师可以说高二的课；没上过的课可以说，已经上过的课也可以说，多个教师可以说同一堂课（“一课多说”），多个教师也可以说内容不同的课（“系列说课”），相当具有灵活性。

（4）普遍性。人人可以参与，突破某些教研活动受到诸多条件的限制无法普遍开展的局限。

（5）提高性。说课的对象是教师而不是学生，这就迫使说课者翻阅有关资料，学习有关教育教学理论，认真钻研课程标准和教材，根据学生实际情况精心设计每一个教学步骤，使说课说得更充实、更合理。同时听者同样也要学习钻研有关的教材和教育教学理论，才能更好地完成“评说”任务。通过说课活动，说者、听者的能力都将得到提高。

三、说课与备课、上课的关系

说课是介于备课与上课之间的一种教学研究活动，它是对备课的一种深化检验，能使备课理性化，对于上课而言，它是一种更为严密的科学准备。它们既有联系又有区别。

1. 说课与备课的关系

备课着重研究解决课堂教学中的“教什么”“怎样教”等教学内容及实施技术问题，说课除要研究上述问题外，还要研究“为什么这样教”的教学理论问题。因此，说课时一定要说清教学理论依据。

另外，备课所写的教案，是为适应课堂教学中师生双边活动顺利进行的需要，因而要求对教学方案的书写具体、详细，甚至教学例题的求解都要详细罗列，以方便课堂教学。而说课面对的是同行或专家，目的是让听者明白说者的教学设计思路及理由，因此只需对教学方案作纲目式、摘要式、论理性的述说，课堂上对学生展现说明的问题可少说或不说，且所述说的内容也不都在课堂上重现，只对上课起一种指导性的作用。比如，说课中只需要说明选择例题的依据和理由，但例题的详细讲解在说课中就无必要。

2. 说课与上课的关系[1]

说课是对课堂教学设计的说明，上课是对教学设计的课堂实施，两者都围绕着同一个教

---

1 说课与备课、上课的关系［EB/OL］. http://wenku.baidu.com/view/307c282a7375a417866f8f57.html.

学课题，从中都可以展示教师的课堂教学操作艺术，都能反映教师语言、教态、板书等教学基本功。此外，说课说出了教学方案设计及其理论依据，有利于提高上课的科学性、针对性，避免了盲目性、随意性。而上课实践经验的积累，又为提高说课水平奠定了基础。

但是，说课和上课又有很大的区别。首先，与备课相似，上课主要解决“教什么”“怎样教”的问题，说课则不仅要解决以上问题，而且还要说出“为什么这样教”。其次，上课的对象是学生，说课的对象是具有一定教学研究水平的同行或专家。最后，上课的评价标准虽也看重教师的课堂教学方案的实施能力，但更着重课堂教学的效果，看重学生实际接受新知、发展核心素养的情况；而说课重在评价教师掌握教材、设计教学方案、应用教学理论以及展示教学基本功等方面。两者的区别如表 11-1 所示。

表 11-1　说课与上课的区别 1

差异	说课	上课
目的不同	提高教师知识水平与教学设计能力	全面提高学生整体素质
形式不同	面对同行或专家的一项单边活动	面对学生的一种双边活动
内容不同	教什么、怎么教、为什么这样教	教什么、怎么教
评价不同	以教师整体素质作为评价的标准	以学生的学习效果为评价的标准

虽然一般认为，说课水平与上课水平具有正相关关系，但也有例外，即某些教师说课表现不差，但实际课堂教学却不理想。其中一个重要原因是上课比说课多了一个不易驾驭的学生因素，学生不是被动接受知识的听众，而是随时参与并作用于教学活动全过程的主体。教学中如何调动学生积极思维，如何机智处理教与学中的矛盾，有效控制教学进程，这些能力需要教师在上课中自觉、能动地表现出来，而说课则往往不涉及或较难充分表现。

四、说课对教师的意义

说课是一种非常活跃的教育研究形式，在教师培训、评估以及管理等方面都发挥着重要作用。但其最核心的作用是促进教师通过自我学习和同伴互助实现专业化成长。具体来说有以下几点重要意义 2。

1. 从教师成长角度看，是教师提高综合素质、实现专业化成长的有效途径

说课不但要说“教什么”“怎么教”，还要说“为什么这样教”。因此，说课不仅要求教师熟练掌握本学科的课程性质、课程理念、设计思路、课程目标和课程内容等，还要求教师有一定的理论素养。这就迫使教师不断地学习新课程理念、相关教育教学理论知识并主动加深对科学本质的认识，从而促进教师不断转变教育思想，更新教育观念，最终提高教育教学能力，实现教师的专业化成长。

2. 从教学角度看，是促进教师进行教学反思、推动课堂创新的重要手段

说课在一定意义上把教学思想、教学理论和教学实践融为一体，把教学中的一些关键环节，比如备课、上课、评课有机地结合在一起。它反映的是教师最主要、最关键的教学认

1　曹立．物理说课例谈［J］．山东教育，2011（Z5）：88-89.

2　王雁苓．说课教学的内涵、意义与实施途径［J］．教学与管理，2011（36）：10-11.

识、教学策略和教学设计上的一些思考，它所做的是最集中的、最简略的，也是最关键的、最本质的一种教学提炼。因此，从这个意义上来说，说课有利于引起和促进教师对教学进行系统和深层次的反思，促进课堂教学的创新。此外，在说课活动中，其他教师的评议也为说课者提供有益的建议和意见，所有这些都将促进课堂教学质量的提高。

3. 从价值意义角度看，能提高教研活动的实效

说课是一个优秀教学经验总结、交流、扩散的广阔平台，教师可以充分利用这个平台，把自己的教学观点、教学认识、教学经验简要地、概括地表达出来，在最大范围内分享、交流、讨论。

第二节　说课的类型

由于分类的标准不同，说课的类型也就不同。根据说课活动的目的来分，说课可以分为研究型、专题型、示范型、检查型和评比型[1]；根据说课与上课的时间先后关系，说课可以分为课前说课和课后说课[2]；目前部分地区在教师应聘时往往也采用说课的形式来代替讲课，这被称为应聘型说课。下面分别介绍各种说课类型。

一、研究型说课

研究型说课是为了突破某一教学难点，解决关键问题，探究优化教学的方法、手段、学习方法而进行的说课。这种类型的说课，一般以年级或学科教研组为单位，常以集体备课的形式，先由一位教师事先准备并写好说课稿，然后共同评议修改，充分发挥集体智慧的作用。

二、专题型说课

专题型说课以某一方面专题研究为目标，如“概念教学”“实验教学”等，邀请同行或专家作为听课对象。这种带有专题研究性的说课可以使问题的研究更深入。

三、示范型说课

示范型说课主要是指邀请优秀教师或教学比赛获奖者向听课教师进行示范性说课。说课结束后，听课教师与说课教师进行交流、探讨并对其进行客观公正的评价，听课教师可以从说课教师的说课和评析中增长见识、开阔眼界。这种说课是培养教学新秀的重要途径。

四、检查型说课

检查型说课是让领导检查教师的教学水平而进行的一种说课形式。这类说课比较灵活，

1　周仲武．说课及其要领［J］．教育理论与实践，2008，28（9）：8.

2　俞如旺．生物微格教学［M］．厦门：厦门大学出版社，2007：306.

主要目的是检查教师的教学基本功和日常教研效果，以掌握教师的实际教学水平，实现教师最优化配置等。

五、评比型说课

评比型说课带有竞赛性质，它把说课作为教师教学业务评比的内容或一个项目。对教师运用教育教学理论的能力、理解课程标准和教材的实际水平、教学流程设计的科学性和合理性等做客观公正的评价。这种类型的说课一般要求说课教师按照指定的教材在限定的时间内写好说课稿，然后登台说课，再由专家和教学研究人员组成的评委评出竞赛名次。

六、课前说课

顾名思义，课前说课即上课前的说课，它是一种预设性的说课活动，是教师在认真研读教材、领会教学目标、分析教学资源、初步完成教学设计的基础上进行的一种说课形式。课前说课可以借助集体智慧来预测课堂教学的效果，达到优化教学设计的目的。

七、课后说课

课后说课即上课后的说课，它是教师按照既定的教学设计上课后，由授课教师表述自己在教学活动中的得失感受、体会、想法，听课教师、教学研究人员相互交流的一种说课形式。因而课后说课可以被认为是一种反思性的说课活动。课后说课时由参与者共同讨论课堂教学中存在的问题，分析其产生的原因，并提出实质性的改进意见，可以使说课者和参与研讨的教师对教学的效果有更加清晰的认识，也为进一步改进和优化教学设计提供了可能。

八、应聘型说课

应聘型说课是指学校在招聘新教师时，为了节约时间和便于组织操作，采用说课来代替上课的一种说课形式。招聘学校可以通过说课来了解面试教师的教学理论水平、教学设计能力、语言能力、板书能力、教态等综合素质。以前，非师范专业人员在报考教师资格证时也需采用说课代替上课的形式进行面试。应聘型说课类似评比型说课，说课课题往往仅提前一天甚至提前 1 h 告知面试者，说课时间一般为 10～15 min。

第三节　说课的设计与应用

一、如何设计说课——说什么

说课的内容主要是一课时或一个教学重点、难点的教学内容。要进行说课，首先要进行说课的设计，也就是要先设计好说课的内容。由于说课主要解决“教什么”“怎么教”“为什么这样教”的问题，这也是教学设计所要解决的问题，因此，说课稿的撰写最好在撰写教学设计稿的基础上进行。具体而言，说课一般包括以下几部分：说教学内容（课程标准与教材分析）、说学情（教学对象分析）、说学习目标（教学目标分析）、说重难点（重点、难点分析）、说教法学法（教学策略与方法分析）、说教学过程（教学程序设计）、说板书（板书设计）、说评价（如作业设计）等。当然，教师在实际说课时可以适当增加或删减。比如，增加“说教学设计特色”，在课后说课增加“说教学反思”等。下面一一进行介绍。

1. 说教学内容——课程标准与教材分析

教材是课程标准的具体化，是教师教、学生学的具体材料。只有熟悉课程标准和教材，了解教材的编写体系，才能从整体上把握教学要求，对每一节课的重点、难点做到心中有数，从而在课堂教学实施中循序渐进，要求得当，教法、学法选择合理，为学生学习知识、方法、技能和建构认知结构提供最有效的帮助和指导。

教学内容分析可以从以下几个方面进行：

①说清课程标准对本课题教学内容的要求，为教学设计提供有力的依据，在实际撰写时不一定要单列出来，可以与其他方面的分析进行整合。

②说清本节内容在知识体系（这一章或一册教材）中的地位和作用，即弄清教材的编排意图和知识结构体系，这包括本节课包含哪些内容，前面已经学习的哪些内容是该内容的知识基础，这些内容之间有何内在的联系，该内容与后续学习内容间有什么关系或者该内容在后续学习中将得到怎样的深化等。

③说清该内容的学习要让学生掌握哪些方面的知识，训练哪些方面的技能，发展哪些方面的科学思维能力，了解哪些科学方法，建立怎样的情感，养成怎样的态度和形成怎样的价值观等。

④还可对教材中陈述、例题、实验、练习和作业等材料的利用、变动、改造进行介绍，以及说明这样做的理由[1]。

案例 11-1：“牛顿第一定律”说教材部分

本节内容选自人教版《物理》（必修 1）第四章第一节，牛顿第一定律是牛顿三大定律中的基础定律，揭示了物体不受力时的运动情况，是动力学理论的基础，也是经典力学大厦的基石。课程标准要求：通过史实，初步了解近代实验科学产生的背景，认识实验对物理学发展的推动作用，因此本节课对人类认识运动和力的关系作了历史性的回顾，并着重介绍了伽利略研究运动和力的关系的科学思想方法及卓越贡献。另外，根据课程标准要求，在对牛顿第一定律与惯性的理解方面相对初中也进一步加深。通过本节内容的教学，可使学生了解科学的发现和发展，其中科学家自身的创造性思维品质和敢于质疑、坚持真理的献身精神是对学生进行科学态度与责任教育的好素材。教材的缺点是对科学史的梳理不够详细，对亚里士多德能够自圆其说的虚空理论介绍不足，造成学生对亚里士多德的误解。

案例 11-2：“电磁继电器、扬声器”说教材部分[2]

本节课的内容选自人教版八年级《物理》第九章第五节，课程标准对本节的内容要求和活动建议是：了解电磁继电器和动圈式扬声器的结构和原理，以及用电磁继电器制作一个简易的自控装置。

1　贾书建．“说课”说什么［J］．教育探索，2002（3）：76-77.

2　乔艳平．初中物理《电磁继电器、扬声器》说课［J］．山西电教，2013（1）：25-27.

学生在第四节已经学习了电磁铁的知识，本节课是电磁铁的具体应用，是上节课内容的拓展和延伸。学习本节内容的意义在于，让学生在了解电磁继电器和扬声器的构造和原理的过程中，了解它们在现实生活中的应用以及对人们生活的影响，体现了“从生活走向物理”的新课程理念。

案例 11-3：“杠杆”说教材部分[1]

“杠杆”是九年义务教育四年制初级中学物理教科书中的第十三章《简单机械》的第一节，共一课时。《简单机械》这一章跟生产和生活有密切联系，学习本章内容可以培养学生运用知识的能力。而“杠杆”这节课在《简单机械》一章中又是核心和关键，因为滑轮是杠杆的变形，轮轴又是能够连续转动的杠杆，所以，学习杠杆的知识能为后面学习滑轮和轮轴的知识奠定坚实的理论基础。

案例 11-4：“涡流、电磁阻尼和电磁驱动”说教材部分[2]

本节课的内容选自人教版《物理》（必修 2）第三章第四节。这一章主要是围绕电磁感应现象展开，电磁感应现象是电磁学中最重大的发现之一，它丰富了人类对电磁现象本质的理解，而且在实践中有广泛的应用。本节课围绕涡流、电磁阻尼和电磁驱动三个核心概念展开。涡流的产生具有多种形式，如导体的类型不同或导体与磁场之间的相对运动的方式不同。产生涡流的机理可利用法拉第电磁感应定律解释。涡流具有多种效应，如热效应、机械效应等。电磁阻尼和电磁驱动是涡流的机械效应的表现形式，当导体与磁场发生相对运动时，在某些情况下只需要判明涡流所引起的机械效果，故可根据楞次定律的另一种表述推知：涡流的效果总是反抗引起涡流的原因的，该种作用效果通过安培力的作用而实现。

导体在没有外接电路的情况下能够产生呈闭合涡旋状的涡流，这与学生的已有认识“感应电流”不一致，因此，学生对此会产生认知困难，应利用形象直观的演示实验，尽量让学生充分参与和思考。同时，在认知架构过程中强调利用微元法的思想，帮助学生形成对涡流的正确认识，学生在解释电磁阻尼和电磁驱动现象时，需要综合运用电磁感应定律、楞次定律和安培力等知识进行逻辑推理，在教学过程中应基于学生的已有知识设置问题链以激发学生的思考，理解电磁阻尼和电磁驱动的本质是涡流所受到的安培力阻碍导体与磁场的运动。

本节课的内容与实际生活联系紧密，在工程技术中有广泛的应用。在教学过程中应引导学生正确看待科学知识在社会、生活中的应用，形成正确的物理观和科学技术观。

2. 说学情——教学对象分析

著名的教育心理学家奥苏伯尔曾写下这么一句话：“假如让我把全部教育心理学仅仅归结为一条原理的话，那么，我将一言以蔽之曰，影响学习的唯一最重要的因素，就是学习者已经知道了什么。要探明这一点，并应据此进行教学。”由此可见教学对象分析的重要性。

说学情就是阐明学生在学习新知识之前具有的知识、技能、思想方法、情感态度等，这是教学的起点。具体可从以下几方面分析：

①本阶段学生年龄特征及相应心理特征，思维认知特点（如学生的学习风格等）及水平分析；

② 起点能力分析，是否具备学习新知识所必须掌握的知识（知识与经验）、技能和方法、态度，特别是可能存在的前概念（对新知识的已有认识），学生学习可能遇到的困难及

1　任春，李永霞．初中物理《杠杆》说课与点评［J］．黑河教育，1998（3）：25-28.

2　蔡铁权，王畅．物理说课的内容、策略与评价［J］．物理教学，2016，39（6）：2-8，26.

解决办法。

③以学习动机为核心的非认知因素对教学的影响，如学习兴趣、动机、态度，甚至师生情感、生活环境、学生家庭状况、身体情况等。

只有充分了解学情，教师才能有效地调整教学计划，更新课堂设计，创新教学方法，协调教学环境等，真正促进学生的发展。

案例 11-5："电磁继电器、扬声器"说学情部分[1]

1. 认知起点

学生已经掌握了有关电磁铁的知识，为本节课的学习打下了知识基础。

2. 能力起点

经过将近一年的物理学习，学生已经具备了一定的实验探究能力和空间想象能力，分析问题、解决问题的能力也更加进步。

3. 情感起点

对直观现象比较感兴趣，喜欢动手，具有强烈的操作兴趣。

4. 存在问题

欠缺对问题深入的思考，尤其对电磁继电器及其应用了解甚少，学生个体差异明显。

案例 11-6："力"说学情部分[2]

学生在生活中对力已有一些浅显的认识，但是认识不确切、不科学。要使学生建立起力的概念，就要从大量的生活实例中抽象出力是物体对物体的作用这一点。由于学生是第一次接触力的概念，且力的概念比较抽象，教学要求不宜过高过急，对力的概念的教授应在今后的教学中逐步深化。

案例 11-7："涡流、电磁阻尼和电磁驱动"说学情部分[3]

1. 说已有知识和经验

通过以前的学习，学生已经具有一定的分析和解决高中物理问题的能力。在学习本节课之前，学生已经学习了安培力、法拉第电磁感应定律和楞次定律，并掌握了按照不同的方式理解楞次定律，因此在学习涡流的过程中，引导学生选择适当的研究对象，学生能够理解涡流的本质是感应电流，但是学生对于不同情况下产生涡流的电动势的类型存在判断困难。在实际应用中涡流的热效应有利有弊，应引导学生正确看待物理知识在工程和生活中的应用。电磁阻尼和电磁驱动是涡流机械效应的不同表现形式，对于这两者物理本质的理解，学生在学习过程中存在困难，教师应通过举例、类比等方式使其明白本质是涡流的安培力阻碍导体与磁场的相对运动，同时理解为什么在一些情况下并不需要具体确定感应电流的方向，只需要判明感应电流所引起的机械效应的效果即可。

2. 说学习方法和技巧

中学生具有一定的创新意识，对自然及社会中的各种现象具有浓厚的兴趣。因此在学习涡流的过程中，可以利用涡流在生活中的实际应用，如金属探测器、真空冶炼炉等激发学生的兴趣，同时让学生体会物理与实际应用的密切联系，领略物理学的魅力。

1　乔艳平．初中物理《电磁继电器、扬声器》说课［J］．山西电教，2013（1）：25-27.

2　孙亚铃，赵昆艳．说课与说课稿的编制［J］．云南师范大学学报，2001（5）：8-12.

3　蔡铁权，王畅．物理说课的内容、策略与评价［J］．物理教学，2016（6）：2-8，26.

3. 说思维方式

本节课的学习需要学生有较强的抽象思维能力，除了合理组织教学内容外，还要关注部分思维能力较弱的学生，鼓励其大胆表达自己的想法。对于大部分学生来说，应关注物理概念内涵的准确性。在电磁驱动实验探究中，鼓励学生大胆创新，养成善于论辩和进行批判性思维的习惯。

3. 说学习目标——教学目标分析[1]

说教学目标及确定目标的依据。教学目标是教学总体设计的出发点和归宿，教师要在充分理解课程标准要求、教学内容、学生年龄特征和已有知识经验的基础上，合理地陈述学习需要，确立本节课的教学目标。值得注意的是，同一教材由于学校不同、班级不同、教师处理教材的方式不同，教学目标存在差异是允许的，但说课者应说明理由。

具体要说明的内容如下：①确定教学目标的依据，这些依据就是前面的教材分析和学情分析。若前面已说，则此处可不再重复。②本节课需要达到的具体教学目标，教学目标要体现新课程理念。按《义务教育物理课程标准（2011 年版）》和《普通高中物理课程标准（2012 年版）》要求，教学目标涉及知识与技能、过程与方法、情感态度与价值观三个维度；由于最新《普通高中物理课程标准（2017 年版 2022 年修订）》和《义务教育物理课程标准（2022 年版）》要求的课程目标对应的是核心素养目标，因此现阶段撰写教学目标时不应该再按三维目标撰写，而应该从物理观念、科学思维、科学探究、科学态度与责任四个维度来撰写。具体撰写教学目标时，可以按各维度分开写，也可以糅合在一起写，但所写教学目标要明确具体、有可操作性，能直接用于指导、评价和检查该课的教学工作，其写法应参照教学设计原理中的要求。

阅读：如何制订具体可操作的教学目标

当前人们用得比较多的是马杰（Mager）的 ABCD 教学目标撰写模式，其具体含义如下：

A（Audience）：学生。教学目标编写中主体应该是学生，所以主语应该是学生。正因主语是学生，所以有时会省略主语。

B（Behavior）：一般特征行为。由于教师无法观察学生思维能力水平，只能通过学生表现出的行为来判断学生的思维能力水平，因此必须用学生的行为变化来表明在教学结束时，学生应该达到什么样的能力水平，这样教学目标就变得具体可操作（比如可用于指导教学和评价学生）[2]。

C（Condition）：行为条件。这个要素是说明产生上述行为的条件，它既说明了学生应该在什么样的情境中完成目标所规定的行为，也说明了教师应该在什么样的情况下评价学生的学习结果。

D（Degree）：标准（表现的程度）。即学生掌握知识技能的程度，一般从行为的速度、准确性和质量三个方面来描述，可以用定量、定性或定量与定性相结合的方法来表示。

实际应用中，A（学生）可省略，B（行为）应是动宾结构，表述力求明确、具体，便于操作以及观察、测量、评价，其中行为动词根据实际教学需要列出，可参考课程标准等资

---

1 肖国刚．“说课”的理论与操作研究［J］．教学与管理，2009（18）：58-60.

2 描述的行为动词不同，所对应的学生能力水平不同，比如知道、理解、应用对应的就是三个不同层次，具体可参考教学设计相关书籍。

料。值得注意的是，在真正撰写教学目标时，很难完全做到按 ABCD 法撰写，但至少要做到主语是学生，且 CB 组合或 DB 组合（条件+行为或行为+标准）应尽量予以保留。

案例 11-8：按 ABCD 法撰写的教学目标

（1）学生在实验完成后，能写出规范的实验报告。
A　C　B　D

（2）通过对自由落体运动的学习，能够运用自由落体运动的规律进行简单计算。
C　B

（3）通过有关事实了解万有引力定律的发现过程。
C　B

（4）通过利用摩擦力知识分析脚踩香蕉皮事件，形成利用摩擦力知识分析、处理生活问题的意识，初步形成相互作用观。
C　B　D　B

在说教学目标时，很多教师不知如何说，或者不知道如何写。这就要求教师对核心素养目标有非常明确的了解。其实，课程标准中对核心素养四维做了明确的界定，并在目标要求里进行了更详细的说明。教师应该参考课程标准中的核心素养、课程目标、学业质量要求，再结合实际教学内容来书写教学目标。下面将课程标准中的核心素养与课程目标要求摘录出来以供参考。

阅读：中学物理核心素养

（一）物理观念

“物理观念”是从物理学视角形成的关于物质、运动与相互作用、能量等的基本认识，是物理概念和规律等在头脑中的提炼与升华，是从物理学视角解释自然现象和解决实际问题的基础。“物理观念”主要包括物质观念、运动与相互作用观念、能量观念等要素。

（二）科学思维

科学思维是从物理学视角对客观事物的本质属性、内在规律及相互关系的认识方式，是基于经验事实建构物理模型的抽象概括过程，是分析综合、推理论证等方法在科学领域的具体运用，是基于事实证据和科学推理对不同观点和结论提出疑问和批判，进行检验和修正，进而提出创造性见解的能力与品格。“科学思维”主要包括模型建构、科学推理、科学论证、质疑创新等要素。

（三）科学探究

科学探究是基于观察和实验提出物理问题、形成猜想和假设、设计实验与制订方案、获取和处理信息、基于证据得出结论并作出解释，以及对学科探究过程和结果进行交流、评估、反思的能力。“科学探究”主要包括问题、证据、解释、交流等要素。

（四）科学态度与责任

科学态度与责任是在认识科学本质，认识科学·技术·社会·环境关系的基础上逐渐形成的探索自然的内在动力，是严谨认真、实事求是、持之以恒的科学态度以及遵守道德规范，保护环境并推动可持续发展的责任感。“科学态度与责任”主要包括科学本质、科学态度、社会责任等要素。

阅读：《义务教育物理课程标准（2022 年版）》中的课程目标

（1）认识物质的形态、属性及结构，认识运动和力、声和光、电和磁，认识机械能、内能、电磁能及能量的转化与守恒；能将所学物理知识与实际情境联系起来，能从物理学视角观察周围事物，解释有关现象，解决简单的实际问题。初步形成物质观念、运动和相互作用观念、能量观念。

(2) 会用所学模型分析常见的物理问题；能对相关问题和信息进行分析并得出结论，具有初步的科学推理能力；有利用证据对所研究的问题进行分析和解释的意识，能使用简单和直接的证据表达自己的观点，具有初步的科学论证能力；能独立思考，对相关信息、方案和结论提出自己的见解，具有质疑创新的意识。

(3) 有科学探究的意识，能发现问题、提出问题，形成猜想与假设，具有初步的观察能力和提出问题的能力；能制订简单的科学探究方案，有控制实验条件的意识，会通过实践操作等方式收集信息，初步具有获取证据的能力；能分析、处理信息，得出结论，初步具有对科学探究过程和结果作出解释的能力；能书面或口头表述自己的观点，能自我反思和听取他人意见，具有与他人交流的能力。

(4) 初步认识科学本质，体会物理学对人类认识深化及社会发展的推动作用；亲近自然，崇尚科学，乐于思考与实践，具有探索自然的好奇心和求知欲，有克服困难的信心和决心，能总结成功的经验，分析失败的原因，体验战胜困难、解决问题的喜悦，严谨认真，实事求是，善于跟他人分享与合作，不迷信权威，敢于提出并坚持基于证据的个人见解，勇于放弃或修正不正确的观点；能关注科学技术对自然环境、人类生活和社会发展的影响，遵守科学伦理，有保护环境、节约资源的意识，能在力所能及的范围内为社会的可持续发展作出贡献，具有实现中华民族伟大复兴的责任感与使命感。

由于中学物理核心素养中没有明确提出知识素养，很多教师会对是否要在教学目标中撰写知识目标感到困惑。其实，我们应该清楚：树有根、水有源，任何物理核心素养的培养都是在知识学习的过程中进行的，因此知识目标不但要写，而且是极其重要的教学目标。阅读《义务教育物理课程标准（2022 年版）》中的课程目标就能发现，在目标（1）中不但提出了物理观念培养目标，而且一开始就明确提出了知识目标，因此如果要分成四个维度撰写教学目标，建议在“物理观念”这一维度中撰写传统的知识教学目标。

邢红军认为物理方法的背后是思维方法。比如，加速度、场强等物理量的定义要用到比值定义法（物理方法），而比值定义法的背后就是比较（思维方法）；推导动能定理、机械能守恒定律要用到演绎推理法（物理方法），而演绎推理法的背后就是推理（思维方法）[1]。这说明物理方法和科学思维方法密不可分，因此，在撰写科学（物理）方法时可在“科学思维”这一维度的教学目标中进行渗透。

科学探究这一维度主要是写科学探究各能力的培养，落脚点在能力而不是知识，所以不要写成通过探究来学习物理知识。此外，由于很多科学探究都离不开实验研究，因此实验能力教学目标可在“科学探究”这一维度撰写。

案例 11-9：“探究平抛运动的特点”教学目标

（一）物理观念

(1) 知道什么是平抛运动，会判断生活中的平抛运动。

(2) 知道平抛运动的特点，能运用运动的独立性原理来研究平抛运动。

(3) 初步形成运动与相互作用观，能够自觉思考并解释一些相关生活问题。

（二）科学思维

(1) 体验和研究飞镖运动，构建飞镖运动物理模型，提高模型建构思维能力。

---

1 刑红军．高中物理科学方法教育［M］．北京：中国科学技术出版社，2015：71.

（2）能通过实验来验证平抛运动是由水平和竖直方向的两个分运动合成的，体验物理学中“化曲为直、化繁为简”的思想。

（三）科学探究

（1）能在观察平抛运动过程中对平抛运动的特点提出合理的猜想，培养猜想与假设能力。

（2）会设计可行的实验探究方案，探究并认识平抛运动的规律，培养实验操作、收集信息、获取证据的能力。

（3）能对所得数据进行分析论证，描述探究结果、得出结论，培养解释交流能力。

（四）科学态度与责任

（1）通过平抛运动的实验，体验物理与生活的紧密联系，增强学习物理的动力。

（2）认识到实验对研究物理规律的重要意义，尊重实验事实，具有实事求是的态度。

（3）通过小组合作学习的过程，提高自我表达能力、信息交流能力和协作能力。

案例 11-10：“牛顿第一定律”教学目标

（一）物理观念

体会亚里士多德、伽利略对运动和力的关系的不同观点和依据，初步形成运动与相互作用观。

（二）科学思维

（1）认识伽利略理想实验方法是科学研究的重要方法，以及该方法对物理学发展的重要意义。

（2）通过展示伽利略的理想实验，学习和了解实验加思维推理的科学研究方法。

（三）科学探究

通过了解伽利略对惯性的探究过程，学习探究研究方法，提高提出问题、获取证据的能力。

（四）科学态度与责任

（1）通过对物理学史的学习，养成严谨的科学态度，了解人类认识事物本质的曲折性和艰巨性。

（2）通过学习伽利略对力和运动关系的研究，培养敢于坚持真理，不迷信权威的精神和科学探究精神。

（3）通过了解亚里士多德对力和运动的研究成果，感悟亚里士多德的智慧，形成从历史的角度看问题的习惯。

案例 11-11：“闭合电路欧姆定律”教学目标 [1]

（1）理解电动势概念，从能量守恒角度理解电源的作用，加深对能量观的认识。

（2）了解内电阻、外电阻，理解闭合电路欧姆定律。

（3）理解内电压、路端电压（外电压）的意义及它们与电源电动势的关系。

（4）知道断路时的外电阻为无穷大，路端电压值等于电源电动势；知道短路时的外电阻为 0，路端电压值等于 0。

（5）能将实验装置的实物连接转换成物理模型（电路图）。

（6）能综合能量守恒定律、实验获得的规律、电功公式、电热公式进行分析和推理。

---

1 梁旭．如何确定素养目标和素养水平［J］．物理教师，2018，38（12）：2-5，9.

(7) 会用闭合电路欧姆定律推理出电动势与内、外电压间的关系，路端电压与电流的关系，断路和短路时的路端电压值。

(8) 能将实际电源分解成不计内阻的理想电源和内阻两部分，能选用实际电源模型解决简单的物理问题。

(9) 能用所学的闭合电路欧姆定律解释现象，解决实际问题。

(10) 能分析实验器材的特点，提出可探究的物理问题。能根据已有的科学探究方案，使用所学的基本器材获得数据。

(11) 能用坐标变换和量纲分析方法分析数据，发现闭合电路的欧姆定律。

(12) 能在同学或教师的帮助下制订内、外电压测量方案，使用数字式电压表获得数据。

(13) 能分析内、外电压数据，发现特点，形成结论，尝试用已有的误差知识进行解释。

(14) 认识到对闭合电路规律的认识是建立在观察和实验基础上、需要进行抽象的创造性工作。

4. 说重难点——重点、难点分析

说重难点是从知识与技能的掌握、思维方法的形成和情感的培养等方面出发，准确地说出教材的重点、难点以及掌握重点、突破难点的关键。

教学重点是指有共性、有重要价值（包括认知价值、迁移价值和情感价值）的内容。一般来说，教学重点大多是教学内容中最基本的、最主要的知识技能，在整个教学内容中占有核心的地位，它通常集中在基本概念（如能量守恒、动量守恒等核心概念）、基本理论和基本方法上。

教学难点主要是指学生在学习中感到阻力较大或难度较高的关键点。教学难点除取决于教学内容外，还与学生的认知发展水平和生活经验的多少等因素有关，不同的学生对学习难点的感觉也是不一样的。对中学生而言，缺乏感性认识的抽象知识，逻辑性强的、应用时需要考虑的相关因素多的、思维要求高的、思维跨度大的知识及难以记忆的知识等均属于难点。在说课时，教师要说明采用什么措施突破难点。

难点并不一定是重点。有时候内容并不难，但会由于学生的学情成为难点，如没有相关知识积累与经验、数学知识缺失等[1]。但在实际的教学过程中，很多教师对难点的理解不是很恰当，在写教学难点的时候就从教学重点中抽出几个作为难点，这是对教学难点理解的偏差。另外，有些教学内容没有难点时，不必人为制造难点。

案例 11-12：“杠杆”说重难点部分[2]

重点：杠杆的平衡条件。这主要取决于它在本章中的关键核心地位、知识应用的广泛程度、对培养能力的作用及教学要求，且它在本章中是主干的、基本的、影响全局的知识。

难点：力臂的画法。大多数学生容易对力臂的分析和图示产生认知障碍，学生往往把支点到力的作用点的距离当作力臂。为此，教师应在引导学生利用杠杆探究出平衡条件后再让学生用理论预测加实验探究的方法来引发学生产生认知冲突，从而突破难点。

5. 说教法、学法——教学策略与方法分析

教学策略是指在不同的教学条件下，为达到不同的教学效果所采用的方式、方法、媒体的总和。教学方法是教师和学生为了达到预定的教学目标，在教学理论与学习理论的指导

1　蔡铁权，王畅．物理说课的内容、策略与评价［J］．物理教学，2016，38（6）：2-8，26.
2　任春，李永霞．初中物理《杠杆》说课与点评［J］．黑河教育，1998（3）：25-28.

下，借助适当的教学手段（工具、媒体或设备）而进行的师生交互活动的总体考虑。教学方法是更为详细具体的方式、手段和途径，它是教学策略的具体化，介于教学策略与教学实践之间，它既包括教师教的方法，也包括学生在教师指导下学的方法，是教法与学法的统一。教学的成功与否在很大程度上取决于教师是否能恰当地选择和灵活地运用教学策略，这一部分包括以下三个方面的内容。

（1）说教法。说出本节内容所采用的教学方法及其理论根据。教学方法的选择要根据教学内容的特点、教学目标和要求、学生的实际情况、教学条件以及教师自身特长来确定。如理论性强的多用讲授法、提问法、讨论法；初中学生的抽象思维能力还不够强，所以要多进行直观教学，可以采用演示法、观察法、情境法、多媒体课件模拟法；氛围比较沉闷的班级可以多考虑一些能调动学生积极参与互动的方法，如提问、讨论、小组竞赛、游戏等方法；教室有多媒体则可考虑采用多媒体教学方法；若教师语言幽默有趣、语言逻辑能力强则可适当多用讲授法，若教师实验能力强，则可适当多用实验法。另外，新课程改革对课堂教学的基本要求也是选择教学方法的一个重要的依据。新课程改革倡导学生的主体地位，倡导生活化教学，倡导 STS（科学·技术·社会）教育等。所以，一些能实现师生互动，能最大限度地调动全体学生参与，激发学生主动思考，促进学生把学习与生活相联系的方法，就成为新课程改革背景下方法选择的一个重要的趋向，例如情境教学、探究教学、合作学习、自主学习等。

（2）说学法。教师在对学生进行学法指导时，必须与自己所采用的教法和谐统一，主要说明学生要“怎样学”和“为什么这样学”。说课者必须说明如何根据教学内容、围绕教学目标指导学生学习，教给学生什么样的学习方法，培养学生哪些能力，如何调动学生积极思维，怎样激发学生学习兴趣等。

（3）说实验设计及教学媒体的选择与运用。物理学是以实验为基础的科学，实验对知识的学习、能力的培养、方法的运用及兴趣的激发都有极为重要的作用。说课应对实验器材的要求、实验目的及设计、自制教具的使用、实验的改进等作必要的说明。使用多媒体时，要说一说课件的内容及特点，如说一说课件在为学生提供感性材料、建立共同经验，使抽象知识具体化，推动事物或事物之间发生转化，调动学生多种感官协同参与感知等方面的作用和意义。

案例 11-13：“牛顿第一定律”说教法部分 [1]

说教法：初二学生的思维系统不够开放，较单一，处于形象思维之中，而牛顿第一定律的推理过程需要丰富的想象能力和抽象思维能力。所以，本节课要用科学探究法、引导发现法和启发式综合教学法。在组织完成学生活动的前提下，教师一定要扮演好共同参与者和引导者的角色，通过设疑、启发、引导、想象、类比，最大限度地调动学生开放思维系统，以期达到既定的教学目标。

案例 11-14：“电磁继电器、扬声器”说教法、学法部分 [2]

说教法：为了突破教学重难点、达到预期的教学目标，根据学生的具体学情，这节课综合采用展示实物（电磁继电器、扬声器模型）、多媒体演示、引导探究、讨论交流等多种教学方法，其中多媒体演示是重点教学手段。教学过程中注重创设情境，培养学生对物理的兴

1 封建泽.《牛顿第一定律》说课稿［J］. 中学物理，2010，28（18）：42-43.

2 乔艳平. 初中物理《电磁继电器、扬声器》说课［J］. 山西电教，2013（1）：25-27.

趣，激发学生的求知欲望，提高课堂效率，充分体现“教师主导”的原则。

说学法：叶圣陶先生说“教是为了不教”，所以在整个教学过程中本着“授之以渔”的原则，使学生在由多媒体呈现的大量的物理情境中发现问题，学习新知；在问题情境中自主讨论，探索新知；在老师和多媒体动态电路的引导下进行小组合作，自主探究。使学生成为学习的真正主人，充分体现“学生主体”的原则。

6. 说教学过程——教学程序设计

课堂教学是一个包括许多因素的相互作用的动态过程，是教师备教材、备教法、备学生、备练习、备板书等实践的综合体现，也是对教师教学水平及教育能力的实际考查。说课不同于授课，它面对的是与说课者水平相当的同行或专家，因此说课堂教学程序时无须将教学程序设计全搬出来，而要做到一个“精”字，主要包括以下几个方面。

（1）说出教学全程的总体设计思路，即起始—过程—结束的内容安排。说教学程序时，课程的基本环节要说清楚，但只需概括介绍教学内容，只要听讲人能听清楚“教的是什么”和“怎样教的”就行了，不必将教学内容展开来讲。说课时要利用教育教学理论、课程标准要求、教材分析及学情分析来说明“为什么这样教”。

（2）说明教学活动的逻辑顺序、主要环节、过渡衔接及时间安排，重点说明创新性的教学活动。说明在各个教学阶段，师与生、教与学、讲与练是怎样协调统一的。

（3）说明突出重点、突破难点、抓好关键点的理由和方法，说明达标的检测评价方案（如习题设计的意图、目的和理论依据）。

（4）若是课前说课，则要对教学过程做出动态性预测，考虑到可能发生的变化及相应的调整对策。

阅读：教学环节小标题名称的选取[1]

说教学过程时，往往会给每个教学环节取小标题，这里介绍几种给“小标题”取名称的方法。第一种是按照教科书“知识序”的逻辑写，如“（1）认识压力；（2）压力与重力；（3）压力的作用效果；（4）理解压强；（5）增大和减小压强的方法”。第二种是按照学生“认知序”的逻辑写，如“（1）激发学习动机；（2）感知教学材料；（3）理解教学内容；（4）消化巩固知识；（5）运用知识经验；（6）测评学习效果”。第三种是按照课堂“教学序”的逻辑写，如“（1）创设情境，提出问题；（2）设计实验，合作探究；（3）分析数据，得出结论；（4）巩固应用，解决问题”。当然，除了以上三种常见的写法之外，类似“（1）创设情境，体验速度；（2）启思导学，建构速度；（3）创新实验，测量速度；（4）联系生活，应用速度”等“小标题”的创新写法也是很值得借鉴的。

7. 说板书——板书设计

简明扼要地说一说板书的内容、编排、个性化设计的特色，如何突出显示重点知识，使知识条理化、结构化、系统化，帮助学生理解和掌握各知识点之间的内在联系；尽可能使学生享受逻辑与艺术之美，有助于敲开学生智慧之门。

8. 说教学设计特色

教学设计特色既可以分散在“说教学”过程中，也可以在说完以上内容后，单独对本节课的教学设计特色进行说明。所谓特色，就是与一般教学设计相比，作了哪些改进，有哪些突出的教学设计亮点。比如，在突出重点或突破难点时采用了与一般教学设计不同的思路、

1　窦瑾，邵云．谈谈写物理“说课稿”要关注的四个方面问题［J］．中学物理，2021，39（7）：46-47.

方法、手段，在实验设计上有创新等。

9. 说教学反思

教学反思一直以来都是教师提高个人业务水平的一种有效手段，它是指教师对自身教育教学实践的再认识、再思考，并以此来总结经验教训，进一步提高教育教学水平。因此，在课后说课中教师应该说说自己对教学的反思。

二、如何进行说课——怎么说

1. 说课中的口头语言要求

说课的过程是教师将个人的隐性思维转化成显性思维的过程，是将教学设计成果呈现出来并与同行专家进行交流的过程。即使说课稿写得再好，也需要教师利用语言以及其他手段把它呈现出来。而且“说课”本身就包含一个“说”字，由此可见“说”的重要性。为此，教师应注意语言的运用。

（1）独白语言（演讲语言）。

优秀的说课其实是一种演讲，因此说课时大部分采用的是独白语言，这要求说课时语言流畅，各环节的语言衔接自然。在说课时切忌从始至终用一个腔调念稿或背讲稿，而是要以足够的音量，使在场的每个人都听清楚。速度要适当，语调的轻重缓急要恰如其分，让听者从教师声调的抑扬顿挫、高低升降中体会出说课内容的变化。具体地说，教材分析要简明，理论根据要充分，教学方法和学习方法要用慢速讲，教学目标要分条款一一叙述，重、难点则用重音来强调。

（2）教学语言（课堂教学语言）。

说课不仅要说“教什么”，还要说“怎样教”。说“怎样教”实际上就是要教师说出准备怎样上课，只是不将课堂上的问答详细地显露出来，但是要让听者知道教师的教学设想和具体步骤。因此，可在某些特殊地方适当采用课堂教学语言进行说课，用语言变化将听者带入课堂教学中，未进课堂却仿佛看到了教师上课的影子，推测了教师的课堂教学效果。

要注意的是，教学语言只能是在某个片段用，不能多用，具体可在以下几处运用。

①在说设计的课堂导语时应用教学语言。用新颖有趣或简明扼要的导语来吸引听者，说导语时说课者要把听课的教师看成自己班上的学生，声音该高则高，语速该慢则慢。

②在说课堂的总结语时应用教学语言。在说课时设计的结束语应具有双重性，不但要打动听者，而且还要让听者从语言中认同“教师在课堂上也会深深地吸引学生”，这就要求结束语能精彩恰当地表达出来。

③在说阐释语和提问语时应用教学语言。阐释语也叫讲授语，它主要是对所讲知识的解释、分析和阐发，这种语言以简明、准确、条理清晰为要点。好的提问语可以启发学生思考，使学生的学习变得积极主动，并容易把问题引向纵深。

从上面的讨论看，说课主要以演讲语言为主，因此，在时间许可的情况下，说课者应该将说课稿写成演讲稿，并争取背下来，以便说课时能尽量在脱稿的情况下清晰、流畅、自然地将自己的说课内容表达出来，从而使听者受到感染，引起共鸣。这在评比型说课中尤其重要。

2. 说课中的体态语言要求

说课虽然不是讲课，但说课时同样要注意体态语言的应用。

首先，说课教师应该注意自己的着装和仪表。一般情况下着装应端庄稳重，优雅大方，干净得体，切忌不修边幅，可适当化淡妆。在进行示范型、评比型或应聘型说课时更应注意着装和仪表问题。

其次，教师应该面带微笑，踏着轻快的步伐走上演“说”台，站定后，用亲切的目光逐个扫视专家、评委或教师。说课人自然亲切的微笑会给说课现场创造轻松、愉快的氛围，也能给自己带来自信。

最后，教师应该在向专家评委问好、点头致意和自我介绍的开场白中开始说课。和演讲一样，说课者要不卑不亢、大方自然，面带微笑，挺胸抬头，站稳站正。在说课开始时，女教师可双手交叠着自然放在腰间，男老师则双手自然下垂，如果实在不知道手如何放，可以拿着说课稿、指示激光笔等。说课过程中教师不能表情冷漠、呆板拘谨、一动不动地低着头对着说课稿念，而要充分利用各种体态语言（如手势、面部表情、目光等）来帮助表达自己的思想感情以及说课的内容，补充口头语言的不足。在说课时也不能频繁走动、左摇右晃、手舞足蹈，这会给人一种无所谓或狂妄自大的感觉。另外，由于说课一般是面对多人讲话，因而说课人目光不宜只朝向一侧或一个人，而要用自然的目光与所有听者交流[1,2]。

3. 说课内容的要求

虽然在前面详细介绍了说课时需要说什么，但由于时间限制，说课时间一般为 10～15 min 如果说课时面面俱到，教师就无法在规定的时间内完成说课任务，而且时间过长，听者也会变得注意力不集中，从而影响听的效果。因此，在实际说课时，要注意详略得当，重点突出，并根据说课时间对所要说的内容进行取舍。一般来说，听者都是相关方面的专家或教师，说课教师应该要依据课程标准的要求和教材的实际，精心选择教学内容中最主要、最本质的东西来说，对大家都熟悉的内容就应该少说或不说。说课时教师最重要的是要能够说出自己对教材的处理、教法的选用、学法的指导、板书的设计和教学环节等方面的独特见解和创新之处，从而充分体现出自己的教学专长，突出教学特色和教学成果。

值得注意的是，一般情况下，在有限的时间内，教师一定要把说课的主要内容放在“说教学过程”上，这是因为课堂教学程序的设计和安排既是说课的出发点，又是落脚点，是贯穿整个说课过程的一条主线。教学过程设计能直接反映教师对课程标准和教材的理解，体现出教师对学生情况和教学重难点的把握，以及教师对教学策略的实际运用效果。如果前面的分析头头是道，但在对教学过程设计的介绍中却是虎头蛇尾，那么再好的教学设计也很难体现出来。

4. 说课中的教学媒体运用要求

要在有限的时间内把教学设计说清楚，条件允许的，教师应恰当地运用直观演示（实验、板书、图片、板画、PPT 等课件）来辅助语言，这能使“说课”更加清晰明了，具有艺术性。

物理是实验科学，因此，优秀的教学设计往往利用自制的创新实验教具来突破教学难点和关键点。这时教师就应该在说课过程中简明扼要地说清使用它们的目的和作用。如果教具过大或太过复杂，也可以事先拍摄好图片或视频，利用多媒体进行展示。

在说课中合理地运用多媒体技术不仅直观快捷，更能体现出层次性，展现运用现代技术

---

1 陆素．说课中应避免的几个忽略［J］．遵义师范学院学报，2007（3）：79-80.

2 许新．试论说课语言的表达技巧［J］．开封教育学院学报，2010，30（3）：93-95.

进行教学的技能。多媒体技术不仅能辅助说课者说清自己的意图，还可以激发听者兴趣，增大说课容量，加强可听、可视性，从而提高说课效果[1]。在制作说课的多媒体课件（如PPT）时，课件应在完成说课稿后进行设计，课件中尽量多用直观形象的图片、视频来呈现说课内容。说课稿中的内容不能全部放在课件中，课件中的内容应简洁明了，放上主要内容和核心内容即可，有一种可行的办法是把关键词放在课件中，说课时再展开来说。要把各教学环节的要点及相应的图片、视频放上去。例题可呈现，但其解答过程不必呈现（说解题除外），板书设计和课后作业也应呈现，但设计的理由应由教师说出来。课件背景颜色与字体颜色要搭配恰当，对比度要大，字号要适当，主体文字应以 24 号字为宜，其他标题文字应相应大一些。

由于电脑屏幕相比教室内的投影屏幕更亮，效果更好，所以在制作完课件后还应在教室里试播一次后再进行修改，以免课件在教室里播放时出现意外情况。另外，如果有视频，最好不用超链接的形式，而是将视频插入课件中并设置为自动播放。在制作课件时，还应将视频与课件全部放在同一文件夹内，以防链接失效。由于目前电脑基本采用 Windows 操作系统，所以最好事先将视频用转码软件（如格式工厂）转换成微软自带的播放器能播放的格式（如 WMV 格式）。为防止说课时所用电脑无法播放，还应该自带播放器软件（如 QQPlayer），当然还可以将视频转换成 GIF 动图插入课件中，缺点是清晰度会下降。

值得注意的是，有些应聘型说课往往由于条件或时间限制，教师无法事先准备实验仪器，也无法利用多媒体技术来辅助自己说课。这时，教师应充分运用手势、板书、板画等辅助手段。在可能的情况下，教师可充分发挥自己的才智，结合教学内容，利用身边的材料自制一些生活化小实验器具在说课现场展示，令听者耳目一新，从而给评委留下好的印象。

案例 11-15："力的分解"说课分析

由于没有多媒体展示，说课教师在介绍教材中的两个实例（水平面上物体受斜向上的拉力分解，以及静止在斜面上的物体重力的分解）时，边说边在黑板上画出相应的图像。为了让学生真正理解如何按效果分解力，教师设计了一个实验，将重物粘放在一把软钢尺上，通过改变钢尺倾角来让学生观察软钢尺变形情况，以说明重力对斜面产生压的效果力是如何变化的，说课教师边说边在黑板上画出简图，甚至在介绍讨论题目"如何把陷于泥坑的汽车拉出泥坑？"时，教师还在黑板上画了一幅幽默的图像。在介绍作用在三角支架上的力 F 会产生怎样的作用效果时，教师顺势拿起手中的笔和线做起了类似图 11-1 的小实验。这种利用生活化材料进行的小实验巧妙地抓住了听者的心。

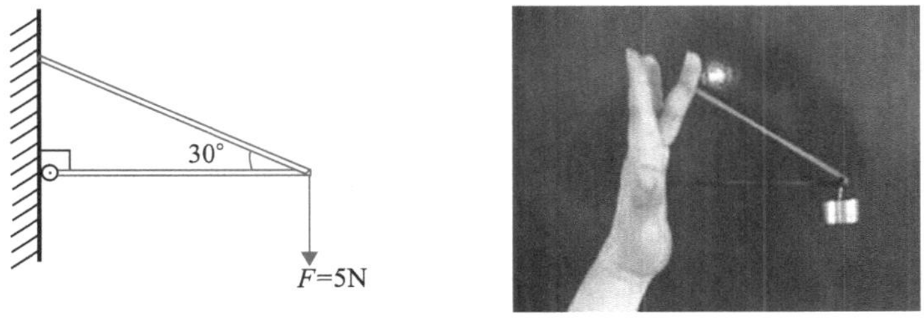

图 11-1　力的分解实验

1　王立英．浅谈说课的"六项注意"[J]．基础教育研究，2010（21）：26-27.

边说、边画、边做等技能的运用，能使听课教师听得轻松，说课效果比单纯地说自然好得多。

三、说课的四个原则

按照素质教育观、系统方法观和教育效能观，好的说课必须遵循以下四个原则[1]。

1. 理论性原则（说理精辟）

说课不是宣讲教案，不是浓缩课堂。说课的核心在于说理，在于说清“为什么这样做”，也只有说清“为什么这样做”，说课才能起到其应有的作用。这就需要教师自觉学习教育教学理论，自觉接受教育教学改革领域的最新信息、最新成果，并应用到课堂教学中。

2. 科学性原则（设计合理）

科学性原则是指目标的确定、教法的选择、学法指导、教学过程的设计必须是合理的、科学的，必须符合课程标准要求，符合学生实际，符合教育教学理论，有利于全体学生的全面发展。

3. 逻辑性原则（结构清晰）

能抓住听者的心弦的说课必须有一个经得起推敲的逻辑结构，将教学设计与理论分析有机地融合体现在整个说课过程中，演讲稿科学、严谨、简练且流畅，做到说主不说次、说大不说小、说精不说粗、说难不说易。

4. 特色性原则（特色鲜明）

在整个说课过程中要突出教学过程设计的特色、教学风格特色。在教材处理、模式探索、实验改进等方面要表现出鲜明的特色，体现出教者的教学专长和教改成果。

四、说课中的常见问题

（1）把说课当成了再现上课过程。

前面已经说明了说课和上课二者在对象、场合上具有实质性的区别，但有部分教师在说课过程中总是习惯于把下面的听者当作学生，口若悬河、激动万分地“上课”。主要表现在：①教学语言不是以独白语言为主，而是以教学语言为主。②不是在向听者介绍教学设计的意图以及理论依据（即要怎么上这节课以及为什么要这样上），而是把讲给学生的东西原封不动地拿来讲给各位评委、同行听。比如，详细地介绍理论、定律的推导过程，详细地讲解试题的解题方法与步骤等。

一定要记住，说课是“说”教师的教学思路轨迹，“说”教学方案是如何设计出来的，设计的优胜之处在哪里，如此设计的依据是什么，预计要达到怎样的教学目标，这好比一项工程的可行性报告，而不是施工过程本身[2]。

如果说课实在困难，可以试着把专家、评委当作自己的同事，告诉他你准备怎么上这节课，你为什么准备这样上，你是如何突破这节课的难点和关键点的，你这样上的特色在哪里，等等。

1　邱子华．关于说课［J］．山东教育科研，1998（4）：33-34.

2　王信忠．说课的误区［J］．数学通讯，2005（9）：6-8.

（2）在说教学设计理论依据时空洞无物或胡乱堆砌。

事理交融是说课的一大特征，但很多教师理论素养不够，在说课时对说“为什么这样教”感到头疼不已，于是不管说什么都是“根据大纲要求，我班学生的实际，自己的教学实践，特制订……”“从信息论、控制论的观点出发……”或“根据教育学、心理学的原理……”，这种理论没有实际内容，无法把潜藏的教学思想用语言显示出来。为此，在平时的教学中，教师应该认真研读课程标准，学习教学理论，从而提高自己的综合素养。

教师应该在平时多学习，多积累教育教学理论，用理论指导物理教学设计。对物理教学而言，下面的一些内容可以成为“为什么这样教”的理论依据：

①课程标准：制订教学目标的主要依据。

②学生的实际情况：一切教学都应根据学生实际情况来进行设计。

③教材和学科特点也是重要的理论根据之一。

④教育教学理论、心理学理论、物理学科教学理论（科学教育理论）以及人们对科学本质的认识都是最强有力的理论根据。比如：建构主义理论、生活化教育理论、情境教学理论、科学素养理论、探究学习理论、概念转变教学理论前概念、STS 教育理论、HPS（科学史、科学哲学与科学社会学）教育理论等。对这些理论的学习无不深刻地影响着教师的教学设计思想。

⑤名家名言。

（3）说课成了念稿。

有的教师在说课时将说课稿的内容放在大屏幕上，然后在讲台上操纵鼠标的同时，一字不差地念下说课稿。更有甚者就在讲台上低着头，拿着说课稿从头念到尾。这样的结果可想而知，虽然教师费心准备，但这样的说课让人感觉到索然无味，甚至让人对其课堂驾驭能力产生怀疑。真正的说课是以情感化的语言，将所要说的内容通俗化、精练化，并以自己丰富的知识诠释出来。说课时要有自信，要富有激情和个性，最好能说得神采飞扬，激情澎湃，从而感染听众。

说课语言主要是独白语言，所以不要太口语化，应以书面语为主，如“说一下”“讲一下”应改为“叙述如下”“说明如下”“介绍如下”等。说课整体要流畅，不要作报告，环节间过渡要自然，分析教材后，要确定教学目标时可以说“基于对教材的理解和分析，本人将该节课的教学目标定位为……”等。如果不是比赛，一般也不用背说课稿，但对说课内容要比较熟悉，这样才能做到用目光和下面的听者交流、互动。

在应聘型说课中，由于准备时间短，应聘者应先设计好教学过程，再考虑其他部分的内容。为节约时间，可以事先准备一个模板，一些共通的内容（如转折过渡性的语言、板书设计、基本学情分析）可以事先写好并记住。在说课时，可以用手拿着说课稿或将说课稿放在面前的讲桌上方便随时观看，但要尽量少看。如果说课时不能确保语言流畅，将给评委留下极不好的印象，因此一定要在确保语言流畅的基础上尽量少看说课稿。

（4）说课内容顺序颠倒[1]。

说课内容很多，但各内容之间有因果逻辑关系，因此各内容的先后顺序是不能随便颠倒的。从说课实践看，容易出现颠倒的主要是说教学内容与说学习目标、说学情、说教法与说学法。说课内容一般按照先虚后实、先总后分原则进行。课程标准对教材编制和教学的具体

---

1 张恩德．说课的失范问题——基于七届全国物理师范生教学技能大赛［J］．教育学术月刊，2016（9）：98-105.

实施具有很大的规约作用，因此，说课应先点明课题，然后从课程标准的角度说明课题处在哪一模块、哪一主题，课程标准对课题有哪些内容要求、活动建议和样例，然后说明教材对该课题的编排与呈现方式。教学内容决定教学目标，学情对教学目标也有重大影响，因此说教材、说学情应先于说学习目标。教学重点取决于具体的教学内容，教学难点则受到教学内容与学生的双重影响，因此，说教学重点与说教材相融合、说教学难点与说学情相融合也未尝不可，但考虑到教学重点一般蕴含于教学目标之中，教学目标的范畴肯定比教学重点宽，教学难点应围绕教学重点而不是远离教学重点。因此，将说教学重难点放在说学习目标之后更合适。教法与学法相互影响，但基于教法对学法的牵引作用，说教法优先于说学法。教法与学法取决于教学内容、学生与教学目标，因此，说教法和说学法应在说教学重难点之后。

五、说课演讲稿示例

案例 11-16：“外力作用下的振动”说课稿 1

尊敬的各位评委老师，亲爱的同学们：

大家好！

我是来自赣南师范学院的选手，我叫王梅，我今天说课的内容选自人教版高中物理教材选修 3-2，第 11 章第六节“外力作用下的振动”。

我将从如下五个方面进行说明。

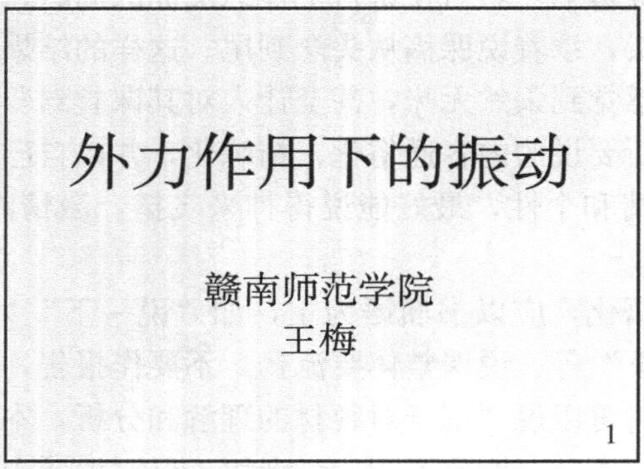

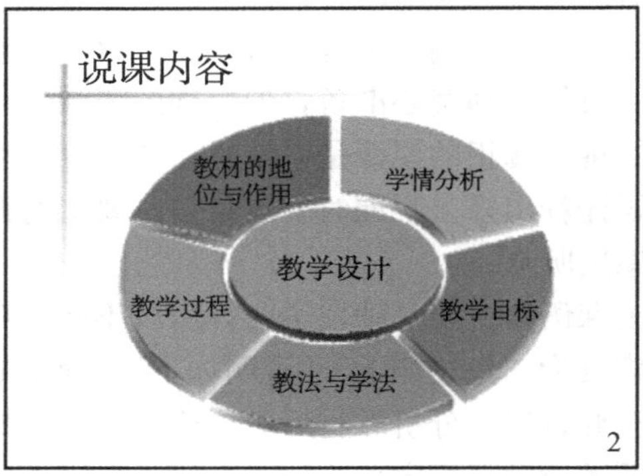

一、教材分析（衔接语言：首先，明确教材的地位与作用）

本节以“外力作用下的振动”为标题，介绍了阻尼振动、受迫振动、共振的概念。在内容安排上与老教材相比有较大的变化，这样做不仅可以使学生认识到阻尼振动、受迫振动和共振都属于外力作用下的振动，而且有利于学生对振动分类的理解。教材首先介绍了振动物体的固有频率概念，再从能量的角度分析阻尼振动，进而通过实验探究了受迫振动的频率与驱动力频率的关系，以及受迫振动的振幅与驱动力频率的关系，从而认识共振。本节内容既是对前面所学简谐运动内容的进一步深化，同时也为后一章《机械波》的学习打下了知识基础。

二、学情分析（衔接语言：接着进行学情分析）

学生已经理解了单摆振动，而且，他们有很多从能量的角度去理解问题的经验，具备一定的知识迁移能力和实验探究能力，但是对于具体的自主实验探究过程，学生经历得很少。

1　本案例获第四届全国大学生物理教学技能大赛一等奖，并受邀在闭幕式进行示范性说课。

书中直接给出共振曲线，我认为教材这样安排，学生接受共振的知识时会比较被动，不利于学生实验探究能力的培养。为此，我将共振曲线的得出设计成了探究活动。

三、教学目标（衔接语言：所以本节课，为了使学生获得知识，提高他们的探究技能，在课程标准的指引下，我设置如下四维教学目标）

（1）物理观念。

①知道固有频率、驱动力频率、阻尼振动、受迫振动的概念，能够从图像和能量的角度去理解概念含义，加深对能量观的认识。

②知道系统做受迫振动的频率等于驱动力的频率，与系统的固有频率无关。

③知道共振发生的条件，能用共振条件分析共振在生产、生活中的应用及危害。

④能用相互作用观或能量观分析算命摆随心摆动的原因。

（2）科学思维。

①能对实验获取的数据进行分析推理，正确得出共振的条件，培养科学推理能力。

②在分析算命摆为何随心摆动的过程中，逐步形成科学论证能力，培养独立思考的能力和质疑创新的意识。

（3）科学探究。

①学生在实验的过程中能够根据目的需要选择实验测量量，并能够自主设计实验记录表格。

②通过自主探究实验，提高学生的逻辑分析能力以及处理数据得出结论等探究能力。

（4）科学态度与责任。

①通过参与课堂算命摆小游戏和实验探究，激发学生学习的兴趣和欲望，树立正确的科学态度，并能用科学的眼光来看待生活中的迷信现象。

②通过观看视频播放的有关共振的技术应用，增强学生利用物理知识获得社会技能自信心。

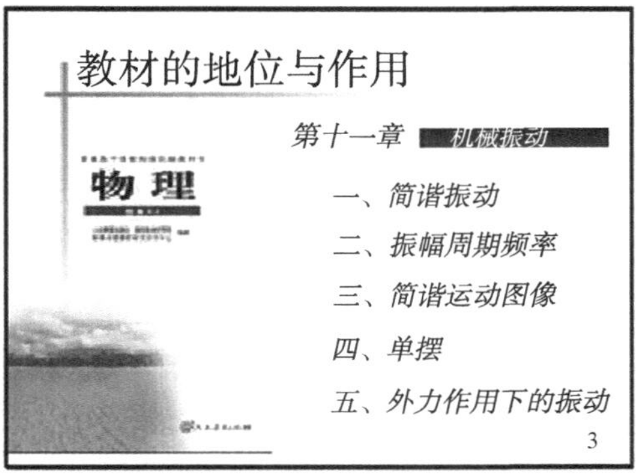

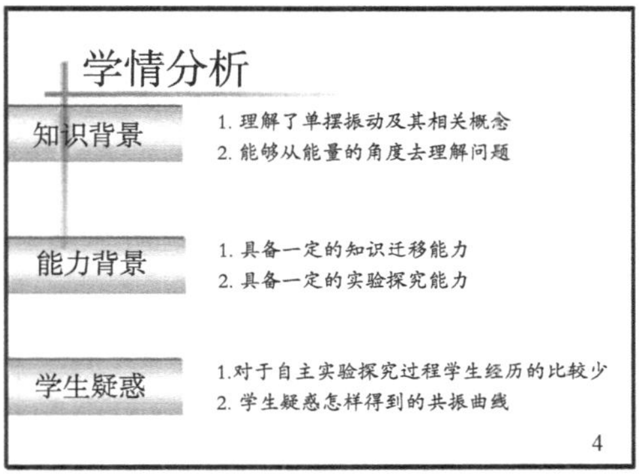

四、重点与难点（衔接语言：联系学情分析和本节课的教学目标，我设置如下教学重点与难点）

教学重点：知道受迫振动的频率等于驱动力的频率，知道共振的条件是驱动力的频率等于固有频率。

教学难点：探究受迫振动的振幅变化与驱动力频率之间的关系。

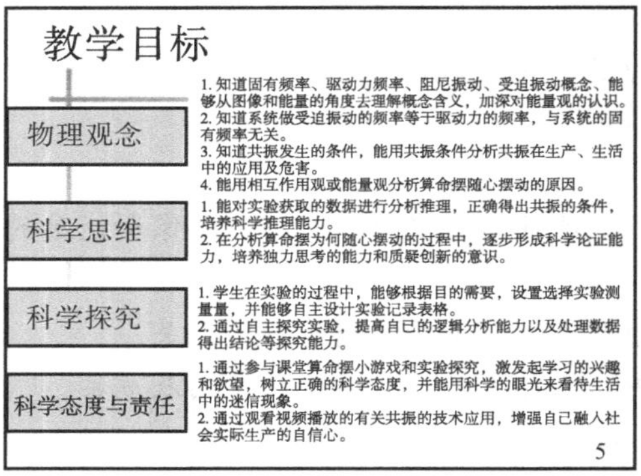

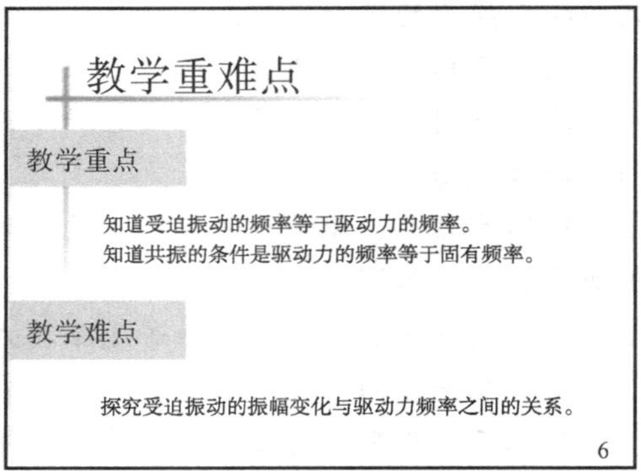

五、教法与学法（衔接语言：在教学方法上）

本节课以建构主义为理论基础，主要采用启发引导模式，概念转变教学策略，在学生已有的学习经验的基础上创设情境，激发学生产生认知冲突，由此引出受迫振动和阻尼振动及其相关概念，并采用讲授法、讨论法、观察法，特别是通过实验探究法来破解难点问题。

六、教学过程（衔接语言：教学过程是说课最重要的环节）

本节课，我主要创设了四个情境，学生在概念当中，知道单摆运动是振幅不变的振动，但是本节课中的受迫振动和阻尼振动是振幅变化的振动，所以为了激发学生的认知冲突，我在创设的第一个情境中，首先引出一个小游戏《心随我动》，各位评委请看，我手里拿到的是一个算命摆，我会这样告诉学生（注：此处用课堂语言）："同学们，这是老师在旅游时买到的一个算命摆，卖的人说，你可以先给这三个摆赋予你想要的意义，比如'天天开心''身体健康''学习进步'，如果你想'天天开心'，那就用眼睛盯着它看，如果它能很大摆幅地摆动起来，就说明你能心想事成，下面我们请一位同学来说出自己的愿望，并盯着老师手中的算命摆看能不能心想事成。"继而我让一位学生来试一试，然后将算命摆发给学生，让学生亲自试一试。通过老师的引导，学生不难发现，算命摆摆动的原因是老师给了系统（算命摆）一个周期性驱动力，由此引出受迫振动以及驱动力周期的概念。为了使学生理解概念，我将引导学生举出生活中的受迫振动的例子。

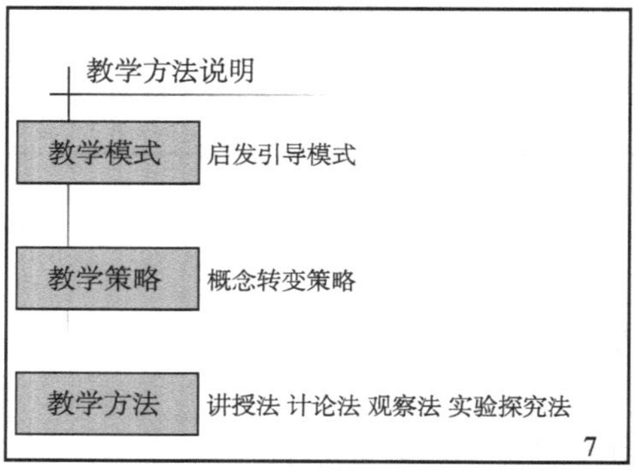

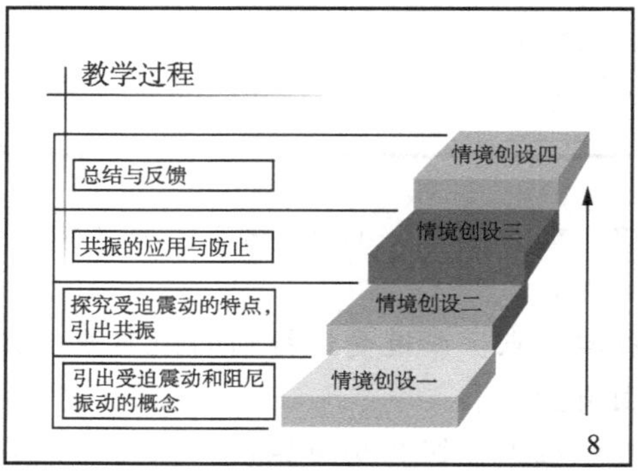

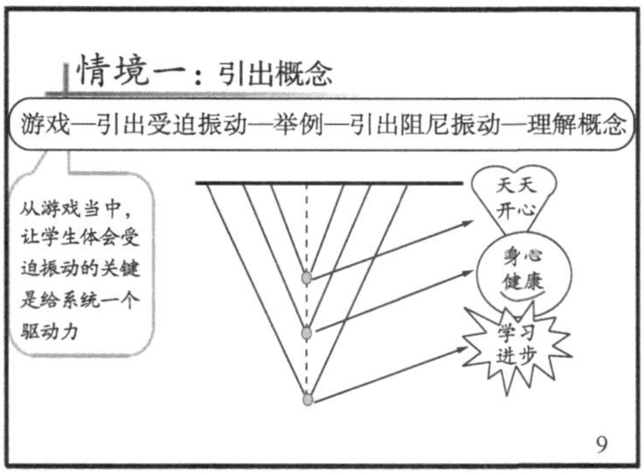

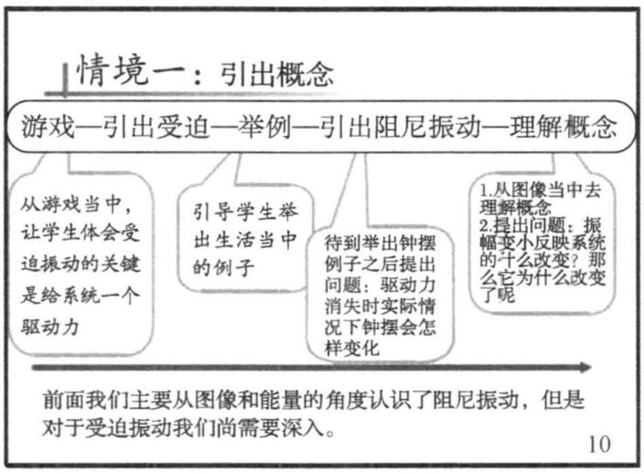

以上是对受迫振动的引出和理解，而书中阻尼振动的概念是：振幅逐渐变小的振动，所以在举完最后一个例子——钟摆上弦之后，我将再次提出问题：当驱动力消失的时候，钟摆的振动会怎样变化？这时候学生能够直观地看出钟摆的振幅会逐渐变小，由此自然而顺畅地引出本节课另外一个重要的物理量：阻尼振动。接下来，回归教材，用 PPT 展示书中阻尼振动的振幅周期图像，引导学生从图像中体会阻尼振动的振幅变化。

前面，我们已经从能量和图像两个方面来理解阻尼振动，但是对于重点概念——受迫振动的研究，我们尚需要深入，由此进入第二个情境：我再次让学生体验算命摆，提示他们注意三个摆的摆动频率，学生不难发现，三个摆的摆动步调基本上是一致的。此时学生又产生新认知冲突——三个摆的摆长不一样，那么他们的摆动频率应该不一样啊。这时我顺势引出固有频率的概念，并提出问题（注：此处用课堂语言）："那么受迫振动的频率和哪个频率是一致的呢？"由此，进行演示实验（在 PPT 上呈现仪器图的同时，拿出实验仪器，然后边指点边介绍），这是我自制的共振实验探究仪[1]，是用一根绳子连接的弹簧和带有可调位配重的摆，把它用铁架台和角铝支架固定，使右面的摆摆动起来，从而驱使左面的弹簧做受迫振动，调节可调位配重的位置，便可以在摆动的时候改变驱动力的频率，那么在演示实验当中，我就是要多次调节可调位配重的位置，并重复演示，各位评委请看，演示实验清晰明了，学生可以直接得出结论：受迫振动的频率等于驱动力的频率。

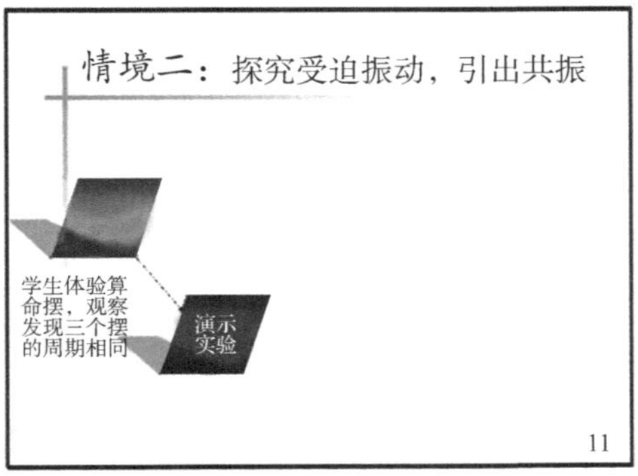

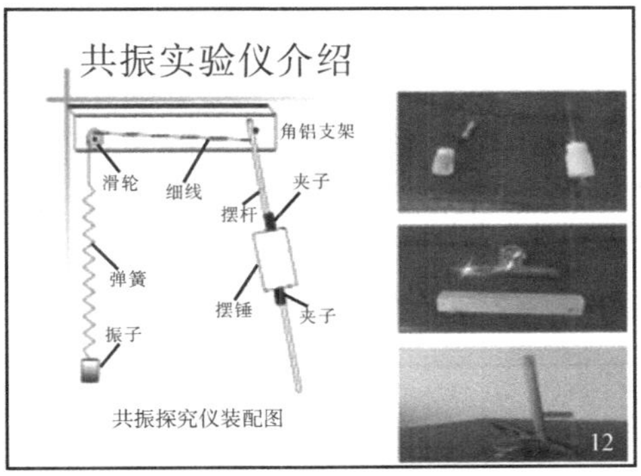

---

1 具体制作方法请参看：刘剑锋，陈银花，范霞，等．共振实验探究仪［J］．实验教学与仪器，2010，27（5）：46-47.

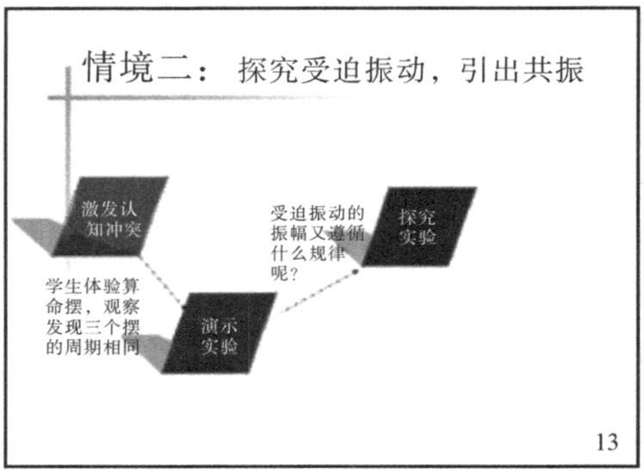

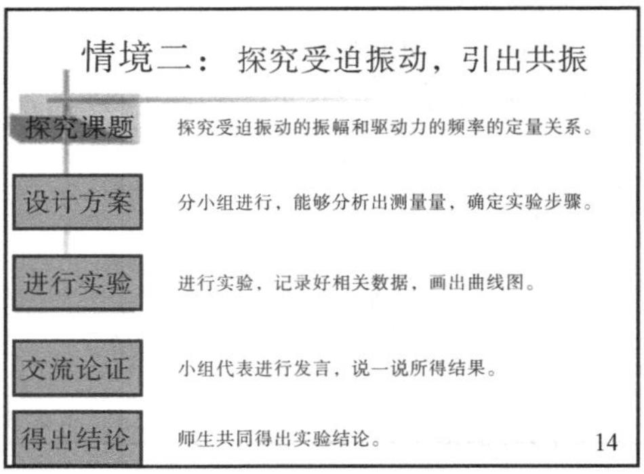

在学生因获得知识而喜悦的同时，教师提出新的问题（注：此处用课堂语言）：“为什么算命摆可以随着老师的意愿而改变振幅呢，那么其振幅与驱动力频率之间又存在什么样的关系呢?”此时引出探究实验：探究受迫振动在不同驱动力下的振幅变化。书中对于共振的探究给出了一个共振探究仪，但是我认为这只能定性地得出结论，而且它直接给出了共振曲线，虽然学生可以从图像中去体会受迫振动的特点，但是课程标准对于共振的条件这一个知识点的要求比较高。实验表明，学生亲身经历知识的建构过程有利于学生思维能力的提高，所以我将运用自制共振实验探究仪，对受迫振动的振幅变化进行定量的研究，通过事先发给学生工作单，在工作单中强调相关问题，引导学生设计方案，进行实验，分析论证，得出结论。按照课程标准要求，我要求学生能够自主地选择实验测量量，根据表格记录数据，画曲线图，并从图中得到信息，这是共振实验仪演示情况（注：播放视频，内容为先测量固有频率的大小，在改变可调位配重进行重复实验的同时，记录其振幅大小，并同时记录驱动力的周期），这是实验所测的数据，这个曲线是根据表格数据画出的共振曲线，此时引导学生从曲线图中观察，并得出结论：学生所得结论可能如 PPT 第 16 页所示，由此而引出共振概念及其特点。

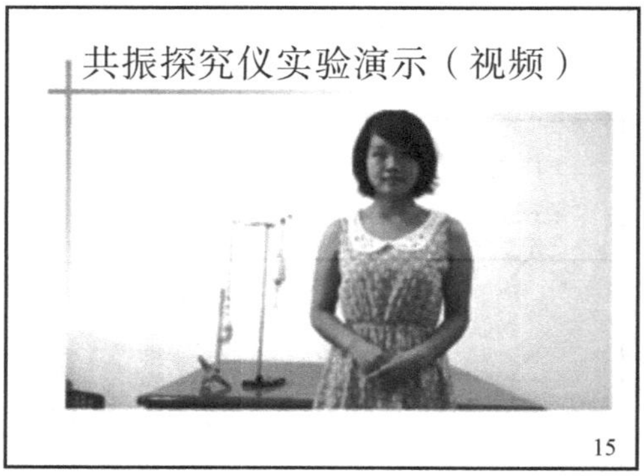

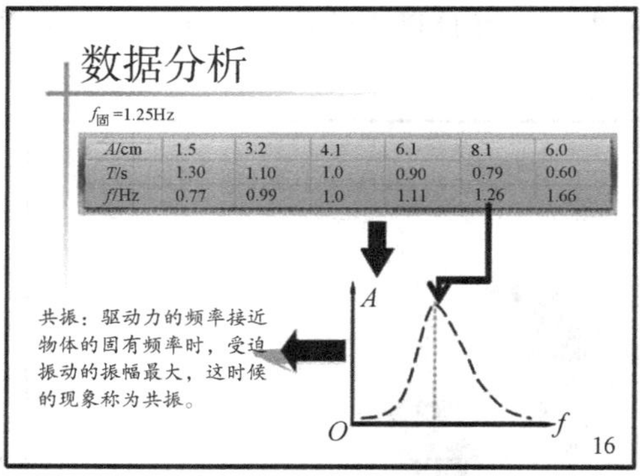

共振在日常生活中的应用和防止是比较多的，所以接下来进入第三个情境——共振的应用与防止。首先播放一段视频，这段视频是我国古人发明的鱼洗产生共振使水花飞溅的例子，在对学生进行情感教育的同时引出现代应用共振的例子。事物均有两面性，我们应辩证地看待它，所以接下来，我将播放一段视频，这是一个小孩用声音震碎杯子的例子，以此来说明，共振的威力是很大的，在有些情况下若不加以控制，可能会给人们带来灾难。此时，举出几个实际例子，让学生感受。

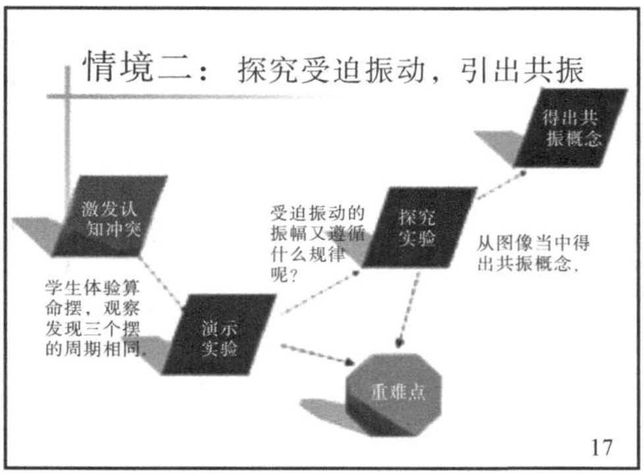

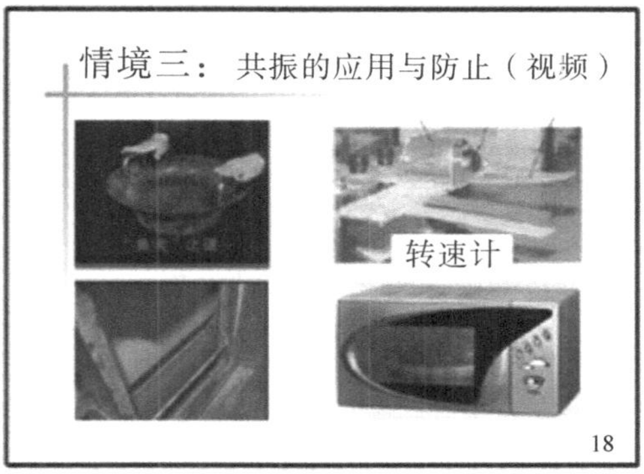

到此，本节课的目标基本实现，此时进入第四个情境——让学生说一说这节课都学到了什么。这个环节中，我所列的总结提纲如PPT所示，这样列可以使学生对机械振动进行分类。最后为了巩固所学，更为了激发学生的学习兴趣，我首先列出本节课的相关练习题以进行反馈练习，继而给学生出一道思考题，供学生课后思考（此时进行演示）。

最后是我的板书设计，由于采用了多媒体教学，所以在黑板上只是把要点简单列出，而共振曲线图是本节课的一个重点和难点，因此，我在PPT上呈现内容的同时在黑板上画出。

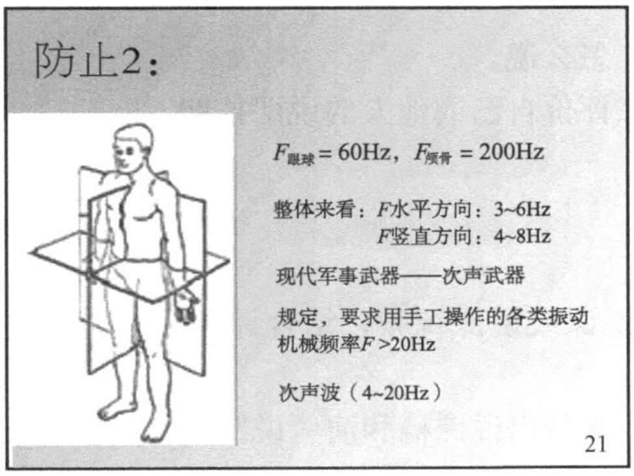

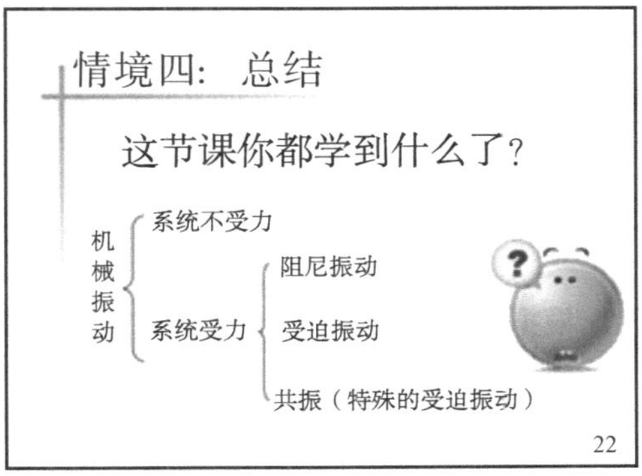

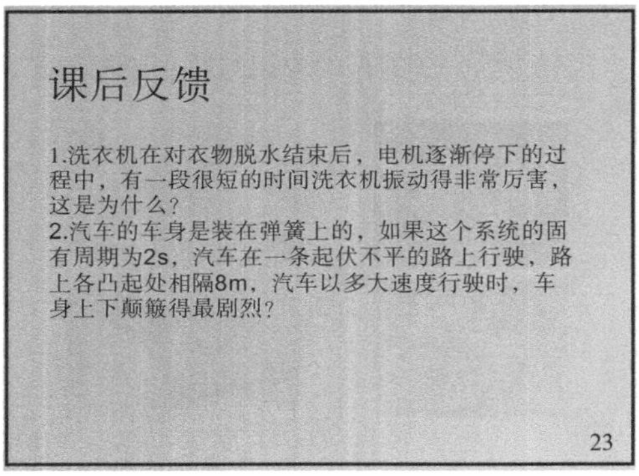

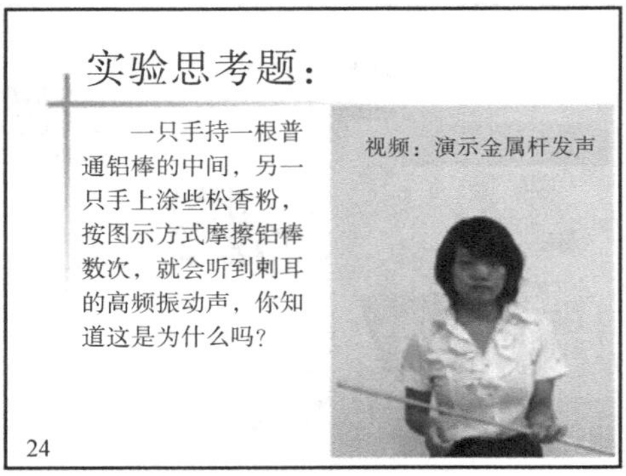

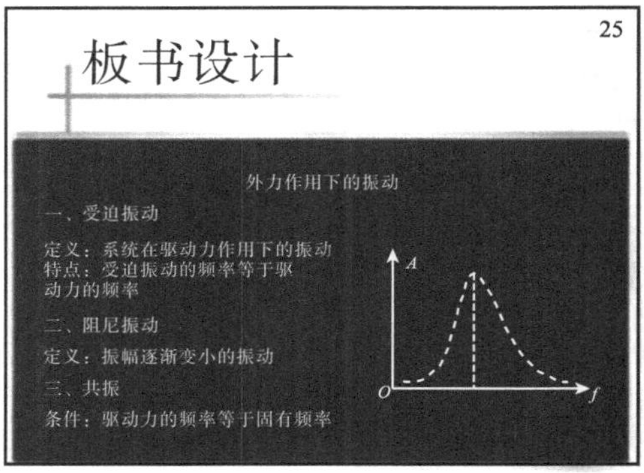

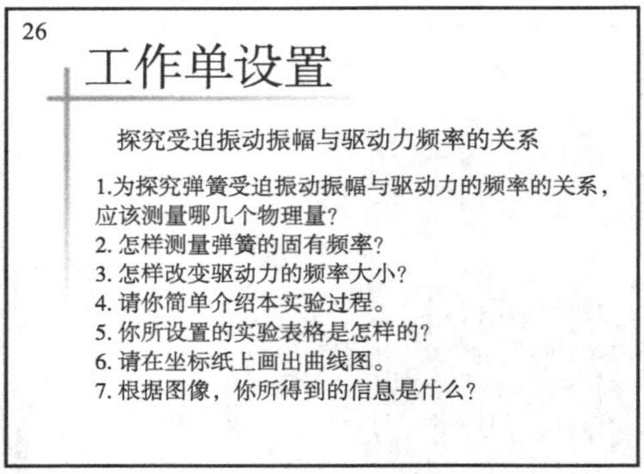

第四节　说课技能的训练与评价

一、训练目标

（1）了解说课的内容和方法，知道说什么、怎么说。
（2）能客观准确地依据说课技能评价标准来评价自己或他人的说课技能。

二、训练内容

（1）根据说课技能理论，观摩其他教师的说课或说课视频，结合评价量表学习并予以评议。
（2）选择一节物理教学内容进行教学设计，并写出说课稿和演“说”稿。
（3）分组进行说课训练，并进行自评和互评。

三、评价量表

评价项目	评价内容	评价结果			得分
		A	B	C	
一、说教材	1. 课题与教学内容分析	5	4	3	
	2. 教学内容的地位与作用分析	5	4	3	
二、说学情	1. 对学生情况的分析有针对性，能正确说明该年段学生的心理特征及认知特点	5	4	3	
	2. 能正确分析学生知识结构及其对教学内容学习的影响，并能正确预见学生学习可能遇到的困难	5	4	3	
三、说目标	1. 教学目标的阐述明确、具体、无歧义，符合课程标准要求与学生实际，并能说明其依据	5	4	3	
	2. 教学重点、难点、关键点的确定及其依据	5	4	3	
四、说教学方法	1. 从教材、学情出发，选择灵活、有启发性的教法与教具	5	4	3	
	2. 教学手段或媒体的运用合理，有助于教学目标的优化	5	4	3	
	3. 学法指导具体，有助于学生学习并发展数学思维	5	4	3	
	4. 学法指导理论依据正确，有利于学生获得学习能力	5	4	3	
五、说教学过程	1. 教学主次分明，层次清晰，环节安排合理，过渡自然	10	8	6	
	2. 有驾驭教材的能力，抓住教学重点，突破教学难点	10	8	6	
	3. 教学有特色，体现了教法、学法的运用	10	8	6	
	4. 各环节教学设计依据的理论科学、合理	10	8	6	
六、教师基本功	1. 讲解准确，重点突出，时间分配合理	5	4	3	
	2. 教态自然大方、和蔼可亲、富有激情与活力；语言简练、流畅，普通话规范，富有感染力	5	4	3	
总分					
点评					

思考题

（1）什么是说课？说课对提高教师专业素养有什么作用？

（2）说课主要包括哪些内容？

（3）试谈谈如何才能避免将说课变成上课。

参 考 文 献

[1] 吴笑臣，詹芳龙，刘志强．生物学微格教学训练教程［M］．沈阳：辽宁大学出版社，2021.

[2] 吴云飞．中学物理教学中板书、板画的功能及其专业技能训练研究［EB/OL］. https：//www. renrendoc. com/paper/21458166. html.

[3] 张军朋，许桂清，詹伟琴，等．中学物理微格教学教程［M］．3 版．北京：北京大学出版社，2021：192.

[4] 李亚文．强化技能在课堂教学中的应用［J］．辽宁师专学报（社会科学版），1999（5）：67-68.

[5] 徐志明．物理课结尾要精心设计［J］．物理教师，1990（6）：19-20.

[6] 张立新．物理教学中的激疑［J］．物理教学，1998，20（5）：6-8.

[7] 肖鸿曦，向阳．物理课堂教学的结尾设计［J］．物理教学，1988（6）：1-3.

[8] 姚顺苗．浅议初中物理课堂教学的结束艺术［J］．教学月刊（中学理科版），1994（5）：32-49.

[9] 彭文德．浅谈课堂教学“尾声”［J］．中学物理（初中版），1998，16（2）：11-12.

[10] 何新凤．浅谈物理课堂教学的结尾设计［J］．技术物理教学，2007，15（1）：2.

[11] 张丽伟，马力力．高中物理说课案例分析［J］．物理教学探讨，2011，29（4）：7-8.

[12] 吴晓川．“说课”——一种开展继续教育的好形式［J］．中国教育学刊，1993（2）：52-53.

[13] 王存宽．说课——现代教学理论的有效体现［J］．教育探索，2000（8）：45-46.

[14] 周勇，赵宪宇．新课程：说课、听课与评课［M］．北京：教育科学出版社，2004：18.